生態人類学は
挑む
SESSION
4

つくる・
つかう

伊谷樹一 編
ITANI JUICHI

京都大学学術出版会

ザンジバルアカコロブス.
炭を食べるその姿は, 人と
のあいだに新しい関係が
築かれていることを示して
いた(第2章).

あたらしい関係を結びなおす

コロブスザルを目当てに観光客が
詰めかける. 今では彼らは貴重な
「観光資源」でもある(第2章).

人と自然の関係が大きく変わろうとするなかで, 野生の
生き物たちは住処を失い, 人は野生と生きるための知恵
や技術を失おうとしている. 私たちは自然の利用と再生
の均衡をもう一度生み出さねばならないときにきている.

サルに新芽を食いつくされて枯れてしま
ったマンゴーの木. 人とサルの関係の
変化が生態環境を変えていく(第2章).

西ジャワの切替畑(クブン—タルン)の風景. 休閑期にタケ類が
育つことで地力回復が促進される. 持続的に利用していく伝統
的な知恵から学ぶことはまだまだある(第1章).

マダガスカル半乾燥地域の焼畑．火が強くなりすぎないように太い木は伐り残される（第3章）．

畑に植えた樹齢15年のトーナ（*Toona ciliata*）を斧で切り倒す（第6章）．

トーナの幹を3mほどの高さで切り，再生枝は薪として自家消費し，幹は木材として販売する（第6章）．

残しながらつかう，
作りながらつかう

保全と利用．資源をつかいすぎず，増やし，置き換えることで，生態環境を保全していく．資源が減るなかでの試行錯誤が，人と自然の新たな関係を構築していく．

ラオスのホームガーデン．市場ではあまり見かけない在来野菜が植えられている．改良品種や商品作物に押し消されることなく，「生きた文化財」として引き継がれていっている（第5章）．

アフリカを代表する地場産品「ボルガバスケット」. かつてはガーナ北東部に自生していたベチバーグラスで作られていたが, 開発によって群生地が失われ, 今は別の雑草ギニアグラスに置き換わった. ベチバーグラスでつくられた帽子と濾し器(第4章).

資源の枯渇と新たな素材の資源化

多様な形状のボルガバスケット(第4章).

ガーナ南部から送られてきたギニアグラスの束(第4章).

ギニアグラスの収穫(第4章).

日本の炭窯（第9章）.

タンザニアの「伏せ焼き窯」. 地面に積み上げた木材を草と土で覆う一回限りの窯である. 熟練の炭焼き職人は, 木材に適した樹種だけを伐採する. 彼らの深い知識が環境保全の一翼を担う（第9章）.

エネルギーを創造する

自然資源の保全には, エネルギーの問題が立ちはだかる. 日常の燃料を林産資源に依存しているアフリカでは, エネルギーの創造が生態環境を維持・再生するための鍵となっている.

今まで捨てられてきた籾殻を燃料にする. 「籾殻コンロ」の開発は, 実演や改良を繰りかえすことで徐々に注目されていった. 作る側と使う側のコミュニケーションは新たな資源を創出する原動力となる（第7章）.

籾殻の山（第7章）

ウガンダ共和国. 国の『バイオマス・エネルギー戦略』では, バイオマス資源の活用が謳われている. バナナなどの食物残渣からブリケットをつくる. 手で丸めて成型（第8章）.

混迷する21世紀の荒野へ

　地球という自然のなかで人類は長い時間をかけて多様な文化や社会を創り
あげてきた．その長い歴史は，人類が自然の一部としての生物的存在から離
陸して自然から乖離していく過程でもあった．その結果，現在の人類は地球
という自然そのものを滅亡させてしまうかもしれない危険な存在になってい
る．世界がその危険性にやっと気づきはじめ，資本主義グローバリズムに変
わるべき未来像を模索している．

　そのような中で生態人類学は自然と文化という人間存在の二つの基盤にし
っかり立脚し，人間の諸活動のすべての要素を含みながら，しかも具体的で
説得力ある研究を目指すユニークな学問的営為として研究活動を続けてきた．
現在地球上で急激に減少している多様な人類文化に着目し，そうした民族文
化や地域文化の奥深さを描き出すため志のある研究者が実直で妥協のないフ
ィールドワークを続けている．研究者たちはそこで得られたデータによって
描かれる論文や現場に密着したモノグラフ等の作品以外に，この多様な人類
のありかたを示す方法はないことを確信してきた．

　生態人類学は，1973年5月に東京大学と京都大学の若手の人類学関係者が
集まり第1回の生態人類学研究会を開催したのが始まりであった．この生態
人類学研究会は23回続き，1996年の生態人類学研究会を第1回の生態人類学
会研究大会とすることで新たな学会となった．今年度（2020年）第25回の生態
人類学会研究大会を開催し今日に及んでいる．今や生態人類学を標榜する研
究者も数多くなり，さまざまな大学や研究機関に所属している．

　生態人類学会は2002年度に『講座・生態人類学』（京都大学学術出版会）8巻
を発刊して，それまでの生態人類学の成果を世に問うている．この講座は，ア
フリカの狩猟採集民2巻，東アフリカの遊牧民，アフリカの農耕民，ニュー
ギニアの諸集団，沖縄の諸論考のそれぞれに1巻をあて，さまざまな地域の
さまざまな生業や生活を対象にした論文集という形のシリーズであった．ま

た，エスノ・サイエンスや霊長類学と人類学をつなぐホミニゼーションに焦点をあてた領域にもそれぞれ1巻をあてている．

　この『講座・生態人類学』発刊からすでに20年近く経過し，研究分野も対象とする地域ももはや生態人類学という名称では覆いきれない領域にまで広がっている．そして本学会発足以降，多くのすぐれた若手研究者も育ってきている．そうしたことを鑑みるならば，このたびの『生態人類学は挑む』16巻の発刊は機が熟したというべきである．このシリーズはひとりの著者が長期の調査に基づいて描き出したモノグラフ10巻と従来の生態人類学の分野を超えた，領域横断的な研究分野も包摂した6巻の論集からなる．共通するのはいずれもひとりひとりの研究者が対象と向き合い，思索する中で問題を発見し，そして個別の問題を解くと同時にそれを普遍的な問題にまで還元して考究するスタイルをとっていることである．生態人類学が出発してほぼ50年が経つ．今回の『生態人類学は挑む』シリーズが，混迷する21世紀の荒野に，緑の風を呼び込み，希望の明りをともす新たな試みとなることを確信する．

　日本の生態人類学の先導者は東京大学の渡辺仁先生，鈴木継美先生そして京都大学の伊谷純一郎先生であったが，生態人類学の草創期の研究を実質的に押し進めてきたのは6年前に逝去した掛谷誠氏や今回の論集の編者のひとりである大塚柳太郎氏である．

　掛谷誠氏の夫人・掛谷英子さんより掛谷誠の遺志として本学会へのご寄進があり，本出版計画はこの資金で進められた．学会員一同，故人に出版のご報告を申し上げるとともに，掛谷英子さんの御厚意に深く謝意を捧げたい．

『生態人類学は挑む』編集委員会

目　次

第 Ⅱ 部　置き換える

第 Ⅲ 部　つくる

序

伊 谷 樹 一

　人が生態環境をどのように利用してきたのかという関心は，古くから生態人類学の中心的な研究課題であった．人口が少なく資源が豊富にあった時代には，人は移動することで各地に偏在する資源を獲得することができた．やがて人口が増えて資源が減ってくると，環境を利用するための知識や技術を洗練させながら後代へ伝えながら洗練させていった．社会が大きくなって資源が減ってくると規範や法律によって利用を制限し，原料をべつの資源に置き換え，またみずから増産することで需要と供給のバランスを保つようになる．各地に現存する食文化や物質文化からその成り立ちを紐解いてみると，長い時間をかけて形づくられてきた人と生態環境との関わりの歴史を垣間見ることができるのである．

　そして現代，地域の生態系保全とはまったくべつの次元で，生物多様性の保全と地球温暖化の防止という新しい課題が加わった．特定生物の乱獲はもとより，外来生物の無秩序な拡散，森林の開発，温室効果ガスの排出をともなう人間活動は厳しく規制されるようになった．化石燃料を使って好きなだけ食料を増産し発展してきた人類は，ここにきて生態環境の利用を根本的に考え直さなければならなくなったのである．本書で生態環境を取り巻くすべての問題を取り上げるわけにはいかないが，多くの規制が錯綜する各地の社会において，生態環境を利用している人たちが，異常気象，都市化，工業化，環境保全，そしてエネルギー供給に関わる諸問題にどのように対処しているのかをみていきたい．

　環境問題がクローズアップされるようになったのは，地球温暖化にともなう大規模な気象災害が世界各地で頻発するようになったためである．大洪水がのどかな田園風景を一瞬にして破壊する光景を見て気象災害の脅威を感じない人はいないだろ

う．アフリカでも，長びく干ばつによって家畜はもとより野生動物までもが命を落としている．降雨量がわずかに減っただけで人命が危険にさらされるような限界地域にも多くの人が居住している．行政は生態環境の保全を建前に国立公園や自然保護区を設置するが，そこにはすでに人の暮らしがあり，資源の利用をめぐって命がけの争奪が展開しているのである．

異常気象にともなう経済の停滞は農村の暮らしをますます不安定にし，人口増加とあいまって離農や都市化を助長している．都市と農村の経済格差を生み出す構造があるかぎり，農村は都市が求める生物資源を提供し続けるという従属的な関係から脱却できない．やがて農村の生態環境は崩れ，農村は生態系が提供するさまざまなサービスを失って生計はいよいよ困窮していく．現在の日本でも，林業の衰退によって中山間地の過疎化が進み，植林地の放置と獣害の多発が山林のさらなる荒廃をまねいて農村の経済価値をますます低下させている．東南アジアでも経済成長にともなう農村の過疎化が農地の荒廃を引き起こしている．農村における貧困と環境劣化の負のスパイラルが，自然の恵みに依存した生き方を根底から変えようとしているのである．

この半世紀のあいだに世界のエネルギーの主流が水力から火力へ移るとともに，化石燃料や鉱物資源からつくられた工業製品が流通インフラの拡張をとおして世界のすみずみに拡散し，各地の生物資源に由来する物質文化を塗り替えていった．世界の農業をみてもその潮流は近代化・工業化である．化学肥料，農薬，農業機械，品種改良，灌漑施設などを用いた農業は，生産性を飛躍的に高めるいっぽうで，化石燃料や工業製品への依存を強め，農村の生活は市場経済に取り込まれていった．各地で作られていた木製の農具はことごとくプラスティックや金属の工業製品に置き換えられ，手製の農具に込められていた素材に関する知識や製作の技術は今まさに失われようとしている．それは農具や民具にとどまらず，自然に由来するすべての物について，長い時間をかけて培ってきた知恵や技術が実用世界から姿を消そうとしている．

そのタイミングで浮上してきたのが生物多様性保全や地球温暖化の問題である．いずれも地球規模のきわめて重大な問題であり，「発展」とは逆行する要素ではあるが，人類はこの課題を避けて通ることはできない．現状のままでは，私たちはつねにCO_2の増加やマイクロプラスティックの汚染に怯え，どこかで生物種が絶滅していることを憂いながら生きていかなければならない．逆に，人間活動を制限するこ

とばかりに意識を向けていたのでは，生物資源の利用と保全の両立をバックアップ
してくれる食文化や物質文化までをも失ってしまうかもしれない．人が生態環境と
ともに生きていこうとするのであれば，壊れかけた生態系をなんとか補修しながら
利用し続けている現代社会にこそ，復興のヒントを見い出すべきではないだろうか．
生態環境をどのように保全するべきか，遺伝資源をどうやって維持したらよいのか
を検討する前提として，いま生態環境に接している社会から，残しながら使う，作
りながら使うという方法を学んでいかなければならない．

　そこでこのセクションでは，「つかう」（第Ⅰ部），「置き換える」（第Ⅱ部），「つく
る」（第Ⅲ部）という 3 部構成とし，生態環境の利用にさまざまな制約がある現代社
会において，生物資源をどのように活用・保全しているのかを具体的な事例をもと
にみていきたい．

　第Ⅰ部の「つかう」では，第 1 章でインドネシアの切替畑と日本の段畑を主な事
例として，その農村風景に込められた植物利用の歴史をとおして現代の環境利用の
あり方について考察している．第 2 章では，タンザニアのザンジバル諸島に設置さ
れた国立公園におけるコロブスザルの行動を記述しながら，人とサルと林の関係の
動態について考察している．第 3 章は，マダガスカル島南西部の半乾燥地に暮らす
人びとが小雨年に見せる究極的な焼畑耕作の実態を示しつつ，貴重な乾燥林をめぐ
る住民と行政の相克を描いている．

　第Ⅱ部の「置き換える」では，生態環境が変化するなかで生ずる資源の需要と供
給のずれに対する人びとの対応を取りあげた．第 4 章では，ガーナのかごバッグ
（ボルガ・バスケット）が世界で流通するようになった背景に，原材料の置き換わりが
大きく関わっていたことを経済や農業の動向から解説している．第 5 章では，ラオ
スの食文化を支えてきた在来野菜や野草をホームガーデンや農地で育てることが，
食材の供給を安定させるとともに食文化の継承にも寄与したことを示している．第
6 章は，タンザニアにおける砂漠化の問題を取りあげ，生態系の一部に外来樹を取
り込もうとする各地の動きに注目している．

　第Ⅲ部の「つくる」では，東アフリカのエネルギー問題に焦点をしぼり，自給的
なエネルギー生産の実態と新たなエネルギーを創造する可能性について論じるとと
もに，生態人類学の知見を開発実践に応用する可能性について検討している．第 7
章では，近年タンザニアで急増している稲作から排出・廃棄されている大量の籾殻
を燃料に転換しようとする実践的な試みについて紹介しながら，燃料開発の可能性

を展望する．第 8 章では，ウガンダの食文化を代表するバナナ料理マトケの味と火力の関係を示し，理想的な熱源を都市で生産しようとする動きについて解説する．第 9 章では，タンザニアの都市住民の暮らしを支える木炭について，ローカルな炭化のメカニズム，消費者が好む木炭と樹種の関係，そして持続的な炭焼きのかたちについて考察している．

　最後に終章では，各章の内容を要約しながら，各部に簡単なコメントを添えている．

つかう

第 1 章

大 久 保 悟 , 徳 岡 良 則

畑地利用のローカル戦略

樹木のある畑地景観のつくり方・つかい方

KEY WORDS

切替畑, 段畑, スンダ, 境木

1　畑地利用の知恵から学ぶことは

1……畑地利用の難しさと人びとの戦略

　世界では，土壌侵食や塩類集積，砂漠化といった土地劣化が大きな環境問題として取り上げられている．生物多様性版 IPCC と呼ばれ，生物多様性や生態系サービスの現状や変化を研究成果などから評価し，政策オプションを提示する政府間組織 IPBES（生物多様性および生態系サービスに関する政府間科学―政策プラットフォーム）が土地劣化に関する報告書を2018年に公表した（IPBES 2018）．その評価レポートによれば，世界中どの国や地域においても土地劣化が深刻化しており，32億人の福利に悪影響があるとともに，劣化によって失われる経済価値は全球の年間総生産額の10％にも相当するという．そのため，世界の持続可能な発展に向けて各国の対応が求められているが，この土地劣化について，日本ではそこまで深刻な問題として認識されていない印象がある．それは，日本の農地は水田中心であり，水田稲作が土地の持続性の高い，世界でもまれな農業生産方法であるからだろう．久馬（1999）によ

れば，水を張るために地面を平らにし，畦畔で囲むことから水田では土壌侵食が起こりにくい．また，水を張って還元状態にし，中干しといった短期間の酸化状態をつくることで土壌有機物やリンが補給され，灌漑水からカリウムやケイ酸が供給されるシステムになっていて，土壌養分がある程度自律的に維持されることから，水田では地力の低下が起こりにくく連作障害もない．

　その一方で，人間の歴史のなかで土地の劣化が一因となって多くの文明が滅んだと指摘されているように，畑作農業はつねに風や水による土壌侵食や地力低下に悩まされてきた．農業技術が発達した現在においては，文明が滅びるまではいかないまでも，畑地利用による土壌侵食や地力低下が，熱帯地域の開発途上国だけではなく，ヨーロッパやアメリカでも集約的な農業の影で大きな問題となっている．これまで持続性が高いといわれてきたわが国の水田においても，近年，水田の高度化利用の推進で水田の乾田化（汎用化）による田畑輪換が広がり，乾燥した畑地利用の期間が長くなるほど地力低下が著しくなってきている（新良 2013）．

　このように，畑作として土地を利用するには地力低下や土壌侵食に対処が必要で，長い農耕の歴史のなかでさまざまな努力がなされてきた．世界中で採用されているものとして，焼畑農業など休閑期間を設けて地力を回復させる方法や，傾斜地で築き上げられてきた段畑がある．このうち焼畑は，とくに熱帯土壌の特性に応じた農法といわれる．高温多湿な湿潤熱帯では有機物の分解が速く土壌母材の風化が進んでいるため，土壌養分が地中深くに溶脱したり豪雨時の表流水によって流亡したりすることから，土壌が貧栄養になりやすい．そこで，熱帯の樹木は地表面に根を密集させて流れ出す養分を素早く吸収していると考えられる．湿潤熱帯の焼畑は，樹木の地上部と地下部に蓄積されていた養分を利用したあと，土地が劣化する前に畑を放棄し，樹木の力を借りて本来の養分循環系を取り戻して地力を回復させる農法である．ただ，この焼畑農業が森林破壊のやり玉にあげられるように，地域の人口増加や土地の不足などで十分な休閑期間が取れなくなると，森林が回復しないうちに伐開が繰り返されて土地が劣化していくことが懸念される．生態学的には持続可能なシステムであっても，社会経済的な変化に対しては持続可能でありにくいということを示している．

　傾斜地において土壌侵食を抑える対応も，段畑のように耕作面の傾斜を少なくする技術が古くから存在し，これは現在でも有効な対策である．しかし，傾斜地を階段状の土地に変えるには時間と手間と労力がかかる．すぐには効果がみえないもの

に集団で投資しなければならないため，土地所有権の問題やコミュニティの歴史，短期的収益性の追求などにより，段畑造成が受け入れられないケースも多い．土地保全に限らず，持続可能な農業や生業の技術に確立されたものがあったとしても，地域社会がそれを利用し続けるかどうか，また新たに取り入れるかどうかは，社会経済的な状況にも左右される．自然界における人間の営為は，環境を保全するうえで最良の方法をいつも選択するとはかぎらない．各地域の風土と他の生業との関係など，さまざまな要因が複雑に絡み合うなかで，土地利用の方向性が定められ，将来の環境の姿が創り出されていくのである．焼畑や段畑などで使われる技術の端ばしには，その巧みさだけでなく，社会の変化にともなうはやり廃りや，人びとの葛藤の痕跡をも見いだすことができるだろう．

2 ⋯⋯⋯ 本章で目指すこと

私たちは土壌学者ではない．ましてや，わが国最大の農業研究組織（農研機構）に属しながら，作物の肥培管理について多くを知らない．ただし，日本や東南アジアの農村で，地域住民が畑地利用をめぐりどのように地域資源を活用し，放棄し，それが地域の景観に埋もれていくのか，その様子を観察してきた．農業を通じて人と自然が相互に働きかけ合いながら，かつてそこにどのような景観が成立し，変化してきたのか紐解く研究を行ってきた．それを通じて，農業，そして生業の場としての農村が今後どのように変化していくのか，持続可能な社会とは何だろうと思いを巡らせてきた．農業が産業として発展することだけに農村の未来を描くことを，どこか懐疑的に感じる私たちが，土というかけがえのない資源を人が守ろうとするさまざまな技術や工夫を中心に，時間や空間，地域のあらゆる資源を無駄にせず利活用してきた様子をこの章では紹介してみたい．それを通じて，人間の資源利用の歴史や，時代の流れのなかで価値をなくし無駄だと考えられるようになったものについて，その本来の価値や機能を探ることの意義に思いをめぐらせてみたい．

具体的には，地力回復には不可欠でありながら収益性の低い切替畑の休閑期間に，旺盛な生長をみせるタケ類を利用して地力回復を早めるとともに，早生建材種も組み合わせて休耕期間の「無駄」を低減した西ジャワのkebun-talunシステム（2節），石垣のみならず被覆植物などを用いて土壌侵食を防ぎながら農業資材などにも巧みに利活用する宇和海沿岸の段畑景観（3節），日本各地にみられる風食防止や土地の

所有境界顕示を目的とする畑地内樹木の多様な利用や効用と，樹種の地域性や植物方言が物語る地域の人と自然との関わり合いとその変遷（4節），を事例に地域の人びとの畑地利用をめぐる資源利用の戦略をみていくことにする．

2　集約化した焼畑 ································ スンダ人の知恵

1 ········ 生長の速い木本タケ類を使った地力回復

　先に述べたように，土壌の肥沃さを維持し，土壌養分を有効に利用することを考えると，焼畑は熱帯地域に適した農業であるが，低人口密度下で土地が豊富にある条件でだけ存続しうる農業でもある．しかし，世界でもっとも人口密度が高い島であるインドネシア共和国のジャワ島に，集約化した焼畑農業を今日でもみることができる．インドネシア語で「クブン―タルン（kebun-talun）」と呼ばれるこのシステムは，2年間の耕作期間と，短いときにはたった4年間の休閑期間で構成される（Soermarwoto 1984）．クブンは畑，タルンは樹園を意味し，それを交互に繰り返す切替畑の一種である．ただ，私たちが調査を行った西ジャワ州バンドン県のソレアン地域（図1-1）の人びとは，この切替畑をクブン―タルンとは呼ばない．そのため，この切替畑の聞き込み調査を始めたときには話がかみ合わず，苦労した思い出がある．調査地のある西ジャワはスンダ人が大半を占め，インドネシア語とともにスンダ語が普段の会話で用いられるが，この切替畑のことをスンダ語で畑を意味するクボン（kebon）とだけ呼ぶ．樹園のこともスンダ語では木々の畑という意味のクボン・タタンカラン（kebon tatangkalan），竹林のこともタケの畑という意味のクボン・アウィ（kebon awi）と呼ぶので，1年生作物の畑であってもタケや果樹などの樹木が生えていてもスンダの人にとっては「畑」のようである．畑の種類を切り替えて利用するシステムを指す特別な呼称はなく，地力を維持するための当たり前の行為だからなのかと想像する．ちなみに，常畑とも呼び方の区別はなさそうであった．

　この切替畑であるが，休閑期間に木本タケ類を積極的に繁茂させると地力の回復がとくに早くなる．私たちと同じ調査地で1980年代に行われた研究成果によると，タケ類が優占する休閑期間に，土壌有機物量は年間で7トン／ヘクタールの増加，地上および地下バイオマスの増加は4年間で，それぞれ，44.5トン／ヘクタール，22.8

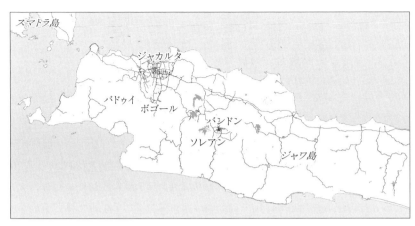

図1-1　西ジャワの対象地域図（OpenStreetMapを元に作図）

トン／ヘクタールにも達することが明らかになっている（Christanty et al. 1996）．単純に平均すると，地上と地下のバイオマスを合わせて年間に17トン／ヘクタール，炭素換算（バイオマス量の半分）で約8トン／ヘクタール以上増加する計算になり，これは熱帯雨林と同程度かそれ以上になるといわれている．世界中のタケ類の生長と炭素蓄積の潜在量をまとめた論文（Yuen et al. 2017）によると，年間のバイオマス増加にともなう炭素蓄積量はさまざまなタケの種類と地域で8-14トン／ヘクタールの範囲にあると報告されているので，西ジャワでの値はタケの潜在的な生長スピードからするとまだまだ序の口といえる．

　ここで留意しておかなければならないのが，熱帯雨林などの森林と比べると生長量や炭素蓄積スピードが速いのは確かであるが，前述の研究によれば，成熟して抱えられる最大のバイオマス中の炭素蓄積量は，地上と地下を合わせて24-192トン／ヘクタールの範囲にあるのに対して，手付かずの熱帯雨林は，地上バイオマスの炭素蓄積だけで200トン／ヘクタールを超えるといわれている．恒久的な二酸化炭素のシンク源としては複層の植生構造をもつ熱帯雨林が優れているということを示している．ただし，森林以外の土地で，この木本タケ類の旺盛な生長を炭素吸収源として積極的に活用する動きもある．後述するように，東南アジアの国々においてタケは生活に密着した資材として広く利用され，適度に伐採を繰り返せば高い生長量を維持できる．生活資材を確保しながら持続的な土地利用が可能で，さらに温暖化ガ

ス吸収減として炭素クレジットの取引ができれば地域経済に大きく役立つと考えられ，国連気候変動枠組条約（UNFCCC）の，「途上国における森林減少・劣化からの排出削減，および森林保全，持続可能な森林経営，森林炭素蓄積強化の役割（REDD+）」の仕組みに竹林を積極的に取り込むべきだとの意見も多い（Nath et al. 2015）．

2 ⋯⋯⋯ クブン―タルンの栽培管理暦

　この木本タケ類を休閑期に使う時間的に集約化された切替畑は，少なくとも200年以上の歴史をもつといわれている．西ジャワでタケ類を積極的に使ったシステムがどのように生み出されたのか定かではないが，東南アジアの焼畑では，土地が劣化した場所ほど木本タケ類が繁茂する傾向にあり，現地の農家も休閑地にタケ類がみられるようになると地力が低下した場所と判断するようである（Schmidt-Vogt 1998）．想像するに，その昔，西ジャワでも人口増加にともなって焼畑の休閑期間が短縮されていくと，地力が低下した畑では休閑中にタケ類が優占するようになったが，タケ類が繁茂したことで地力回復に要する時間が短くなることをみつけたのではないだろうか．その結果，積極的にタケ類を導入して休閑期間を短縮した集約的な切替畑を編み出したのかもしれない．中部ジャワに多く住むジャワ人が森林のなかに居住地を見つけ出していったといわれる一方で，スンダ人は森林を切り開いて畑や居住地を作り出したと聞いたことがあるが，畑地利用の経験が豊富なスンダの人たちだからこそ発見できたタケ利用なのかもしれない．

　この切替畑は，まず4，5年で成熟した竹林を伐採するところから始まる．西ジャワには10月から5月の雨季と6月から9月の乾季があるが，畑の準備が始まるのは乾季が終わる8，9月ぐらいである．樹木の幹の部分にあたるタケの稈は収穫物として運び出され，落とした枝葉は林床に厚く蓄積したタケの落ち葉と一緒に焼却される．日本でみられるマダケやモウソウチクと違って，熱帯地方に分布するタケ類は稈が株立ちするものが多いが，その株は絶対に掘り起こさない．地表面だけをうまく焼くようにしてすぐに萌芽しないようにし，休閑期には株元からタケの枝葉を再生させる（図1-2）．火入れの後は土を耕転せず，1年生作物を播種する穴をうがつ程度である．

　調査したソレアン地域では，切替畑1年目のメインの作物はフジマメ（*Lablab purpureus*）で，現地ではロアイ（roay）と呼ばれる．日本ではインゲンマメのように

図1-2　西ジャワの切替畑（クブン―タルン）の風景（1）
竹林を伐採，タケの株を残しつつ，地上部がすぐに再生してこないように火入れしている様子.

若さやを食すが，現地では完熟したマメを乾燥保存しておき，コメと一緒に炊き込んだり，野菜との炒め物，素揚げ，地域によってはテンペ（インドネシアの納豆のような発酵食品で，通常はダイズが原料）の原料にしたりするようである．マメの形態に変異が多く，色や大きさ，ときには翼のような薄膜がつくものもあり，多様な品種がある．ただ，種子の発芽能力が1年程度と短いようで，現在はみられなくなった種類も多いようだ．ロアイの蔓は6 m以上も伸びることから，現地では5 m程度のタケの支柱を立てて栽培する．竹林を伐採して火入れしたあとに支柱を立てるので，すぐにタケが伸びてきたかのような奇妙な光景を目にすることになる（図1-3）．栽培期間は雨季の間，5ヵ月ほどで，2月ぐらいにマメが完全に熟し，葉が枯れ上がるのを待って，大胆にタケの支柱ごと引き倒してマメを収穫する．ロアイは単作ではなく，通常，ロアイの畝間にキュウリやニガウリ，スンダ語でルンチャ（leunca）と呼ばれるイヌホオズキ（*Solanum nigrum*）の食用種が混植される（図1-4）．ロアイの収穫が終わると，インドネシアの伝統的な辛み調味料サンバルの材料になる，チェゲッ（cengek）と呼ばれるキダチトウガラシ（*Capsicum frutescens*）が植え付けられる．畑地2年目に植えられるキャッサバと混ざるが，地力の状態によりトウガラシをすべてキャッサバに改植することもある．2年目の途中からはタケの株元から再生して

図1-3 西ジャワの切替畑の風景（2）
図1-2のように火入れした後，ロアイの支柱を準備する様子．

図1-4 西ジャワの切替畑の風景（3）
ロアイとその畝間にキュウリなどを混植する様子．

図1-5　西ジャワの切替畑の風景（4）
休耕して4, 5年で竹林が再生した様子.

きた地上部を積極的に残すようにして，休閑1年目からタケが地表面を覆うようになり，休閑4年目にはすっかり成熟した竹林となる（図1-5）.

　畑地利用の期間中は無施肥ではない．1年目の主要作物であるロアイにも，ヤギやヒツジの厩肥を元肥と追肥として施用する．キュウリの収量を上げたいときには化学肥料（窒素，リン酸，カリウムの複合肥料）も使う．ただし，2年目のキダチトウガラシとキャッサバには施肥こそしないが，キダチトウガラシに害虫防除の薬剤を散布する農家はあった．この6年間の切替畑での養分の循環を調査したMaillyら（1997）によると，肥料投入を考慮してもけっして閉じた系にはなっておらず，窒素でみると，作物やタケ類の収穫持ち出し分の約半分しか肥料などで補填されていないようである．つまり，休閑4年間だけでは窒素分が収奪されていて地力低下が起こりうる．しかし，地力低下は顕著に現れていないことから，この論文の著者らは，マメ科であるロアイなどの根粒菌による窒素固定量を過小評価した可能性を自ら指摘している．ただ，実際には6年周期の切替畑をずっと同じ土地で繰り返しているわけではなさそうである．次に述べるように，休閑期間は必ずしも木本タケ類を優

占させるのではなく，建築材種や果樹などを組み合わせながら，休閑期間も時には6年以上になることもある．それでも，休閑期間を単なる地力回復の期間と放置することなく，積極的に農業経営のなかに組み込んでいくさまざまな戦略が垣間みられる．

3 ⋯⋯⋯ 休閑期のさまざまな活用と管理

休閑期間中の畑の構成種はじつに多様である．木本タケ類が優占する場合でも，1種類のタケではなく複数のタケが混ざっていて，タケの種類によって用途もさまざまである．調査したソレアン地域だけで，8種類（うち1種は亜種）のタケ類が休閑期間のタルンに生育していた（Okubo et al. 2010）．同じ西ジャワの南部では，タケの総称であるアウィ（awi）は積極的に植栽するタケを指し，急傾斜地などに自然に生育するタケはハウル（haur）と呼んで区別している（Setiawati et al. 2017）が，私たちが調査した地域では休閑地だけを対象としたせいか，ハウルは特定のタケ1種類（*Bambusa vulgaris*）の呼び名として使われていた．ただ，私たちの調査地でも，アウィと呼ばれるタケの種類は地下茎を新しい畑地に移植したり，古くなった株を更新したりして，積極的に竹林を作っていた．その結果か，利用価値の高いタケの種類ほどいろんな土地に密度高く出現し，近年利用価値が低下したもの，利用してこなかったものの出現頻度は低い傾向にあった．例えば，建築材として唯一，2倍の卸値がつくゴンボン（awi gombong）と呼ばれるタケ（*Gigantochloa pseudoarundinacea*）は，多くの休閑地で純林のようになっていることがあった．このタケは，他のタケよりかなり肉厚で強度があるため，一般家屋の基礎材や建築現場の足場として市場価値が高かった．ゴンボンと並んで，どの土地でも必ずといっていいほど植えられているトゥムン（awi temen: *G. verticillata*）というタケは，稈がまっすぐで節間が長いので，家屋の柱のほか，インドネシア料理のサテ（sate）と呼ばれる串焼きの串といった加工品の材料に広く用いられていた．逆に，ゴンボンは肉厚すぎて加工材には向かないようである．

この2種が休閑地にみられる主要なタケで，それに続くのがタリ（awi tali: *G. apus*）であった．このタケはしなやかさがあるようで，竹かごのような編み物の材料によく使われていた．この他，出現頻度は高くないが，大事にされているのは稈の色が特徴的なタケで，スンダ語で黒を意味し，その名の通り稈が黒いヒドゥン（awi hideung:

第Ⅰ部
つかう

G. atroviolacea）や，こちらも名前通りに黄色いコネン（koneng: *B. vulgaris* var. *striata*）は，ビリック（bilik）と呼ばれるタケで編んだ壁材の模様付けに使われていた．ただ，調査した集落でも加工職人が減少しており，模様の凝った工芸品のようなビリックが貴重になっているとの話であった．日本では伝統的に利用してきたタケを管理しなくなったことで竹林が周辺の森林に侵入，拡大しているのが問題となっているが，竹細工という伝統技術の減少とともに利用されてきたタケの種類が消失してしまうことも起こるのではないかと心配になる．

　タケと同じぐらいに生長の速い樹木を用い，短い休閑期間を維持したタルンも存在する．ジェンジェン（jengjen: *Paraserianthes falcataria*）と呼ばれるインドネシア東部原産のマメ科早生樹で，最近は日本のホームセンターでもファルカタ材としてなじみがある．手に取ったことのある人はご存じだろうが，非常に軽い材で，桐のように明るく白い．この樹木は 5，6 年で樹高20m，胸の高さの直径が15cmを超えるぐらいに非常に生長が速い．種子から発芽して 1 年で 7 m ぐらい生長するため，タケと混植していてもタケの葉が密に空を覆う前にタケの上部に突き抜けて，ジェンジェンとタケの 2 層構造の林になる．つまり，タケの密度を犠牲にすることなく，2 階建てで樹木とタケの両方を生育させることができ，かつ，タケ類と同じように 4，5 年の短い周期で収穫が可能で，マメ科の樹木で根粒菌による窒素固定で地力回復をさらに促進することができる．実際に，ジェンジェンを組み合わせた切替畑は，西ジャワの閉鎖的な社会集団であるバドゥイ（Baduy）の人びとの伝統的な生業と文化，宗教を守るのに大きく貢献したといわれている（Iskandar and Ellen 2000）．彼らは，イスラーム教伝来以前から新たな宗教や文化を拒絶し続けてきたといわれ，現在も古来の生活様式を維持している．彼らの主要な農業活動は陸稲の切替畑で，それは彼らの文化とアイデンティティの中心的存在にもなっている．厳格に外界との接触を拒絶している内部バドゥイでは導入が許されていないが，外界との接触をある程度許容している外部バドゥイでは，このマメ科の早生建材種を陸稲の切替畑システムに取り込み，農事暦に関連する伝統的な祭事を犠牲にすることなく地力維持ができ，かつ，建材として現金収入源にもなっており，外部バドゥイの人口増加に対応できていると考えられている．当然ながら，外来の早生樹を導入する際には負の側面も把握しておかなければならない．生長が速いということは，周辺の森林生態系に侵略するリスクももつし，土壌水分の消費量が増えることで下流域の水不足をもたらすことも指摘されている．しかし，社会文化的な適合性も吟味しながら上手に管理

することで，外来の生物資源が地域の伝統文化を維持するのに貢献できる好例といえる．

4……… ダイナミックに変容する「畑」

　先に述べたように，休閑期の活用方法は多様である．タケ類と早生建材を組み込みながら速い切替サイクルを維持するものの他に，果樹などを植栽して，収益の中心を永年作物の栽培にシフトした土地も多い．休閑期であるタルン（樹園地）の構成種でグループ分けをすると，タケ類が優占するタイプ，タケ類とマメ科早生樹（ジェンジェン）が混生するタイプ，さまざまな果樹から構成するタイプ，そして，現地でチュンケ（cengkeh）と呼ばれる香辛料のクローブ（丁字）を収穫するチョウジノキ（*Syzygium aromaticum*）と果樹が混ざるタイプの4つに大きく分けられる（Okubo et al. 2010）．前半の2タイプは，これまで紹介してきた切替畑休閑期の典型的な種構成である一方で，後半の2タイプはもはや休閑地という印象をもてず，半数ぐらいの土地がこちらのタイプであったことから，調査をしながら切替畑システムの終焉を意識したのを覚えている．しかし，実際には樹園地と常畑に2極化するのではなく，成熟した果樹園でも機会があればダイナミックに1年生作物の畑地に切り替わっていく様子をみることができた．スンダの人にとって，果樹だろうが建築材種の植林だろうが，「畑」なんだと感じる．もちろん，ロアイを主作物とする伝統的な切替畑は少なくなっている．ロアイは自給作物の歴史が長く市場流通がないようで，換金性に乏しいのがロアイの作付け減少の大きな理由のようである．

　1年生作物の畑から樹園地，またその逆という，現代農業しか知らない私たちにとってダイナミックな作付けの変化が起こるのはなぜなのか．1つ大きいのが，換金性とその市場価格の高下である．典型例がクローブで，スハルト政権下におけるクローブ専売公社とその解体，割安のマダガスカル産クローブの輸入増といった時代変遷のなかで，クローブの卸値は激しく変動してきた．クローブのインドネシア国内需要は，あの独特の甘い香りのするタバコ，ロコッ・クレテック（rokok kretek）の香料利用がほとんどで，需要量は比較的安定しているのにもかかわらず，チョウジノキは豊凶の変動が大きく，国内外を通じて供給が安定しないのも価格変動をもたらす．そのため，価格高騰が続いたときにはチョウジノキを何本も補植したり，価格が低迷したときには伐採し，果樹などを改植したりしたそうである．これは，キ

ダチトウガラシでも同様に起きた．主要生産地で病害虫による不作が続き，市場価格が高騰したときには，樹園や竹林が一斉にキダチトウガラシの畑に変わったのを覚えている．

インドネシア農村部にみられる，土地所有や使用権の高い流動性も，このような市場に反応してダイナミックな作付け変化が起こるのを後押ししていると考える．伝統的に，収穫物を小作農と地主で取り決めた割合で分割する分益小作（bagi hasil）がインドネシア農村に広くみられるが，都市近郊に位置する対象集落では不在地主も増えており，地主が利益に関心がなく，小作の取り分がかなり大きくなっているようである．そのため，農外就労で得た資金をもとに，地縁血縁の農地を使って農業を行うケースも調査しながらよく耳にした．日本でもそうであるが，一般に，経済発展にともなって農家の農外就労が増えて兼業化，そして離農が進み，一部の農家による大規模経営化と商品経済化が進むと考えられている．確かに，東南アジア諸国では「ポスト緑の革命時代」と呼ばれ，都市への一極集中と農村の過疎化が急激に進んでいる．しかし，私たちの調査地にみられたように，農村における農外就労機会の増加が農業資材を通じて農村に還流することは他の地域でも報告されており（杉野・小林 2015），農業生産性や収益性の向上につながることが期待される．気がかりなのが，外部資源に依存した農業に移行し，土地の劣化が深刻化しないだろうかという点である．この先もダイナミックな農地利用の動向をみていきたい．

5 ⋯⋯ 切替畑の知恵を守る意味

スンダの人びとの切替畑は，おそらく土地劣化の経験のなかから生み出された技術なのだろうと思う．ただ，タケ類を導入した短いサイクルで繰り返される切替畑システムが特徴的で，それだけが注目されすぎた嫌いがある．私も村のなかで調査しているときには，このシステムの利点を評価して，次世代に継承していくためにはどうしたらいいのかで頭がいっぱいだったのを思い出す．しばらく調査地から離れた今，1年生作物，果樹などの多年生作物，建築材種の植林，そしてタケ類を栽培し，ダイナミックに切り替えていく，そのシステムを評価するのではなく，畑地を画一的ではなく動的に利用していく，それを支える技術や，地力を含む環境変化や市場経済の変化に対する適応性にも焦点をあてるべきだったのではと痛感する．気候変動によるさまざまな環境変化が顕在化してくるなか，私たちを取り巻く生態系

の変化にどう適応できるのか，その術をスンダの人びと，次節以降でみていく日本人の経験から学び取る必要性を強く感じる．

3　沿岸山地斜面の段畑農業にみられる工夫

1⋯⋯⋯宇和海沿岸のくらし

　瀬戸内海や宇和海の沿岸部における人間活動の歴史については，武智（1996）がまとめている．その遺跡考古学調査によれば，縄文時代や弥生時代から瀬戸内海や宇和海の沿岸部には人の暮らしがあった（図1-6）．その後も，木簡，文書などの各時代の歴史資料から，各地の漁業の規模や技術の発達がみて取れる．江戸時代に入ると，瀬戸内海や宇和海を領域にもつ各藩は，水夫の確保や漁業から得られる運上金を重視し，漁村形成を推奨した．この時期に各地の沿岸漁村での生活の路が開かれていった．

図1-6　宇和海沿岸ほかの対象地図（地理院地図Vectorを元に作図）

これらの地域では，今日，養殖業，遠洋漁業，柑橘栽培など，より単一高度化した産業へと転換している地域も多いが，高度経済成長期以前には，瀬戸内側では漁業を主体とする漁村が多く，その一方で宇和海側では半農半漁の漁村が多かった．宇和海沿岸部の山地は平地水田地帯に比べ，水も乏しく，移動コスト，作業性，作物生産量などの面で多くの不便さを抱えていた．この不便な状況だからこそ，少しでも暮しを豊かにしようとする人びとのさまざまな知恵と工夫が育まれていったのだろう．

2 ┄┄ ハード面の改良——切替畑から常畑（石垣を築いた段畑）への転換

　かつて沿岸山地の斜面は，木々の伐採，火入れ，耕作，休閑を繰り返す切替畑として利用されていた．この切替畑の一部では，耕作面の傾斜度を緩やかにするために山地斜面の等高線に沿って簡素な段畑を一時的に設け，一定期間作物を生産しては休閑していた．宮本（2006）によると，畑が自給食料の供給から商品食物の栽培へと役割の変わった明治末期から，傾斜地農業の生産性や作業効率を高めるために石垣を組んだ段畑への転換が始まり，第二次世界大戦後に最盛期を迎えたという．石垣を築き常畑化された段畑の土壌養分の維持のため，麦の種まき前には人糞尿と生魚を混ぜ腐らせた有機肥料を肥樽に入れ，険しい山地斜面を上り，畑に散布する，という大変な苦労を要した．これらの努力によって山地斜面をほぼそのままの形で利用していた切替畑に比べて，石垣化により安定的な耕作環境を作り出したことで，耕地面積は約1～2割増加し，作物収量は格段に上がったようである（宮本 2006）．宇和海沿岸では，現在，この石垣化された段畑のうち，放棄されていない場所の多くで柑橘栽培が営まれている．

3 ┄┄ 土壌侵食対策に関わる植物利用

　石垣の段畑づくりという農地の構造的な改良の他に，日常的な農作業にも土壌保全に関わる工夫がみられた．例えば，この地域では「アゴシキ」と呼ばれる土壌保全の方法がある．サツマイモのつるなどの植物残渣を石垣の縁に線上に敷くことで土が流れにくくしてきた．この土留めの効果に加えて，植物残渣の分解により土壌へ養分を供給する効果もあるため，土壌保全と作物生産の両面でアゴシキは役立ち，

作物の季節的な転換の際にも妨げとならない利点がある．一方で，現在は永年的な柑橘栽培が広く行われるようになったこの地域では，強い海風から柑橘の苗木を守り，同時に土壌流亡も抑える長期的な対策として生垣を築くようになってきている．

　現在，四国西南部の柑橘栽培地域のうち，とくに風害に悩む地域では，一般にスギやイヌマキを低めに仕立てて生垣とすることが多い．沖縄ではススキ（*Miscanthus sinensis*）やトキワススキ（*M. floridulus*）（外間 2004; 当山ほか 2016）などの草本植物を生垣として使う例があるが，宇和海沿岸でも周辺に自生している在来の草本植物や，ダンチク（*Arundo donax*）で生垣を築いていた（Tokuoka et al. 2018）．宇和海沿岸の三瓶や宇和島のいくつかの地域では昭和30年代に入るとインド原産のベチベルソウ（*Chrysopogon zizanioides*）を段畑の縁に線上に植栽し，生垣上に仕立てることで，風蝕害を防いでいた地域もあった（Tokuoka et al. 2018）．このベチベルソウは世界各地に導入例があり，正確な入手経緯はわからない部分があるものの宇和海沿岸では，昭和30年代に柑橘の栽培面積拡大の際に蜜柑の苗木を潮風から守り，また土壌侵食を防止する機能が期待されて植栽されるようになった．産業利用のために導入された外来植物は，往々にして他の生態系に逸出して問題になるが，ベチベルソウについては各地に導入された系統は不稔のようで，宇和海沿岸の各地に生育しているベチベルソウの開花個体を採取観察した例でも種子は確認されなかったことから，幸いに自然生態系への影響は心配ないようである．多年性のベチベルソウは生垣としての利用の他にも，刈り取った草束をカボチャなどの野菜の自給栽培の際にマルチとして敷き詰める例が現在まで細々と続けられている．マルチは土壌水分を保持し，カボチャやスイカの実が直接土に触れて病気に感染するのを防ぐ効果に加え，雨滴浸食や風食を防ぐ点で土壌を保全する効果もある．このような利点からベチベルソウを生け垣として，またマルチとして利用する例は世界各地にある（The Vetiver Network International, https://www.vetiver.org）．また，土壌保全ではないが，本書第4章でもベチバーグラスの稈を使ってかごや帽子を編むガーナの事例が紹介されている．

　さらには沿岸地ならではの資源として，漂着物の利用もある．愛媛県南部の由良半島では，流木を薪にしたり，所有者不明のブイも再利用されており，このような利用可能な漂着物のことをコタカラ（小宝の意と思われる）と呼ぶことがあったようである．コタカラの利用権をめぐって定期的に集落内で調整することもあった．畑地の土壌保全に関係する漂着物の利用法としては海藻を陸に上げて雨ざらしにすることで塩抜きし，それを緑肥として畑に鋤き込むこともある．このような海藻の緑

肥利用は瀬戸内海の島々で広く行われていた（宮本1984）．海藻の鋤き込みには土壌の有機物の量を増やし，土壌生物の活性化や土壌の理化学性の改善などの効果があるものと思われる．

このように，沿岸の段畑の土壌を保全しつつ肥沃化して耕作環境を改善するための日常的な作業にさまざまな植物が使われていた．

4 ⋯⋯⋯ 段畑景観における自給資源と工芸作物の小規模生産の共存

土壌の保全や改良に直接寄与するもの以外にも，沿岸山地の畑作農業景観のなかには，限られた空間を無駄なく活用したさまざまな植物利用がみられる．そのような工夫はおそらく何世紀にも渡って続けられてきたことが農書の記述からうかがえる．その例は，現在の大分県に生まれ，農業の改善に腐心した大蔵永常による著作の「公益国産考」（大蔵1946）の記述にもみられる．このなかで大蔵はチャノキについて「山畑段々畑の土留などに植ゑ，あるひは屋敷廻りに植ゑ置けば，家内入用だけはあるもの也」，桐（キリ）類について「山畑等によく作れば利を得るもの也．いろいろ種類あり」，楮（コウゾ）について「楮は畑の堺山畑抔の片下りの所へ作りて，土留となるものにて（中略）格別作りもののじゃまにならずして，益に成るもの也」などとあるように，畑地境界のわずかな土地にも工芸作物などの栽培を奨めている．大蔵が励行している農業技術の多くは，自身が各地で観察，記録してきたものであり，古くからごく限られた空間から有用なものを採取・生産するよう努めてきたことがわかる．

宇和海沿岸の段畑景観のなかでも，畑地境界など限られた空間を利用して有用植物を植える例がみられた．例えば，明治の初めに日本に導入された，ニュージーランド原産のニューサイラン（*Phormium* sp.）は宇和海沿岸ではマホランという呼名で知られ，段畑境界などにも点々と植えられていた．このマホランの葉を組み合わせて背負いかご（図1-7）を作ったり，葉から繊維を採取・利用していた（愛媛県教育委員会2013）．また，落葉高木のアオギリについては江戸時代から豊後水道沿岸でも，とくに九州側で盛んに栽培されていたようであるが，四国西南部でも段畑の脇や人家近くの林にも植栽され，幹から採取できる樹皮繊維をさまざまな民具に利用していた（徳岡ほか2016）．この地域ではかつてロウの原料としてハゼノキが広く植えられており，現在放棄の進んだ段畑景観には逸出由来と思われるハゼノキがよく観察

図1-7　愛媛県南宇和郡愛南町樽見で用いられていたニューサイランで作られたホゴと呼ばれる背負いかご

される.

5┈┈┈ハードとソフトがかたちづくる段畑景観

　一般に伝統的な畑地景観の１つとして，石垣化された段畑というハード面の特徴をもった生産環境が各地に知られ，その文化的景観の保全が重要視されてきた（文化庁 2005）．こうした景観に散りばめられた植物の利用を追っていくと，サツマイモの蔓，ダンチク，ベチベルソウ，マホラン，アオギリ，ハゼノキなど，畑作物，工芸作物，外来草本，野生植物に加え，漂着した海藻にいたるまで，在来の知恵（ソフト）が背景にあることがわかる．それらの一部は今日でも小規模ながら継続されていたり，管理の停止されたものであっても，かつての利用を偲ばせるかたちでひっそりと生き永らえているものも少なくない．このハードとソフトの組み合わせでかたちづくられてきた段畑景観のなかに，先人の多様な工夫や努力を見いだすことができる.

4　農地のなかの樹木

1 ⋯⋯ 平地の畑地景観における植物利用の知恵

　沿岸山地では，石垣を築くことで常畑化した段畑にも，土壌流亡や海風から作物を守るさまざまな植物利用の工夫があった．一方で，平野部の畑地景観として関東平野を例にみれば，季節風による土壌飛散が激しく，さらには起伏の乏しさから自然な地形的な特徴によって所有地の境界を示しづらいという別の問題もあった．こうした問題への対処として，防風垣や境木の利用が今日まで続けられている．この防風垣と境木にも植物利用の知恵がみられた．

2 ⋯⋯ 生垣のみられる農業景観

　高木，低木あるいは多年生草本などを農地周辺に線状に維持する緑地は世界各地に知られ，主に低木状の樹木で仕立てられたヘッジロウ（hedgerow）についての研究と保全はヨーロッパを中心に精力的に進められてきた（Baudry et al. 2000）．日本では生垣という呼び名がもっとも一般的だが，より用途を細分し明確にしたものとしては，水田地帯にみられる稲架木（はさぎ）あるいは稲木（いなぎ，いなき，いのき）のような形態の生垣も見られる．種類や用途はさまざまであるが，線状に仕立てられた生垣のみられる農業景観は，ヨーロッパ，オーストラリア，カナダ，アジアなど世界各地に知られる．過去1世紀の間に，ヨーロッパでは急速に減っていた生垣を保全するために法的整備や対策が進められてきた．このような生垣の植栽経緯は地域や時代によってさまざまだったようであるが，近年では，とくに地域生物相の保全や文化的景観を構成する要素としての重要性が注目されている（Baudry et al. 2000）．
　生垣に関連した日本の研究としては，主に屋囲いとしての生垣が扱われてきた．一方で，農地内の生垣については農業気象分野で一部先行し，日本全国のさまざまな営農体系における防風対策をまとめた研究のなかに，生垣の利用率に関する記述がある（真木 1983）．このなかでは生垣の樹種や防風以外の機能には言及されておらず，構造物としての生垣というくくりでまとめられてはいるが，全国的にその多寡には差があるものの，広い地域で生垣が畑作景観をつくってきたことがわかる．水田景観に残された畦畔木については滋賀県において複数の例があり，稲木として利用す

ることのほかに，柿渋の採取，民具や農具の原料採取などに供するために多様な樹種がさまざまな用途に使われていた（海老沢 1996）．一方，畑地景観に植えられた生垣の構成や利用目的を詳述した研究はわずかだが，山本（1981）は古文書や現地調査をあわせて，武蔵野台地上の生垣の変遷について防風や経済性などの観点から議論している．それによれば，江戸時代中期に武蔵野への入植が盛んであった頃には，地境にウツギが植えられていた．同地において作物や土壌を風害から守るために生垣用の潅木を列植し始めるにあたり，まずはこの地域でもともと地境に植えられていたウツギを風除けとして用いていたようである．時を経て，地域経済の事情に応じて収益性の高いチャノキやクワなどを植えるようになっていった．明治時代に，武蔵野地域から現在の千葉県八街市あたりに移住した人びとは，やはり当時収益性の高かったチャノキを屋囲いや田畑の畦畔に防風垣として列植していった（猪野 2003）．チャノキの生垣は茨城県内の各地の農村でも見られ，いずれの地域においても生垣から摘み取られた茶葉を自家用あるいは換金用として利用していた．茶業や養蚕業が廃れると生垣からチャノキ，クワは減り，代わって庭木類のツツジ，マサキ，イブキなどが防風垣として利用され始めた．このように生垣は，田畑や家屋の風除けという主要な目的はありつつも，時代ごとの副次的な利用も視野に入れながら植物種が選択されていたのである．

3……… 孤立木や境木（さかいぎ）の利用文化

生垣とは異なった様式で植物を利用する例として孤立木を残す畑地景観があり，それは世界各地で見ることができる．そのような景観がかたちづくられてきた背景は地域によってさまざまである．タイの水田景観で見られる孤立木には，開墾の過程で特定の用途を有する樹木を残す場合と，水田が開かれた後に有用植物を意図的に植栽する場合がある（Vityakon 1993）．ケニアでは，離れた場所からでも農地境界を視認できるように開墾するときにわざと樹高の高い木を伐り残したり，地域の儀礼に関係する場所を示すものとして特定の樹木を残すこともある（Dewees 1995）．オーストラリアの放牧地にみられるパドックツリーと呼ばれる高木の孤立木群は，牧草と土壌に対する風害を防ぎ，家畜の休憩場所となる日陰をつくる役割で維持されてきた（Bird et al. 1992）．ある目的をもって維持されてきた孤立木や境木にはそれぞれ副次的な効用がある．タイの産米林には局所的な土壌栄養の維持や酷暑の年に著し

い減収を回避する効果があり（Vityakon 1993），ケニアの境木のなかには薬用・食用（果実）の樹種のほか，生長すれば木材として高く売れる樹種も含まれている（Dewees 1995）．また，オーストラリアのパドックツリーは，野生鳥類の貴重な生息域になっているという（Bird et al. 1992）．

4 ……… 茨城県の台地上の境木

　防災を主目的とした世界各地の生垣では，畑地境界線上に植物を列植してきた．これとは異なり，風害が顕著ではないが，地形起伏の特徴が乏しい台地や，頻繁に河川氾濫・洪水により耕作面が一掃されてしまう沖積地域の畑作地では，隣接する農家とのあいだで畑の境界を維持するために孤立木を植えていることがある．一般に境木と呼ばれる孤立木は，青森，栃木，神奈川，愛媛，高知（香月 2000），武蔵野（山本 1981），茨城（長塚 1950）などに，その存在のみがわずかに記録されているが，その利用実態について未解明の部分が多い．

　そこで，茨城県全域の台地上の畑地に植栽された境木の分布パターンとその植栽経緯について調べてみた（Tokuoka and Hosogi 2012）．茨城県内の台地地域全体の177ヵ所に調査点を設け，それぞれの調査点で5つの農地境界に植えられていた全2001本の境木を調査した結果，全体の60.7%を落葉潅木のウツギが占め，これに，カマツカが8.8%，マサキが7.7%，チャノキが6.8%，クワが4.6%，エノキが4.2%と続いた．それぞれの樹種の分布が集中する地域は異なり，那珂川より北部にマサキ，那珂川と恋瀬川の間の東茨城台地にウツギ，恋瀬川以西にカマツカ，小貝川の周辺以西にチャノキが多くなる傾向がみられた（図1-8）．このような種の分布パターンがみられた原因はわからないが，茨城県内では大きな河川を境にして，さまざまな風俗や民具，作物の呼称が異なること（藤田 2002）を考えると，境木についても各地の民俗に根ざした由来や変遷があるのかもしれない．

　茨城県全域の境木の分布パターンを説明し得るものではないが，古くからの祭礼行事との結び付きを示唆するものとして，小美玉市や茨城町では，死装束の葬具のひとつである杖にウツギを用いる例がある．またつくば市では，新年のオビシャ行事の弓に畑地からとってきたウツギを用いている（図1-9）．前者の葬具の杖にウツギを用いる例は信州（上原 1961）でも知られる．また，少しその由来は異なりそうだが，高知県仁淀川中流地域のかつての葬儀では，孫杖（まごづえ）と呼ばれる植物で作ら

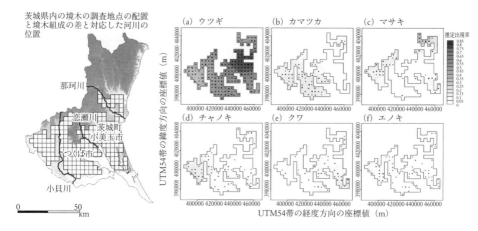

図1-8　茨城県の主要な境木の分布パターン
茨城県内の境木の調査地点の配置と境木組成の差と対応した河川の位置

図1-9　茨城県つくば市中根八龍神社の新春のオビシャ行事の様子(左)とウツギの境木から採取，作製された弓

れた小型の杖を死者の孫の数だけ棺に入れる風習があり，そのひとつにウツギも用いていた（Tokuoka et al. 2020）．これら葬儀での利用例からは，ウツギが比較的広い地域に，共通あるいは類似した信仰的役割に由来して，境木などとして身近に植えられてきたのかもしれない．また，このほかにも卯月と呼ばれるように，ウツギの開花は水田の田植えの時期を知らせる栽培暦として有名である．茨城県の例では，ミツバの播種もウツギの開花を目安にすることがあった．境木に用いられていた他の種では，江戸時代より茶生産が盛んだった猿島地域を含む茨城県の西部一帯にチャノキが多いことは，上述の生垣でのチャノキ利用同様に，地域経済と結びついた植物利用だった可能性がある．

5 …… 愛媛県大洲市肱川沿いの境木

　茨城の台地とは地形的に異なり，古くから現在まで洪水被害が繰り返されてきた愛媛県大洲市肱川沿いの沖積地に開かれた畑地景観にも境木が多数みられる（Tokuoka et al. 2019）．肱川沿いの13集落において，畑地47地点でも農地境界に植えられていた境木を調べたところ，全415本中の主要な樹種とその比率は，ボケが38.3%，マサキが32.8%，オオタチヤナギが9.2%，アカメヤナギが4.6%，エノキが2.9%，コリヤナギが2.2%だった．分布パターンを比較すると，上流部にオオタチヤナギ，中流部にマサキ，下流部にボケが多く使われる傾向にあった．また，地域住民による各種の植物方言を比べると，ボケについては，すべての回答で標準和名の「ボケ」あるいはそれに類似した「イガボケ」，「バラボケ」などの名前で呼ばれていた．ちなみに，マサキ，ウツギ，ムクゲに対しても「ボケ」という回答例が複数あった．もともと生垣にボケが多く使われてきた名残なのかもしれないが，「ボケ」という呼称がこの地域の境木に対する総称のような位置づけとなっているのであろう．マサキについては，コウシンバナ，コウシンシバといった方言での認知もあった．これは，庚申信仰あるいはそこから派生した水害を防ぐ神として知られる青面金剛の信仰に由来して，マサキを畑地に植えた可能性も示唆された．養蚕に関わる利用として，エノキの枝は蚕の蛹化の際に使った例や，コリヤナギはかつての杞柳産業が盛んだった時代に由来するという回答があった．オオタチヤナギやアカメヤナギは肱川沿いに多く自然分布する野生の樹木のため挿し木等での植栽が容易であり境木として利用したものと思われる．

茨城県の境木とも共通するが，このような境木がいつ頃，誰が植えたのかについてはほとんどの場合が不明だった．境木樹種の地域ごと，集落ごとの分布パターン，かつての工芸作物の栽培歴，方言認知などを複層的に比較してみると，時代ごとの経済事情や主産業の変化，民間信仰のはやり廃りなどに影響を受けながら境木の構成樹種は徐々に変化しながら今にいたっていることがわかる．

6 ⋯⋯⋯ 生垣・境木にみる地域住民の順応性と継続性

沿岸山地の段畑や平地の畑地のように地形や農業気象の異なる環境であっても，地域住民による生垣や境木での植物利用のあり方にはいくつかの共通点がみられる．時代が移り変わるなかでも生垣や境木の構造的な機能を保ちながら，用途に応じて構成する植物種を柔軟に変えることで農村の暮らしに少しでも貢献してきた．こうした順応性が現代の生垣・境木に地域的な多様性を生みだしているのである．その一方で，元来の植栽の経緯やいわれを知る人はすでにいないが，祖父母や親からなんとなく口伝された植物の利用法を慣習として今日まで生垣・境木を維持してきた．それは先祖から伝わる農地や文化を継承することにもつながっている．この順応性と継続性が一体となって，多様な植物利用を内包した現在の畑地景観がかたちづくられているのである．このように，地域の畑作の歴史が内在する生垣や境木であるが，最近では大型機械を用いた大規模営農やプラスチック杭などの代替材の普及により，生垣や境木を除去することも多くなっている．古文書などの記録の乏しい地方の植物利用に関する歴史的経緯は未解明の部分が非常に多く，経済性を優先した農業景観のなかでは徐々にその存在が忘れられ，消え去っていく運命にあるのかもしれない．しかし，そのような時代に取り残された植物利用の歴史を掘り起こすことで，各地の畑作景観が有する地域らしさの所以を後世に伝え，地域農業の将来像を描く重要な材料を提供できると考えている．

5　価値と技術の喪失とそれから

スンダ人のタケ類を使った切替畑システムにしても，宇和海沿岸の段畑や日本各地の畑地に残る境木にしても，ある時期の土地利用や風景がいつまでも残り続ける

わけではない．人は環境に適した技術をつくりだし，それを文化として継承していくが，社会経済の変容にともなって技術は進歩し，それが今度は環境を改変していく．このように，人と環境の関係は，つねに移り変わってきたのである．

　スンダの切替畑も畑地としての価値は高く維持されながらも，集落内の農業労働力の減少や市場経済の影響を受けることでシステムの変容が進んでいる．一方で，段畑景観やそこにみられる細やかな植物利用，さらに境木などは，その利用価値が失われつつあり，地域の人びとの生活から切り離されて，ただそこに生えているだけという存在になってしまったものもある．これは，日本の里山に共通する話で，かつての生業のなかで維持されてきた茅場や雑木林が生活様式のなかで利用価値を失っていったこととつながる．こうしたなか，宇和海沿岸の段畑もそうであるが，棚田のように文化的な価値を評価して，その景観保全を促す動きもある．ただ，その価値は共有できたとしても，必要な技術と労力をどう確保していくのかが，こうした文化的景観の保全に必ずつきまとう．例えば，秋の七草は，かつて刈取や火入れ管理で維持されてきた草地に生育する植物で，その多くが草地の減少によって見られなくなってきている．万葉の頃から私たちの文化に位置付いてきた生物だから守らなければ，といわれると心底共感する．しかし，現代の生活のなかで茅葺き屋根の家はないし，耕畜のウシやウマの秣をとる草地も必要ない状況で，どのように草地を維持していくのかと問われると答えに窮してしまう．かつての生業の在り方を志向し，地域の環境や生物にやさしい農産物として付加価値を高め，経済活動につなげるのも解決策の1つであろう．ただ，過去のある時点での土地利用や風景を守ることだけを目的にしてはならないと，私たちは思う．人と環境のどういった関わりで生まれた風景なのか，その風景に埋め込まれた技術や文化，その当時の人びとの価値観，そうしたものを総体的に掘り起こしていくべきなのだろう．そうした情報の蓄積によって，人―環境系に関する知の体系化ができるのではないだろうか．

　本章でみてきたように，畑地を持続的に利用していく上では，地力回復に必要な休閑期であったり，段畑の垣であったり，その年の生産だけをみれば「無駄」に思える時間や空間がある．地域の人びとは，この「無駄」に文化的な価値を付与しながら，本来の機能だけに特化させることなく，複合的に利用する戦略をとってきた．生産性や効率性を追求すれば，1つの機能に特化させた方がよいはずである．ただ，現代の農業技術をもってしても，土壌侵食や地力低下，連作障害をともなわない農業はまだ実現できていない．農業王国である北海道でも，持続的な畑地利用のやり

方として，緑肥作物を休閑期に挟む輪作体系が推奨されているように，地力が自然に回復する時間的・空間的なゆとりなしに農業を継続するのは難しい．一見無駄な場所や時間だけれども，それを無駄にしない価値付けや機能の多目的化を考えるのが，人としての大事な知恵のように思える．人と環境の関わりの歴史，そのなかの戦略に学ぶことは大きく，将来の環境変化への適応能力を高めるにも自然と付き合う多様な知恵が不可欠だと思う．

参 考 ・ 参 照 文 献

猪野義信（2003）「畦畔茶をめぐる民俗」千葉県立房総のむら（編）『町と村調査研究』5：42-61，正文社．

上原敬二（1961）『樹木大図説』有明書房．

海老沢秀夫（1996）「畦畔木について（2）——二毛作地帯の畦畔木（滋賀県長浜市）」『森林文化研究』17：211-223．

愛媛県教育委員会（2013）『えひめ，昭和の記憶　ふるさとのくらしと産業III——八幡浜市』愛媛県生涯学習センター．http://www.i-manabi.jp/system/regionals/regionals/ecode:1/70/contents （2019年12月11日参照）．

大蔵永常（1946）『広益国産考』土屋喬雄校注，岩波文庫．

香月洋一郎（2001）『景観のなかの暮らし——生産領域の民俗』未来社．

久馬一剛（1999）「持続的な稲作を支える水田の土と水——水田土壌の化学」『学術の動向』4：30-33．

杉野智英，小林弘明（2015）「経済発展に伴うインドネシア農業・農村の変化と課題——就業多様化と商品経済化の視点から」『食と緑の科学』69：55-68．

武интерナ利博（1996）『愛媛の漁村』セキ株式会社．

徳岡良則，早川宗志，木村健一郎，高嶋賢二，藤田儲三，橋越清一（2016）「学際的手法で探る豊後水道沿岸域のアオギリの分布に対する人為的影響」『日本森林学会誌』98：199-206．

当山昌直，盛口満，島田隆久，宮城邦昌（2016）「沖縄島国頭村奥の動植物方名とその利用」『沖縄大学地域研究所彙報』11：81-142．

長塚節（1950）『土』新潮社．

新良力也（2013）「水田輪作の新しいフレームワークと土壌学・植物栄養学の展開方向4——輪作体系下の地力の問題と維持管理」『日本土壌肥料学雑誌』84：487-492．

藤田稔（2002）『茨城の民俗文化』茨城新聞社．

文化庁（2005）「日本の文化的景観『農林水産業に関連する文化的景観の保護に関する調査研究報告書』同成社．

外間数男（2004）「畑の景観　文化地理的考察2——囲い込み農業」『沖縄農業』38：49-57．

真木太一（1983）「農林水産省構造改善局が実施した防風施設に関する実態調査概要」『農業気象』39：225-234．

宮本常一（1984）『家郷の訓』岩波書店.

宮本春樹（2006）『段畑からのことづて』創風社出版.

山本良三（1981）「武蔵野の開発と耕地防風垣の発達」『農耕の技術』4：1-22.

Baudry J, Bunce RGH, Burel F. 2000. "Hedgerows: an international perspective on their origin, function and management." *Journal of Environmental Management* 60: 7-22.

Bird PR, Bicknell D, Bulman PA, Burke SJA, Leys JF, Parker JN, Van Der Sommen FJ, Voller P. 1992. "The role of shelter in Australia for protecting soils, plants and livestock." In: Prinsley RT. (ed.) *The role of trees in sustainable agriculture*, pp. 59-86. Dordrecht: Springer.

Christanty L, Mailly D, Kimmins JP. 1996. ""Without bamboo, the land dies": Biomass, litterfall, and soil organic matter dynamics of a Javanese bamboo talun-kebun system." *Forest Ecology and Management* 87: 75-88.

Dewees PA. 1995. "Trees and farm boundaries: farm forestry, land tenure and reform in Kenya." *Africa* 65: 217-235.

IPBES. 2018. *The IPBES assessment report on land degradation and restoration. Secretariat of the Intergovernmental Science-Policy Platform on Biodiversity and Ecosystem Services*. Bonn: Germany.

Iskandar J, Ellen RF. 2000. "The contribution of *Paraserianthes* (*Albizia*) *falcataria* to sustainable swidden management practices among the Baduy of West Java." *Human Ecology* 28: 1-17.

Mailly D, Christanty L, Kimmins JP. 1997. "'Without bamboo, the land dies': nutrient cycling and biogeochemistry of a Javanese bamboo talun-kebun system." *Forest Ecology and Management* 91: 155-173.

Nath, A. J., R. Lal, and A. K. Das. 2015. Managing woody bamboos for carbon farming and carbon trading. *Global Ecology and Conservation*. 3: 654-663.

Okubo S, Parikesit, Harashina K, Muhamad D, Abdoellah OS, Takeuchi K. 2010. "Traditional perennial crop-based agroforestry in West Java: the tradeoff between on-farm biodiversity and income." *Agroforestry Systems* 80: 17-31.

Schmidt-Vogt D. 1998. "Defining degradation: the impacts of swidden on forests in Northern Thailand." *Mountain Research and Development* 18: 135-149.

Setiawati T, Mutaqin AZ, Irawan B, An'Amillah A, Iskandar J. 2017. "Species diversity and utilization of bamboo to support life's the community of Karangwangi Village, Cidaun Sub-District of Cianjur, Indonesia." *Biodiversitas* 18: 58-64.

Soemarwoto O. 1984. "The talun-kebun system, a modified shifting cultivation, in West Java." *The Environmentalist* 4: 96-98.

Tokuoka Y, Hosogi D. 2012. "Spatial distribution and management of isolated woody plants traditionally used as farmland boundary markers in Ibaraki Prefecture, Japan." *SpringerPlus* 1: 57.

Tokuoka Y, Kamo T, Kimura K, Hashigoe K, Oka M. 2018. "Preliminary evaluation of ecological and agricultural characteristics of vetiver (*Chrysopogon zizanioides*) maintained in terraced arable fields along the Uwa Sea region, southwestern Japan." *Humans and Nature* 29: 1-9.

Tokuoka Y, Yamasaki F, Kimura K, Hashigoe K, Oka M. 2019. "Tracing chronological shifts in farmland demarcation trees in southwestern Japan: implications from species distribution patterns, folk classification, and multiple usage." *Journal of Ethnobiology and Ethnomedicine* 15: 21.

Tokuoka Y, Yamasaki F, Kimura K, Hashigoe K, Oka M. 2020. "Spatial distribution patterns and ethnobotanical knowledge of farmland demarcation tree species: a case study in the Niyodo River area, Japan." *Sustainability* 12: 348.

Vityakon P. 1993. "The traditional trees-in-paddy-fields agroecosystem of Northeast Thailand: its potential for agroforestry development." *Reg Dev Dialogue (UNCRD)* 14: 125-148.

Yuen JQ, Fung T, Ziegler AD. 2017. "Carbon stocks in bamboo ecosystems worldwide: estimates and uncertainties." *Forest Ecology and Management* 393: 113-138.

野田健太郎

人とザンジバルアカコロブスの関係を考える

国立公園の設置をめぐって

KEY WORDS

人と野生動物の関係の動態, 国立公園管理, 地域の在来知, 観光資源としての野性動物

1　炭を食べるサル

　庭先の調理用のかまど（竈）から私が消炭（けしずみ）を拾いあげると，木の上で昼寝をしていたサルたちは頭をもたげ，やがて1頭のサルが木から下りて近寄ってきた．私が消炭を戻してその場から離れると，サルはかまどに駆け寄り，消炭を拾ってカリカリとかじり始めた（図2-1）．それを見ていたほかのサルたちも一斉に木から下りて消炭に群がった．

　このサルの正体はタンザニア・ザンジバル諸島に生息するザンジバルアカコロブス（*Piliocolobus kirkii*）で，ウングジャ島に固有の絶滅危惧種である．ウングジャ島中央部に設けられたジョザニ・チュワカ湾国立公園には，人の暮らしと近接した森に多くのコロブスザルが生息している（図2-2）．人は森から集めてきた薪を集落で調理に使い，その消炭を森からやってきたコロブスザルが拾って食べる．この国立公園の周辺では，コロブスザルと人とのこうした奇妙な関係を見ることができる．観光客はこの見慣れぬ光景を間近で映像や画像におさめるのだが，コロブスザルたちはまるで観光客が見えていないかのように，一心不乱に炭をかじり，食べ終えると足

図2-1　炭を食べるザンジバルアカコロブス

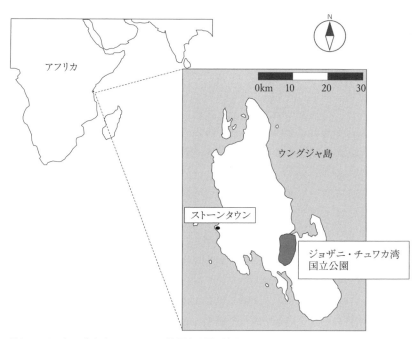

図2-2　ザンジバル島とジョザニ・チュワカ湾国立公園の地図

早に近くの木に駆けのぼって森へ帰っていく．コロブスザルと観光客が立ち去った
あとには，食い散らかされた消炭が散乱している．コロブスザルの炭食いはいつで
も見られるというわけではないのだが，この珍しい行動を目当てに多くの観光客が
この国立公園を訪れるようになった．

　タンザニアの国立公園やその周辺では野生動物に給餌するのはもちろん，餌にな
るような食べ物を放置することも許されていないが，消炭は燃料であって食べ物で
はないので，庭先のかまどに残った消炭をいちいち片付ける者はいない．ザンジバ
ルアカコロブスは，この放置された消炭を食べにわざわざ民家の庭先にやってくる
ようになった．コロブスザルにとって地上はけっして安全な場所ではないのだが，危
険を冒してまで炭を食べにくるのはなぜか？　この類い希なコロブスザルの行動は，
環境のどのような変化をあらわすものなのだろうか？

1⋯⋯「共存」への模索

　自然の資源を保全しながら持続的に利用しようとする考え方は，20世紀初頭に，ま
だ大自然がふんだんに残っていたアメリカで提唱された．「保全（Conservation）」と
いう言葉を生み出したギフォード・ピンショー（Gifford Pinchot）はその牽引者の1
人として，自然を手つかずのまま保護するのではなく，科学的な根拠に基づきなが
ら適正に利用することの意義を唱え，保全生態学や野生動物管理学における理念の
礎を築いた．しかし，それから1世紀あまりを経た今日，人為が世界の隅々にまで
いきわたり，自然はことごとく開拓されて人と自然の関係も大きく様変わりしてき
た．人が生態環境に深く立ち入ることで野生動物の生活を脅かすようになり，いっ
ぽう日本のように人が生態環境を利用しなくなったことで，ニホンジカやクマなど
の野生動物が集落に接近して常態的に人の暮らしを脅かすようにもなった．世界に
目を向けてもゾウ，トラなど，人と野生動物が敵対する事例は枚挙にいとまがない
（例えば，祖田 2016；岩井 2017；Lee and Graham 2006; Sangay and Vermes 2008など）．柵など
によって物理的に生活圏を隔離するのは経費がかかりすぎて現実的ではなく，多く
の場合は野生動物を駆除して個体数を減らすことで獣害問題に対処してきた．そう
した一方向的な対策の是非についてはまだ議論しなければならないが，少なくとも
希少動物においては妥当な策ではない．生物多様性保全や環境保全の取り組みにお
いては，人と野生動物の関係は多様であり，しかも刻刻と変化する社会情勢のなか

で動的であることを再認識しながら，管理政策を柔軟に反映させていく「順応的管理」という考え方が重要視されるようになってきている（鷲谷 1998；Riley et al. 2002）．地域住民にとって野生動物との軋轢は深刻な問題であるが，関係性を固定してしまうような政策であってはならない．こうした視点に立って，揺れ動く地域社会のなかで，人と野生動物がみかけは共存的な関係を維持してきた事例について，その経緯を分析する必要があるだろう．

　人と野生動物との関係の変化という点において，本章で取り上げるザンジバルアカコロブスは有害動物が観光資源に転身した好例といってよいだろう．国立公園に指定されるまでこのコロブスザルは地域住民から果樹を害するなどの理由で忌み嫌われていたが，駆除が禁止され，それを観るために多くの観光客が訪れるようになると，有益な観光資源としてみなされるようになっていった．

　ザンジバル諸島は古くから交易の中継地として栄え，高い人口圧のもとで自然林が伐り開かれ，家屋を囲むように植えられた有用樹がこの島の生態系をかたちづくってきた．ザンジバルアカコロブスはこの有用樹の林（以下，屋敷林）をほとんど唯一の生息場所としながら人の暮らしに寄り添ってきたのである．しかし，コロブスザルに対する住民の印象はあまり芳しくなく，群れが通り過ぎたあとに漂う独特の異臭や樹勢が衰えていく樹木の様子から「あのサルの肉には毒がある」とか，「あのサルは木を枯らす毒をもっている」などとささやかれてきた．住民はときにコロブスザルを駆除することもあったが，ふつうは気味悪がって追い払い，一定の距離を保ちながら同じ屋敷林のなかで暮らしてきた．

　いっぽう，この地域が国の管理下に置かれたことで，住民の多くが移住させられ，残された屋敷林の所有者にはコロブスザルの食害に対する補償金が支払われることになった．公園ならびにそれを取り巻く公園管理区域内での農耕や製炭などの生業は禁止され，地域の産業は生態資源を使った生業から観光業に置き換わった．人が移住していったことで果樹園や屋敷林は管理されなくなっていった．放棄された屋敷林に生息するコロブスザルは，人に慣れた野生動物という観光商品になり，害獣という負のイメージは徐々に薄らいでいった．保全区域の設置から25年が経ち，観光のニーズにもうまく合致したコロブスザルは，観光資源としての安泰な地位を獲得したかのようにみえた．しかしながら，人とコロブスザルとの関係の変化は，サルの生態や森林植生にゆっくりではあるが確実に影響をおよぼしていったのである．

　異変が現れはじめたのは，国立公園の設立をきっかけに管理されなくなった果樹

や庇陰樹などの屋敷林であった．果樹園や農地，家屋の周辺に植えられていたマンゴー（*Mangifera indica*）やモモタマナ（*Terminalia catappa*）[1]などの大木が枯れ始めたのである．住民は「コロブスザルが木を枯らしている」と教えてくれたが，半世紀以上前に植えられた大木が小さなサルたちによって簡単に枯らされるとは思えなかった．コロブスザルの炭食い行動は国立公園が設置されるずっと以前から観察されていた．最近では，コロブスザルは安全な森を出て，車や犬に怯えながらも，民家の庭先で炭を食べては森に帰るという行動を日常的に繰り返していて，その行動はジョザニ・チュワカ湾国立公園や政府観光局のホームページに使われるほど，今では観光の目玉になっている．

　なぜ彼らが炭を食べるようになったのかはわかっていない．私は日常の行動や食性を追跡調査して，炭食い行動の意味を探ることにした．1つの群れの行動を観察し，排便の様子なども調べるうちに，炭食いはコロブスザルの体調と密接に関係していると考えるようになった．サルたちはかなりの頻度で下痢をしていたのである．コロブスザルも反芻動物と同じく胃に寄生するバクテリアのはたらきでセルロースを消化吸収している．コロブスザルの食べ物が変われば消化器官の環境も変化し，それを整えるために炭を食べるようになったのではないかという仮説を立ててみた．そして，国立公園の設置がコロブスザルの生活環境に与えた影響に焦点をあてることで，人—森—野生動物の関係の変化について考えてみることにする．

2 …… 葉を食べるサル

　コロブス亜科（Colobinae）のサルは，アジアからアフリカにかけて60種以上が分布している（図2-3）．コロブスザルの大きな特徴は消化器官の構造にある（西田 2001；Chivers 1994; Davies and Oates 1994）．脊椎動物は多糖類のセルロースを分解する酵素セルラーゼをもたないが，コロブスザルは3つにくびれた複胃をもち，その前胃に寄生するバクテリアの発酵作用によって植物の葉に含まれるセルロースを分解・吸収している．ウシやヤギと同様に前胃発酵動物とよばれ，人間などが消化吸収できない葉のセルロースをタンパク質や糖に分解することで，常緑の森であれば季節に関

---

(1)　太平洋諸島からインドにかけて広く分布するシクンシ科の高木で，ザンジバルでは庇陰樹として庭や街道沿いに古くから植えられてきた．

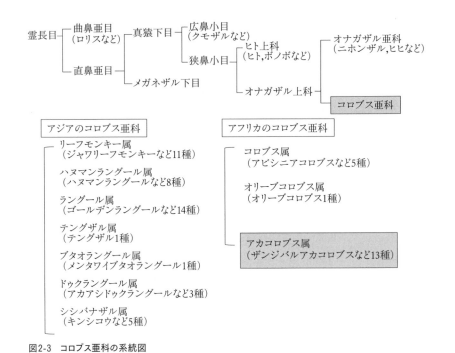

図2-3　コロブス亜科の系統図

係なく食物を得ることができるのである．

　バクテリアによる発酵分解に依存しているため，コロブスザルは食後しばらくの間は木の上で休息しなければならない（図2-4）．日に2，3回，1回につき1時間ほど昼寝をするため1日の移動距離は短く，長くても1,500m程度で，群れの遊動域も1km²と小さい．この遊動域の狭さが，孤立した小さな森でも生き残ることを可能にしたのである．あまり動き回らない野生動物は歩いて観察する観光対象としては適しているのだが，狭い範囲で集中的に葉を食べるという食性は，生態環境への負荷を高めることになった．

　アフリカには18種のアカコロブスが分布していて，そのすべてが赤道付近の熱帯雨林に生息し（図2-5），乾燥地域にはみられない．2万5000-1万2000年前に東アフリカ一帯が乾燥して大きな森がサバンナや草原に変化していった時期に，各地の森に暮らしていたアカコロブスの生息域が分断された．さらに1万年ほど前に氷河期が終わって海水面が上昇したことで，ザンジバル島はアフリカ大陸から切り離され

図2-4　採食後に休息をとるコロブスザル

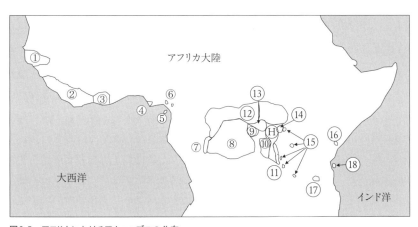

図2-5　アフリカにおけるアカコロブスの分布

①*Procolobus badius temminckii* ②*P. b. badius* ③*P. b. waldroni* ④*P. b. epieni* ⑤*P. b. pennantii* ⑥*P. b.*
preussi ⑦*P. b. bouvieri* ⑧*P. b. tholloni* ⑨*P. b. parmentieri* ⑩*P. b. lulindicus* ⑪*P. b. foai* ⑫*P. b. oustaleti* ⑬
P. b. langi ⑭*P. b. ellioti* ⑮*P. b. tephrosceles* ⑯*P. b. rufomitratus* ⑰*P. b. gordonorum and* ⑱ザンジバルアカ
コロブス*P. b. kirkii.*（図中のHは交雑種を指す）（Ting 2008）

た（Nowak et al. 2008）．それ以降，ザンジバル島に生息していたアカコロブスは独自に進化していった．東アフリカには大陸側にウズングワアカコロブス（*P. gordonorum*）とタナアカコロブス（*P. rufomitratus*）の2種の近縁種がタンザニアとケニアに分布している．それらと比べるとザンジバルアカコロブスは頭蓋骨が小さく，島の限られた森林環境のなかで小型化（島嶼化）したと考えられていて，オス，メスともに7 kgほどである．外観は，顔が黒く頭上に生える白くて長い毛と背中を覆う赤い体毛に特徴がある．コロブスの名前は，ギリシャ語で「切られた」を意味する"kolobos"に由来し，人間の親指にあたる手指が極端に短いところからきている．いっぽう他の4本の指は長く，枝に引っかけて木から木へと飛び移るのに便利で，深い森での生活に適応している（Cardini and Elton 2009）．今ではザンジバル島のジョザニ・チュワカ湾国立公園を中心に5,800頭あまりが生息している（Davenport et. al. 2017）．

2　国立公園の設立

1……ザンジバル諸島

東アフリカ，タンザニアのインド洋沖合約40km，南緯5〜7度付近には，ウングジャ島とペンバ島を中心に大小の島からなるザンジバル諸島がある．陸地の総面積は約2,500km^{2}で，神奈川県よりもわずかに広い（図2-2）．明瞭な乾季がなく，1年間に1,400mmほどの雨が降る．高温多湿な気候を利用してさまざまな香辛料が栽培され，とくにペンバ島はクローブ（チョウジ）の世界有数の産地として知られている．南部のウングジャ島は10世紀以前から諸外国との交易で栄え，ザンジバル市街地はいまも行政・商業・観光の中心である．ザンジバルは，ペルシャ，オマーン，西欧列強の支配を受けながら，1964年にタンガニイカと合併して現在のタンザニア連合共和国となった．島の南西部には，オマーンのスルタンが築いたイスラーム建築の街並みを基調として，多様な宗教や文化が混淆するスワヒリ文化特有の雰囲気が漂う．旧市街地はストーンタウンとよばれ，2000年にユネスコの世界遺産に登録され，年間をとおして多くの観光客で賑わっている．

ザンジバルはほぼ赤道直下であることから，年に2回，春分と秋分の頃に熱帯収束帯が通過する．地上では熱帯収束帯に向かって南北から風が吹き込むため，収束

帯を境に風向きが180度変わる．収束帯がザンジバルの北にある6月から9月には南風が吹き，南にある12月から3月には北風が吹く．規則的に向きが変わる季節風は古くから帆船（ダウ）航海に利用され，ウングジャ島は6-7世紀以降，インド洋交易の要衝として栄えた（Ingram 1967）．

　かつてのザンジバル交易では奴隷や象牙が取引されていたが，いまはアラブ製，中国製，インド製の工業製品をアフリカ大陸へもたらす中継拠点となっている．そのいっぽうで，治安のよいザンジバルは観光地として広く認知され，世界中から多くの観光客が訪れるようになっている．そのきっかけとなったのはストーンタウンのユネスコ世界遺産登録であったが，それに先立ってさまざまな観光資源が開発されていった．郊外の農村には，アラブやインドとの長い交流の歴史を物語るように，各家屋を熱帯果樹や香辛料植物が覆い，観光客は日帰りの「スパイスツアー」で熱帯の暮らしを垣間見ることができる．大陸に面した西海岸にはかつてアラブに輸出されていたマングローブの林が発達し，外洋に面した東海岸には真っ白な砂浜がひろがっている．ストーンタウンに飽きた観光客は，東海岸に立ち並ぶビーチリゾートに宿泊して，美しい海と海洋レジャーを満喫する．

　ストーンタウンが世界遺産に登録された4年後の2004年には，ストーンタウンと東海岸を結ぶ幹線道路沿いに50km^{2}ほどの小さな国立公園が設置された（表2-1）．「ジョザニ・チュワカ湾国立公園」と名付けられたザンジバル諸島初の国立公園は，貴重な海洋生態系の保全を目的としてチュワカ湾を縁取るマングローブ林とその水源涵養林に設けられた．公園内の広い面積を占めるテリハボク（*Calophyllum inophyllum*）の林は材木販売を目的として植林されたものであった（Said et al. 2017）が，今はマングローブ林に地下水を供給する水源涵養林と考えられている．公園の設置に先立つ

表2-1　ジョザニ・チュワカ湾国立公園設立までの年表

年代	出来事
1920以前	地域の共有地として利用
1920年	インド人企業家が買収，商業的な植林地として利用
1940年代〜1960年頃	インド人企業家からザンジバル政府へ売却，国営の植林地として利用
1963-1964年	ザンジバル革命，イギリス領からの独立，ザンジバル革命政府の発足
1964-1990年代	政府により保護林に指定されたが，違法伐採が続く
1995年	森林資源保全法のもと「ジョザニ・チュワカ湾保全区域」に指定される
2004年	「ジョザニ・チュワカ湾国立公園」設立

図2-6　コロブスザルを間近で観察する観光客

　て，1995年にはジョザニ・チュワカ湾保全プロジェクトが始動し，水源涵養林と近隣住民の生活域とのあいだに緩衝地帯が設けられていった．テリハボクを主要な構成樹種とする樹高20mほどの林にはザンジバルアカコロブスも棲んでいたのだが，保護区設置の計画書を読むかぎり，当初はサルの保護などまったく眼中になかったようである．公園当局がコロブスザルに注目するようになったのは，それが絶滅危惧種であるということもあるが，それよりも海岸リゾートに向かう途中に立ち寄った観光客が警戒心の薄い野生のサルに興味を示したことによる．ザンジバルが観光で賑わいだす2000年代になって，公園職員はコロブスザルを「人づけ」して観光化に向けた準備をはじめ，旅行会社も希少な固有種が間近で見られるツアーを喧伝していった（図2-6）．

　国立公園のゲート近くには公園の職員や研究者などが宿泊するゲストハウスがあり，私は2017年から2019年にかけて計3回，のべ13ヵ月間，そのゲストハウスに滞在して，コロブスザルの行動と植生，住民との関係などについて調査した．

2········自然林と屋敷林

　1年をとおして高温多湿なザンジバル諸島において，植生は土壌によって大きく

異なる．南北に細長いウングジャ島の西半分には粘土質の土壌が厚く堆積していて原植生は熱帯雨林であったと思われるが，開発が進んだ今では過去の景観を想像することすら難しい．島の東半分は珊瑚岩盤が露出する石灰岩土壌で覆われ，地下水に依存する叢林がひろがっている（Said et al. 2017）．島内をめぐってみても目を引く在来の高木はパルミラヤシ（*Borassus aethiopum*）くらいで，自然林はきわめて乏しい．飲料水が確保できる場所に集落が形成されている．家屋は距離を隔てて建てられ，家屋を取り巻く鬱蒼とした屋敷林は樹冠が重なり合って，1つの連続した森林を形成している（図2-7）．古い集落では樹高20m近い高木からなる森もあり，そうした森では高木の層にコロブスザルが棲み，低木の層を人が利用し，中間の層を人とコロブスザルが共有しながら十数世紀にわたって同じ空間で暮らしてきたのである．

　ウングジャ島南東部の土地利用を調査したSaid and Misana（2018）は，この半世紀で多くの森林が焼畑などによってブッシュに変えられたと報告している．ジョザニ・チュワカ湾国立公園が置かれた石灰岩地帯も古くから人為的な攪乱を受けてきた地域である．私が追跡していた群れの遊動域は，もともとの植生と現在の土地利用によって7つのタイプに類型化することができた（図2-8）．自然林はマングローブ林と石灰岩林の2つ，畑を含む人為的な環境はテリハボク林，屋敷林，元屋敷林，畑，元

図2-7　屋敷林に覆われた家屋（Google Earth 2018年撮影より）

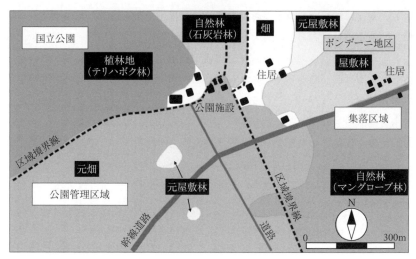

図2-8　調査地周辺の地図（土地利用と区域）

畑（放棄地）の5つである．

　それぞれの類型にコドラートを設けて毎木調査（樹種，樹高，胸高直径）をおこなった．以下では屋敷林の構造と構成樹種について簡単に説明しておく．

　屋敷林は複層構造をしていて，林冠を構成する樹木には，マンゴー，ココヤシ（*Cocos nucifera*），モクマオウ（*Casuarina cunninghamiana*），モモタマナ，パンノキ（*Artocarpus aritilis*），マレーフトモモ（*Syzygium malaccense*），タマリンド（*Tamarindus indica*），チョウジ（*Syzygium aromaticum*）などがあり，こうした樹木にコショウ（*Piper nigrum*），パッションフルーツ（*Passiflora edulis*），バニラ（*Vanilla planifolia*）などのつる植物が巻きついている．中低木層にはインドセンダン（*Azadirachta indica*），シナモン（*Cinanamomum verum*），カスタードアップル（*Annona reticula*），ライム（*Citrus aurantifolia*），グアバ（*Psidium guajava*）などがある．そして下層では，比較的明るい場所にバナナ（*Musa* sp.），サトウキビ（*Saccharum officinarum*），レモングラス（*Cymbopogon citratus*）などを，暗い林床にはココヤム（*Xanthosoma sagittifolium*），カルダモン（*Elettaria cardomomum*），ショウガ（*Zingiber officinale*），ウコン（*Curcuma longa*），クミン（*Cuminum cyminum*）などの陰生の作物を植えている．この屋敷林を構成する植物のほぼすべてが人によって植えられた植物である．

　この地域の林を構成する樹種の9割以上がインドや東南アジアから持ち込まれた外来樹で占められていた．それはザンジバルが十数世紀にもわたってインド洋交易

の要衝として栄えてきたことを示している．ココヤシや各種香辛料などに代表される換金作物，パンノキのようなカロリー源，マンゴーやマレーフトモモなどの果樹のほか，葉の繊維を利用するフェニックス（*Phoenix reclinata*）など，どれも日常生活に欠かせない有用植物である．十数世紀のあいだに人はウングジャ島の植生を大きく変えてきたが，少なくとも1万年以上前からこの地に棲んでいるザンジバルアカコロブスは，自然林が屋敷林に置き換わっていく環境の変化にも順応しながら，今日まで種をつないできた．コロブスザルにとって，ザンジバルの住民が屋敷林に囲まれた居住様式をとってくれたことは幸いだった．連続した屋敷林が形成されていなければ，森林性のコロブスザルはとっくに絶滅していたにちがいない．

3········国立公園の成立と放棄された土地

「ジョザニ・チュワカ湾国立公園運営計画書」によると，かつてこの地域は「ジョザニの森」とよばれていて，薪や建材を得るための共有地として地域の住民が利用していた．ところが，1920年に村はインド人の企業家にこの森を売却し，商業用木材を生産するための植林地としてテリハボクが植えられた．1940年代にザンジバル政府がその林を買い取って国営の保護林としたが，違法伐採はあとを絶たなかった．1996年に森林資源管理保全法のもと，この植林地は「ジョザニ・チュワカ湾保全区域」に指定され，正式に法律で守られることになった．そして，2003年にチュワカ湾のマングローブ林とあわせた範囲を対象に国立公園計画が策定され，翌2004年に「ジョザニ・チュワカ湾国立公園」となった．ザンジバル初の国立公園とはいえ，その基盤となっているのはさまざまな人たちが長い時間をかけて作りだした人為による植生であった．

国立公園内では一切の人間活動が許されないが，その周囲には住民が暮らす「集落区域」とのあいだに，薪拾いだけが許された「公園管理区域」が設置されていた（図2-8）．公園管理区域では生産活動は許されないので，そこに暮らしていた農家は補償金をもらって段階的に外側の集落に移住していった．ただ一部の住民は，コロブスザルに影響を与えないことを条件に，公園管理区域に隣接する集落に留まることが許された（第5節で詳述）．

屋敷林に植えられていた果樹や香辛料は，住民が移住して公園の管理下に置かれ，日常生活のなかではあまり利用されなくなっていった．畑も放棄されてから20年の

歳月が経ち，グアバなどの低木がはびこっていった．コロブスザルは果樹が好きで外来樹の葉もよく食べ，群れを追いかけていた私も頻繁に屋敷林や畑の跡地に連れて行かれた．彼らが食べる樹木を観察していると奇妙なことが気になった．コロブスザルがよく群がる樹木はどれも元気をなくしているように見えたのである．マレーフトモモは上半の枝葉がすべて枯れているものも多い．住民たちが「コロブスザルが来ると木が枯れる」と話していたのはこのことなのだろうか．

3　木が枯れる

1 ⋯⋯⋯ *"Kima punju"* という呼称

　ザンジバルアカコロブスは今でこそ保護動物となっているが，もともとはこの地域の人たちにかわいがられていたわけでも大切にされてきたわけでもなかった．このコロブスザルは現地で*"Kima punju"*とよばれている．*"kima"*はスワヒリ語で「サル」，*"punju"*は島南東部の方言で「呪い」や邪術で用いられる「毒」を意味する．東アフリカに広く分布しているモクセイ科ソケイ属の在来植物*Jasminum tomentosum*はザンジバル東部の方言で*Mpunju*（毒の木）とよばれ，ジャスミンに似た白い花を咲かせ，コショウのような実をつける．この実を誤って食べてしまうとめまいや吐き気に襲われ，ザンジバルでは子供がたびたび食中毒を起こすため，このような名前がつけられている．*Kima punju*はその名前からも怪しい雰囲気をかもしだしている．

　国立公園に隣接する集落の住民にコロブスザルのイメージを尋ねてみると，「臭い」とか「不気味」，「唾に毒がある」，「コロブスザルの肉を食べると犬が死ぬ」など，あまりいい印象はもたれていない．30頭ほどの大きさの群が通りすぎたあとには，たしかにアンモニア臭にも似た独特の異臭が漂う．地域によってはこうした特性を忌み嫌って，過去には50頭ものコロブスザルが毒殺されたという報告もある（Nowak et al. 2009）．国立公園を訪れた観光客が「かわいい，かわいい」と言いながらコロブスザルの写真を撮っているのを，住民たちは複雑な思いで眺めているのであろう．

2 ⋯⋯ サルが木を枯らす

住民の多くが「コロブスザルは木を枯らす」と言っていた。「唾に毒がある」という言説も、コロブスザルが葉を採食した木が枯れていくという観察にもとづいている。枯れ木を意識しながら公園内を歩いてみると、木の上半の枝が枯れ下半の枝だけに葉が残っている大木をあちこちに見かける。この奇妙な樹形はコロブスザルの仕業なのだと住民は言う。木の下には人がいて追い払うので、上の方の葉だけを集中的に食べたのであろう。追い払う人間がいないウガンダやケニアの国立公園では、コロブスザルが好む樹種ほど少ないという報告があり、これもコロブスザルが葉を食い尽くして木を枯らしたと考えられている（Chapman et al. 2013; Fashing 2004）。

Siex（2003）は、私が調査したコロブスザルの群れとほぼ同じ遊動域をもつ群れを1999年に調査している。群れが採食していた植物種を当時と今で比較してみると、興味深いことがみえてきた。1999年の群れと2018年の群れの遺伝的なつながりはわからないが、ほぼ同じ区域を遊動しているにもかかわらず、採食している植物種が大きく異なっている（図2-9）。例えば、1999年に多く食べられていたマンゴーやモモタマナは、2018年にはほとんど食べられておらず、その代わりにグアバがもっとも多く採食されていたのである。

この結果を受けて、遊動域内のマンゴーやモモタマナの分布を調べてみると、い

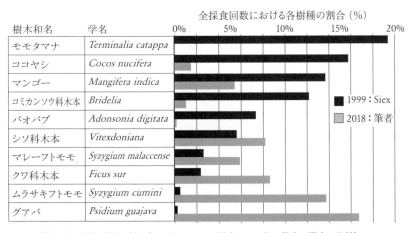

図2-9　樹種ごとの採食時間の割合（1999年のSiexの調査と2018年の筆者の調査の比較）

図2-10 立ち枯れて白骨化したマンゴーの大木

ずれの樹種も株数が大幅に減少していた．Siexは，1999年には1 km²弱の遊動域にモモタマナの木が114本も生えていたと記載している．モモタマナは屋敷林にしか生えていないので局所的に密生していたと思われるが，2018年の私の調査では同じ範囲にたったの3本しか生えていなかった．また1999年のマンゴーについては本数の記載こそないものの，採食頻度から判断してモモタマナよりもさらに多くの木があったと推察されるが，2018年に残っていたのはわずか5本だけだった．そして群れが頻繁に通る動線にはマンゴーやモモタマナが立ち枯れて白骨化した木がポツポツと立っていて（図2-10），遊動域から外れた場所にかろうじて数本のモモタマナやマンゴーが生き残っているにすぎなかった．

寿命が長く，幅広い環境で生育するマンゴーやモモタマナの成木が20年足らずのあいだで一斉に枯死するとは考えにくく，何か大きな外圧が加わったことは疑う余地もない．地元の住民はこのような日々の観察から樹木の枯死とコロブスザルの採食行動を関連づけるようになったのであろう．常緑樹では，新しい葉が展開し古い葉が枯れるという葉の循環が繰り返されている．しかし，数日ごとに30頭ものコロブスザルが同じ木に群がって新芽を食べ続ければ，新葉の展開が途切れ，古い葉の枯死にともなって葉数が減少していく．やがて木は植物体を維持するための光合成産物を得られなくなって枯れていく．これが，住民にはコロブスザルが毒で植物を枯らしているかのように映ったのだろう．

3……… 食べ方は何を物語っているのか

2018年7月から9月にかけてザンジバルアカコロブスの群れの行動を18日間観察した．調査は，私がGPSを所持しながら群れを追跡することで1日の移動ルートを把握するとともに，5分ごとに特定の個体の行動（採食していれば樹種）を記録していった．その結果，コロブスザルたちは80種以上の植物を食べていることがわかった．樹種ごとの採食時間をみると，彼らはこの80種の植物をまんべんなく食べているわけではなく，かなり偏食していて，採食時間の約8割は6種類の植物を食べるのに費やしていた（図2-9）．そのなかでもとくによく食べていたのがグアバであったが，コロブスザルが時間をかけて食べていたのは果実であった．彼らはグアバの熟した果実は食べず，緑色のまだ硬い未熟果を選び，果肉を丹念に前歯で剥いてから中心部の種子とその周囲の繊維質だけを食べていた．人が食べる果肉の部分は口に入っても吐き出して捨てていた（図2-11）．Siexのデータと比べてみると，1999年にもグアバは存在していたが，ほとんど食べていない．1999年当時の食物の中心であったマンゴーやモモタマナが減ったことに加えて，グアバのある畑から人影が消え，低木のグアバも安全に採取できる食物になっていったのである．

4……… 命がけで炭を食べる

炭食いに話を戻そう．

コロブスザルにとって地上はけっして安心できる場所ではない．ある日，地上に下りたコロブスザルの群れは，観光客に囲まれてのんびりと幹線道路沿いの空き地で草を食べていた．道路には車の往来があったが，コロブスザルたちは車の音には慣れていて気にする様子もなかった．ところが，通過中の車の中

図2-11　コロブスザルが前歯で剥ぎ取ったグアバの果肉

で突然犬が吠えた．その瞬間，群れは弾けるように飛び散って近くの木にかけあがり，しばらく下りてこようとしなかった．観光客が無害なのはよくわかっているが，集落をうろついている飼い犬は，肉食獣がほとんどいないザンジバル島では最大の脅威となっているのである．また，火にまつわるこんなできごともあった．あるとき，群れの1頭が庭先に設えられたかまどにやってきた．いつものようにかまどに手を入れて消炭を持ち上げたその瞬間，炭を放り投げた．炭は完全に火が消えていなかったのだ．コロブスザルは驚いてその場から駆け出してどこかへ行ってしまった．かまどの消炭を食べていれば，こうした目に遭うことも珍しくはないだろう．

　公園から集落まで行くのには道路を渡る必要があり，交通事故で亡くなるコロブスザルもいる．彼らにとって地上は危険だらけなのだが，それでも安全な森を出て，地上に下り，人や犬や車に怯えつつ，火傷のリスクを冒してでも，炭を食べに民家にやってくる．2018年と同様の調査を2019年10月から12月にかけて50日間おこなった．すると50日間のうち20日で炭食いが観察された．もはや「炭を常食している」と言ってもよい頻度である．

4　なぜ炭を食べるのか

　土を食べる動物は多い．霊長類を含む多くの哺乳類が土からミネラルを補給していると考えられている（Pebsworth et al. 2018; Krishnamani and Mahaney 2000）．炭食いについては，火事の後にシカやオウムが炭を食べていたという単発的な報告はある（Galbraith 2018; Strusaker et al. 1997）が，ザンジバルアカコロブスのような頻度で常習的に炭を食べる野生動物の報告はない．もちろん炭はカロリー源にはならないし，不活性であるためにミネラルの補給源にもならない（Struhsaker et.al. 1997）．

　人の救急医療の現場では，薬品や毒物を誤って飲んでしまった場合に活性炭を経口投与することがある（Olson 2010; Isbister and Kumar 2011）．炭の多孔質な表面に毒物を吸着させて体内への吸収を抑えるためとされている．ザンジバルアカコロブスの炭食いを初めて報告したStruhsaker et. al.（1997）は，マンゴーやモモタマナの新芽はタンパク質に富んでいる反面，消化を阻害するフェノールも多く含んでいるので，それを炭に吸着させているのだと考えた．しかし，マンゴーやモモタマナがほとんど枯れてしまった現在でも，コロブスザルは炭を食べ続けている．

ザンジバルアカコロブスが多くのリスクを冒してまで炭を食べ続けているのは，彼らの消化のしくみと密接に関係しているのではないだろうか．コロブスザルの胃は3つにくびれていて，その前胃にはバクテリアが寄生し，そのはたらきでセルロースを分解していることは先にも触れた．残念ながらコロブスザルの消化作用に関する研究は多くないのだが，同じ前胃発酵動物であるウシでは体調管理について多くの知見が蓄積されている．ウシを舎飼いする場合，生産性を上げるために栄養価の高い配合飼料を与える．そうした飼育環境のなかで，ウシはときに乳酸アシドーシスという生理障害を起こす．大量の糖類を食べたウシでは，前胃に乳酸が集積してpHの低下と浸透圧の上昇がみられ，体液中の水分が前胃へ移動することで脱水症状を呈して予後不良となる（松井ら 1989）．摂取後約8時間で下痢症状が見られ，12時間から24時間でショック症状に陥り，重症化すると死にいたることもある．そのためウシを舎飼いする場合には細心の注意を払って飼料の配合や分量を決めている（安保 1979）．

　しかし，配合飼料をいくら正確に計量して与えても，なかには盗食するウシもいる．盗食とは，隣のウシの餌をまず食べてから自分の餌を食べるという行動を指し，盗食したウシは糖質を過剰に摂取して乳酸アシドーシスを発症する．アシドーシスに対する治療方法は確立されていないが，畜産や獣医の現場では，活性炭の経口投与によって病状が改善することが経験的に知られていて，多孔質の炭が乳酸を吸着するために中毒症状が緩和されると考えられている（Schmidt et al. 2019; 松井ら 1989；星ら1991）．

　動物園などの飼育下におかれているアカコロブス類もよく体調を崩すのだが，やはり糖分が多い飼料を与えるとよく下痢をするという（Nijboer 2006）．Nijboerによれば，コロブスザルの前胃内のpHは6.5-8.0程度で，ウシのpH5.8程度と比べてもかなり高い．つまり，ウシよりもさらにアシドーシスを起こしやすいのである．自然の環境では葉食性であるが，動物園では葉だけを与え続けるのは難しく，ときにはペレットや果実を与えるため，糖分過多になりがちである．動物園の事例を考え併せれば，ザンジバルアカコロブスもグアバの果実を食べるようになったことで糖質の摂取が過剰になり，頻繁に乳酸アシドーシスを起こしているのかもしれない．野生動物が自然界にはほとんど存在しない炭を食べてみずから治療したという事例はないと思うが，ザンジバルアカコロブスはアシドーシスの発症が常態化するなかで，何かをきっかけに炭の効用を知ったのではないかと考えている．

5　人が入れ替わる

　タンザニアの初代大統領ジュリアス・ニエレレは，ザンジバルを含むインド洋沿岸地域で話されていたスワヒリ語をタンザニアの公用語とした．初等教育にスワヒリ語が用いられたことで，ほぼすべてのタンザニア人がそれぞれの民族語とスワヒリ語の両方を話せるようになっている．民族語の影響もあってか，各地で話されるスワヒリ語には地域性がみられる．ザンジバルにも方言はあるものの，彼らには母語も公用語もスワヒリ語であり，ザンジバルで話されるスワヒリ語こそ正統なスワヒリ語であるという自負のもと，大陸部で転訛したような現代風の語彙をけっして使おうとはしない．

　あるとき，いつものように私が国立公園に隣接する集落で住民にインタビューをしていると，「ニャーニャ」という大陸部では聞き慣れた，しかしザンジバルに来てからは聞かない言葉が彼ら同士の会話のなかでよく使われていることに気がついた．「ニャーニャ」はタンザニアの大陸部ではトマトのことだが，ザンジバル島ではナス科のべつの植物を指し，いわゆるトマトは「トゥングレ」というまったくべつの名前でよばれている．ザンジバル人が大陸で誤用されている呼称を使うはずがない．よく話を聞いてみると，公園管理区域に隣接した集落の住人の多くが，タンザニア内陸部で農地や仕事を失って数年前に移住してきた人たちだということがわかった．この地域には似たような境遇の移住者が大勢いて，あとでわかったことでは公園の周辺に暮らす人たちのじつに 7 割が大陸部からの移住者に入れ替わっていたのである．

　2004年に国立公園が設置されたことで，公園やそれを囲む公園管理区域に家や土地をもっていた住民は，補償金と代替地をもらって公園の東約 2 km の地域に移転させられた．公園管理区域に隣接する集落区域に暮らす住民は，生態環境を大きく乱さないことやコロブスザルに危害を加えないことを条件に住み続けることが許された．公園にもっとも近いボンデーニという集落でも多くの住民が出ていった．ボンデーニ (bondeni) とはスワヒリ語で「窪地，谷」を指し，マラリアを媒介するハマダラカが多く，また地下水に塩分を多く含むなど居住や農業にはあまり適さない場所なのである．住民が転出した土地には，大陸から移って来た人たちが住むようになり，結果的に住人がそっくり入れ替わることになった．ただし，土地や樹木の所有権は委譲されなかったので，そこに生えるマンゴーやヤシの実は元の住民がときどき収穫にやってきていた．公園当局から支払われる補償金も元の住民が受け取って，

大陸からの移住者へは何も配分されない.

　新しい住人にボンデーニの住み心地について聞いてみると,「故郷では水汲みに何kmも歩かなければならなかったが, ここはちょっと地面を掘ればすぐに水が出てくる」と快適さを誇張する. また, コロブスザルが庭先の小さな菜園を荒らすことについては,「ゾウやバッファローが踏み荒らすのに比べれば, コロブスザルなんてかわいいもんだよ」とほとんど気にしていない. 家のまわりに生える有用樹の葉が食べられてしまうことについては, そもそも樹木も果実も自分たちのものではないのだから, まったく気にする様子はなかった.

　この地域で生まれ育ったザンジバル人にとってコロブスザルはつねに近くにいる隣人なのだが, 親近感があったわけではなく, どちらかと言えば「毒ザル」などとよんで気味悪がっていた. 樹上高くにいるコロブスザルを積極的に駆除することこそなかったが, 庭先や畑に現れれば追い払っていた. ところが, 大陸からきた新しい住人は方名（Kima punju）の意味すら知らず, コロブスザルを忌み嫌う理由もなかった. 国立公園当局からは, コロブスザルに危害を加えないことを条件に居住を許可されているので, コロブスザルを追い払うようなことをすれば, 自分たちが追い出されてしまうかもしれないのである. ボンデーニ地区のように国立公園が設置されたあとも人が住み続けている場所では, コロブスザルに対する住民の態度は「嫌忌」から「無視」に変化していた.

　コロブスザルは昔から屋敷林の葉を食べていたのだが, 木が枯れることはなかった. 群れがやってくると, かつての住人はそれを嫌って追い払っていた. 人が止めてくれていたおかげで, コロブスザルは屋敷林の新芽を食べ尽くすことなく, 長いあいだ屋敷林のなかで生きることができていたのである.

　コロブスからしてみれば, 住民がそっくり入れ替わったことなど知るよしもないが, 住民が危険な存在ではなくなったとは感じていただろう. 近くにいても危害を加える素振りもないし, 家の周りの木の葉を食べても追い払われることもなくなった. 国立公園のおかげでコロブスザルは好きな樹木の葉を心ゆくまで食べることができるようになった. ところが, しばらくするとコロブスザルが好きな樹種が次から次へと枯れていった. コロブスザルの群れが気に入った樹種の新芽を集中的に食べることで樹勢が衰えたことは疑う余地もない. 屋敷林をめぐる人とコロブスザルの日々の静かな攻防が生態系のバランスを保っていたのである.

6　炭を食べる場所

　大陸からきた住民は，公園当局からコロブスザルに危害を加えないように再三釘を刺されていたこともあり，サルには極力関わらないようにしていた．コロブスザルは人をまったく恐れなくなり，人の生活空間にも入り込むようになっていった．そのことを如実に示すできごとがあった．ある日，公園の近くの村にいたときに樹上で「ニャーォ」という声がするので見上げると，子猫を抱いたコロブスザルが木の枝に座っていた（図2-12）．コロブスザルは草食なので狩りではない．赤ん坊を亡くした母ザルか，子育てに興味をもった若いサルが，民家で飼われていた子猫をさらって木の上に連れて行ったのであろう．最近，タンザニアの農村では食料庫を荒らすネズミを除けるためにネコを飼う家が増えている．数日後にネコの飼い主は無事に子猫を救出したが，この誘拐事件は住人にも驚きだったようだ．コロブスザルはいつも人の暮らしのかたわらにいて，人の行動をつぶさに観察していたのである．

　人が庭先で長い時間を費やすのは炊事である．具材を切り，石のかまどで火をおこして煮炊きをする．これを1日に2，3回繰り返す．人が出かけたあと，庭先のかまどには消炭が残されている（図2-13）．コロブスザルが炭を食べるようになったのは国立公園が設置される前のことだが，日常的に民家の庭先に現れるようになったことで炭は生活圏に存在するふつうの物質になっていた．屋敷林で糖質の多い新芽や果実を食べすぎて体調を崩したとき，消炭を食べれば具合がよくなることを思い出したのかもしれない．まるで薬を服用しているかのようであるが，それは偶然にも人がアシドーシスのウシに施す治療方法と同じであった．

　2019年10〜12月のあいだに調査していた群れの移動ルートを地図上に描いてみた（図2-14）．図中の細い実線が50日間の移動ルートであるが，驚いたことにこの群れは国立公園の植林地を主たるねぐらとしながらも，日中のほとんどの時間を公園管理区域や集落区域ですごしていた．せっかく用意された安全な国立公園を無視して，まるで人を追いかけているようにもみえる．この群れは9ヵ所で炭を食べていたが，それを図中にプロットしてみると，いずれも集落区域内であった．民家庭先のかまどやゴミ焼き場，常設の炭焼き場などで消炭を拾っていた．コロブスザルはふだん公園管理区域内で放棄された畑や屋敷林，そして集落区域内のパンノキやグアバなどの新芽や未熟果を食べていた．そして，食事の合間にときおり民家の庭先にやってきてかまどやごみ焼き場に残っている炭を食べる．そこは人も頻繁に訪れる場所で

図2-12　さらってきた子猫を抱きかかえる

図2-13　消炭が残る庭先のかまど

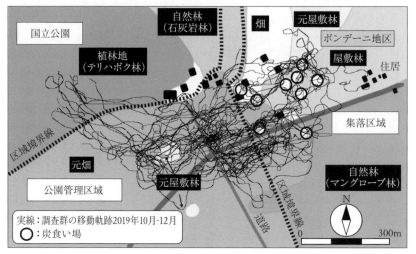

図2-14　群れの移動の軌跡（2019年10〜12月）と炭食い場所

あるが，人に出くわしたとしても問題はない．国立公園に住むコロブスザルには安心して炭を食べられる場所が提供されているのである．

7　動態としての共存

　ジョザニの森における人とコロブスザルの関係がどのように変化してきたのかを簡単にまとめてみると次のようになる．

　古い時代に自然林が失われていくなかで，ザンジバルアカコロブスは屋敷林に棲むようになっていった．人は有用樹を荒らすコロブスザルを追い払っていたが，どこか不気味なこの動物を積極的に駆除することはせず，両者は一定の距離を保ちながら屋敷林をゆるく共有するような関係をつくっていた．ジョザニの森でこの均衡を崩したのは，森林開発や自然保護区の設置といった外圧であり特に大きな影響をおよぼしたのが，国立公園の設置であった．ジョザニ・チュワカ湾国立公園はもともと海洋生態系の保全を主な目的としていたが，ザンジバルアカコロブスが絶滅危惧種に指定されたことで，それは国立公園のなかで厳重に保護されるようになった．人がサルを追い払わなくなったことで屋敷林は激しい食害にさらされ，彼らが好む

マンゴーやモモタマナは枯れていった．好物の樹木を食べ尽くすと，コロブスザル
は放棄された畑地に繁茂するグアバの葉，そして果実も食べるようになった．果実
食による糖質摂取はアシドーシスを引き起こす一因になっているのかもしれない．炭
食いで体調が改善することを知ったコロブスザルが，民家を頻繁に訪れてはかまど
の炭をあさるようになり，人がそれを黙認することで，人とコロブスザルの新たな
関係が築かれていったと私は推察している．

　ジョザニ・チュワカ湾国立公園の事例では，人と野生動物のあいだで築かれてい
た関係が公園の設置によって均衡が崩されてしまった．しかし，この事例がおもし
ろいのは，それでこの関係が失われてしまうのではなく，新たな関係を築いていっ
たところにある．コロブスザルは人のつくる炭を利用することで食物の種類を拡大
して食料不足を補った．いっぽう人は，コロブスザルの人懐っこい性質や炭食いと
いう希有な行動を観光資源とすることで，年間3万人以上の観光客を集め，30万ド
ル以上の観光収入が公園周辺の村むらにもたらしているのである．

　ザンジバルアカコロブスは葉食性の前胃発酵動物でありながら，炭食の効用を知
ることによって人が植栽する果樹などを含む多種多様な植物も食べることができる
ようになったと私は考えている．狭い島で長く人と暮らすなかで偶然身につけた習
性なのだろうが，人工林で生きていくためには，言い換えれば，人とともに生きて
いくためには，きわめて重要な術を習得したといってよいだろう．

　野生動物と人が長くともに生きることで，人は野生動物の生態を知るようになる
が，同時に野生動物も人の習性を理解するようになる．人と野生動物は相互に習性
を理解しあうことで，環境変化に対するレジリエンスを高めているのかもしれない．
そう考えると，人と野生動物の関係についての研究は，たんに平和的な関係の理想
を模索するだけではなく，関係の動態を探ることなのだろう．

参 考 ・ 参 照 文 献

安保佳一（1979）「反芻家畜における農耕飼料多給をめぐる二，三の問題」『日獣会誌』32：429-437.
岩井雪乃（2017）『ぼくの村がゾウに襲われるわけ――野生動物と共存するってどんなこと？』合同出
　　版.
祖田修（2016）『鳥獣害　動物たちと，どう向き合うか』岩波新書.
西田利貞（2001）『動物の「食」に学ぶ』女子栄養大学出版部.

星鉄弥・山本輝次・竹村直行・左向敏紀・小山秀一・元好茂一（1991）「ルーメン内における乳酸の活性炭による吸着効果に関する検討」『日本獣医畜産大学研究報告』40：22-28.

松井洋一・岩瀬慎司・星鉄彌（1989）「活性炭の経口投与による急性第一胃拡張（盗食）の治験例」『家畜診療』310：9-13.

松田一希（2011）「テングザルから紐解くコロブス亜科の多様な生態と社会」『霊長類研究』27：75-93.

鷲谷いづみ（1998）「生態系管理における順応的管理」『保全生態学研究』3：145-166.

Cardini, Andrea. and Elton, Sarah. 2009. "The Radiation of Red Colobus Monkeys (Primates Colobinae): Morphological Evolution in a Clade of Endangered African Primates." *Zoological Journal of the Linnean Society* 157 (1): 197-224.

Chivers, DJ. 1994. "Functional Anatomy of the Gastrointestinal Tract." *Colobine Monkeys: Their Ecology, Behaviour and Evolution.* pp. 205-257. Cambridge: Cambridge University Press.

Chapman, Colin A. Bonnell, Tyler R. Sengupta, Raja. Goldberg, Tony L. and Rothman, Jessica M. 2013. "Is *Markhamia lutea's* abundance determined by animal foraging?" *Forest Ecology and Management* 308: 62-66.

Davenport, Tim R B. Fakih, Said A. Kimiti, Sylvanos P. Kleine, Lydia. Foley, Lara S. and Deluca, Daniela W. 2017. "Zanzibar's Endemic Red Colobus *Piliocolobus kirkii*: First Systematic and Total Assessment of Population, Demography and Distribution." *Oryx* 53 (1): 1-9.

Davies, A.Glyn, and Oates, John F. 1994. *Colobine Monkeys: their ecology, behaviour and evolution.* Cambridge: Cambridge University Press.

Fashing, Peter J. 2004. "Mortality Trends in the African Cherry (*Prunus africana*) and the Implications for Colobus Monkeys (*Colobus guereza*) in Kakamega Forest, Kenya." *Biological Conservation* 120 (4): 449-459.

Galbraith, Josie. 2018. "Deliberate Charcoal Consumption by an Introduced Parrot, Eastern Rosella (*Platycercus eximius*) in New Zealand." *Notornis* 65: 174-177.

Ingram, W. H. 1967. *Zanzibar Its History and Its People.* Oxon UK: Frank Cass & Company Ltd.

Isbister, Geoffrey K. and Kumar, V. Pavan. 2011. "Indications for Single-Dose Activated Charcoal Administration in Acute Overdose." *Current Opinion in Critical Care* 17 (4):351-357.

Krishnamani, R. and Mahaney, William C. 2000. "Geophagy Among Primates: Adaptive Significance and Ecological Consequences." *Animal Behaviour* 59 (5): 899-915.

Lee, P.C. and Graham, M.D. 2006. "African Elephants Loxodonta Africana and Human‐Elephant Interactions: Implications for Conservation." *International Zoo Yearbook* 40 (1): 9-19.

Nijboer, Joeke. 2006. "Effect of Dietary Fibre on the Faeces Score in Colobine Monkeys at Dutch Zoos." PhD thesis. Holland: Utrecht University.

Nowak, Katarzyna, Andrea Cardini and Sarah Elton,. 2008. "Evolutionary Acceleration and Divergence in *Procolobus kirkii*." *International Journal of Primatology* 29: 1313-1339.

Nowak, Katarzyna, Andrew Perkin and Trevor Jones,. 2009. "Update on Habitat Loss and Conservation Status of the Endangered Zanzibar Red Colobus on Uzi and Vundwe Islands." Unpublished report for Department of Commercial Crops, Fruits and Forestry, Zanzibar.

Olson, Kent R. 2010. "Activated Charcoal for Acute Poisoning: One Toxicologist's Journey." *Journal of*

Medical Toxicology 6: 190-198.

Pebsworth, Paula A. Huffman, Michael A. Lambert, Joanna E. and Young, Sera L. 2018. "Geophagy Among Nonhuman Primates: A Systematic Review of Current Knowledge and Suggestions for Future Directions." *American Journal of Physical Anthropology* 168（S67）: 164-194.

Riley, Shawn J. Decker, Daniel J. Carpenter, Len H. Organ, John F. Siemer, William F. Mattfeld, George F. and Parsons, Gary. 2002. "The Essence of Wildlife Management." *Wildlife Society Bulletin* 30: 585-593.

Said, M. S. Msanya, B. M. Semoka, J. M. and Maliondo, S. M. S. 2017. "Characterization of Soil Depth to Coral Bedrock and Bedrock Roughness in Jozani Groundwater Forest, Zanzibar, Tanzania." *International Journal of Scientific & Engineering Research* 8（4）: 1135-1143.

Said, M. K. and Misana, S. B. 2018. "Land Cover Changes and Their Determinants in the Coral Rag Ecosystem of the South District of Unguja, Zanzibar." Journal of Ecology and the Natural Environment 10（7）: 129-146.

Sangay, Tiger. and Vermes, Karl. 2008. "Human–Wildlife Conflict in the Kingdom of Bhutan: Patterns of Livestock Predation by Large Mammalian Carnivores." *Biological Conservation* 141（5）: 1272-1282.

Schmidt, Hans-Peter. Hagemann,Nikolas. Draper,Kathleen. and Kammann, Claudia. 2019. "The Use of Biochar in Animal Feeding." *PeerJ Life & Environment*. https://doi.org/10.7717/peerj.7373

Siex, Kirstin S. 2003. "Effects of Population Compression on the Demography, Ecology, and Behavior of the Zanzibar Red Colobus Monkey (*Procolobus kirkii*)." PhD Thesis. Durham: Duke University.

Struhsaker, Tom T. Cooney, DO. and Siex, Kirstin S.1997. "Charcoal Consumption by Zanzibar Red Colobus Monkeys: Its Function and Ecological and Demographic Consequences." *International Journal of Primatology* 18: 61-72.

Ting, Nelson. 2008. "Mitochondrial Relationships and Divergence Dates of the African Colobines: Evidence of Miocene Origins for the Living Colobus Monkeys." *Journal of Human Evolution* 55（2）: 312-325.

第 3 章

安 髙 雄 治

出作りによる乾燥林の焼畑

マダガスカル南西部における無主地の利用

KEY WORDS

焼畑, 無主地, 乾燥地, 森林伐採, 自然保護区

1　無主地を使う

　マダガスカルの南西部から南部にかけての沿岸地域は，この国の中で最も降雨の少ない半乾燥地帯である．乾季は長く，降雨も不安定であり，雨季ですら雨が少ないことも珍しくない．また，予測不可能な蝗害の発生などもあり，程度の差はあれ，この地域に暮らすタナラナ（Tanalana）の人びとは何度も食料不足に見舞われてきた．このような環境において彼らは，キャッサバなどの収穫物をすぐに乾燥・貯蔵することで食料の安定を確保し，家畜飼養や漁撈などを組み合わせて天候不順などに備えようとしてきた．なかには，慣習地（customary land）から遠く離れた「無人」の土地で乾燥林を焼き，そこで出作り耕作（以下，出作り）を行って生活上の不足を補ってきた人もいる．

　ここで「無人」の土地と呼んでいるのは，文字通り近隣には集落などがなく，保有や利用するものがいない，あるいはその予定がない土地のことである．慣習的保有（customary tenure）のもとで土地を利用してきた人びととの間では，このような土地は所有者不在の無主地と認識され，いわば早い者勝ちで利用されてきた．しかし，そ

こは村々から遠く離れているから無人なのであり，利用可能な水が近くにないなどの不便さや不都合な点などがあるからこそ，これまで使用されてこなかったのである．

　本章では，このように集落から離れた乾燥林を開墾し，出作りで焼畑を行ってきた一部の人びとを対象として，そもそも土地をどのように探し確保するのか，また遠方の地でどのように工夫しながら栽培するのか，そしてなぜ遠くまで出かけて焼畑を行うのか，といった耕作の実態とその背景などの関連する事項について記述することを主な目的としている．その後，この地域では近隣の自然保護区が拡張されたこともあり，人びとは出作りを中断することになったが，その過程やその後についても少し触れたい．

　なお，本章で対象とした焼畑耕作は，遠方の乾燥林において出作りするということもあり，必ずしも再び耕作することを想定していないが，条件が揃えば再び伐採し火入れ耕作すると考えられる．本章は，2003年，2005〜2008年，2015年の調査で収集した情報やデータに基づいて執筆した．

2　　タナラナの社会

1 ········ 地理的概況

　マダガスカル南西部の地方都市トゥリアラの南にはウニラヒ川が流れ，その南方に広大なマハファリ台地（約8000km²）が広がる．マハファリ台地は主に石灰岩で構成されており，その西端は海岸近くで高度を落とし，一部では断崖を形成して，海へと続いている．台地の縁と海岸との間は砂質土壌であり，その幅は狭いところでは1.5kmしかなく，広いところでも18km程度で，海岸沿いに細長く延びている．タナラナの人びとは，ウニラヒ川を北端とし，リンタ川とメナランチャ川の中間辺りを南端とする細長い沿岸部の砂質の土地に古くから暮らしてきた（図3-1）．

　この一帯は，8〜9ヵ月続く長い乾季と短く不安定な雨季とを特徴とした半乾燥地帯である．年平均降水量は，沿岸部では270〜360mmほどであり（Battistini 1964），内陸部に向かうと徐々に雨が多くなり「出作りエリア」（図3-1）辺りで400〜500mm（ANGAP 1999），さらに内陸のベティウキ・エジェダ・アンパニヒ辺りでは550mm以

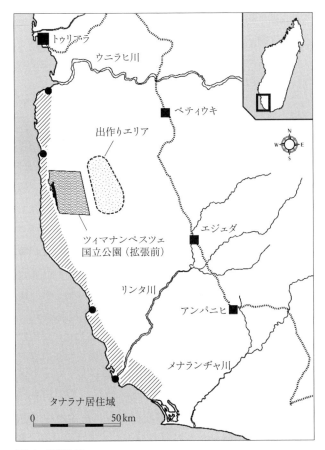

図3-1　対象地域

上となる．雨が降り始めるのは，沿岸部では12月中下旬頃であるが，内陸の方が少し早く，出作りエリア辺りでは11月中下旬頃であり，3月中旬頃までが雨季となる．ただし，年によるばらつきが大きく，特に沿岸部では年降水量が150mmを下回ることもある（Battistini 1964）．また，地域によるばらつきもあり，極端な場合には，隣の畑には雨が多かったが，自分の畑にはほとんど降らず収穫がなかったということもあるという．

　この地域における植生の特徴は，乾燥に強く，棘を持つ植物が多いことであり，その多くが固有種である．それらの中にはディディエレア科（Didiereaceae）やトウダ

イグサ科（トウダイグサ属 *Euphorbia*）などの多肉植物も含まれる．このような特異な環境はホウシャガメ（*Astrochelys radiata*）などのマダガスカルの固有動物の棲息地でもあり，動植物ともに固有種の割合が高い場所となっている（Fenn 2003; Jasper and Gardner 2015）．それだけに，自然保護も早くから始められた．

　1927年，当時のフランス植民地政府はツィマナンペツツェ湖と東側一帯の1万7520haを「厳正自然保護区」に指定した．マダガスカルが1960年に独立した後も保護区は維持され，1966年には保護面積が4万3200haへとおよそ2.5倍に拡張されている（ANGAP 1999）．ただし，植民地時代に行われていた保護区の監視は独立後には引き継がれておらず，拡張されたことも多くの住民は知らなかった．規制などもなかったため，薬用植物の利用や蜂蜜採集，焼畑なども一部では行われていたようである．その後しばらく経った1998年，ツィマナンペツツェ湖はマダガスカルで初めてラムサール条約の登録湿地となった．続けて，タナラナの人びとが暮らす沿岸部の村々の1つに保護区を管理する保護地域管理協会（Association Nationale pour la Gestion des Aires Protégées，以下ANGAP）の管理事務所が2000年に設営され，保護区内の規制等が徐々に強化されるようになった（安髙 2009）．2002年になると，この保護区は「国立公園」へと区分が変更され，それでは貴重な動植物相の保護だけを目的としていたのが，その後は，環境を保全しつつ地域振興や観光資源の管理を目的とした場所へと位置づけが変えられた．さらに2000年代後半になると，当時のラヴァルマナナ大統領が進めていた保護区拡張の5ヵ年行動計画の一環として，保護面積を5.2倍の22万5000haに拡張する計画が進められた．拡張後の面積は，最終的には20万3740haとなったものの，その拡張されたエリアの南端はリンタ川に達し，人びとの暮らす一部の小集落は保護区の中に取り込まれる形となった．また，後述するように，住民参加型保全が取り入れられ，その影響を受けて本章で取り上げた出作りによる乾燥林の焼畑も中断されることとなった．

　タナラナが暮らす場所は，一般的にはマハファリ（Mahafaly）の人びとの土地，マハファリ地方などと呼ばれるエリアの一部である．これまでの報告では，タナラナはマハファリ民族集団の中の一つの集団として扱われることも多かったが（Battistini 1964; Schomerus-Gernböck 1981），タナラナ自身が異なる集団であると強く認識していることに加え，マダガスカルの人びとにとって極めて重要な葬送における慣習などにも違いが多いことなどから（安髙 2012），ここではタナラナという別の民族集団として扱うことにした．なお，海岸のすぐ近くにはヴェズ（Vezo）という違う民族集

団の集落が複数あり，彼らは先住のタナラナから土地の使用を許されて定住し，漁撈を主な生業としている．

　本章で記述するような焼畑は，対象地周辺に限定されるものではなく，タナラナだけでなくマハファリにおいても行われている．ただし，必ずしも無主地で行っているわけではなく，また，同じ集落内であっても焼畑をしない人もいる．本章で対象としたのは，沿岸部のタナラナの一集落（以下，A集落と呼ぶ）の中で，主としてツィマナンペスツェ国立公園の東側（保護区外）に位置する出作りエリア（図3-1）まで出かけていき，焼畑を行っていた人びとである．彼らの中には，内陸部の集落近くの土地で許可を得て焼畑をしていた人もいたが，やがて出作りエリアで開墾するようになった．出作りが最も活発であった2005年頃のA集落では，およそ3割の世帯が出作りで耕作していた．

　なお，本章では便宜上「出作りエリア」と呼んでいるが，明確な境界はなく，ここにはA集落以外からも多くの人がやってきて開墾しており，そのような人の一部は日帰りでの耕作も可能であった．また，出作りエリアの植生は必ずしも一様ではないが，本章ではまとめて「乾燥林」と呼んでいる．南西部では，ディディエレア科の植物やホウシャガメなどの重点的な保護対象とされる動植物が多く見られる場所はすでに保護区域（protection zone）もしくは周辺区域（peripheral zone）に指定されており，出作りエリアで見かけることはほとんどなかった．つまり，地域に固有の種は多いものの，自然保護の観点からはこれまであまり注目されてこなかった場所であるといえる．

2 ········ 生業活動

　タナラナの主な生業活動は，集落近くの常畑におけるキャッサバやサツマイモ，トウモロコシ，マメ類などの栽培と家畜飼養，そして海岸近くでの素潜り漁や突き漁である．農耕はすべての世帯で行われるが，家畜飼養や漁撈は世帯構成や現金収入の有無などのその他の要因によって大きく異なっている．

　ウニラヒ川とリンタ川の間に河川はなく，栽培に必要な水は基本的にすべて天水に依存している．そのため，各作物は降雨に合わせて順次植え付けられていく（図3-2）．人びとの食料として最も重要なのはキャッサバであり，通常の栽培期間は2〜3年である．7〜8月の収穫時には1〜2本のイモを残して埋め戻し，新たに植

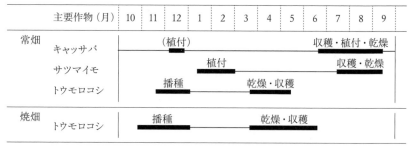

主要作物（月）	10	11	12	1	2	3	4	5	6	7	8	9

常畑

キャッサバ　（植付）　　　　　　　　　　　収穫・植付・乾燥

サツマイモ　　　　　植付　　　　　　　　収穫・乾燥

トウモロコシ　播種　　　乾燥・収穫

焼畑

トウモロコシ　　播種　　　乾燥・収穫

図3-2　主要作物の農事暦

え直すのは古くなった株だけである．7〜8月は，キャッサバに加えサツマイモも
収穫できるため最も食料の豊富な時期であり，人びとはそれら収穫物の大半をすぐ
に天日で乾燥してその後の食料としたり，一部は換金して必要な現金を入手したり
する．十分に乾燥させて適切に保存しさえすれば，味はともかくとして翌年の収穫
期までは問題なく食べることができる．しかし，多くの世帯では貯蔵量が十分では
ないため，途中で底をつき，3月以降はトウモロコシを食べたり，十分に太ってい
ないキャッサバを少しずつ掘り出して食べ始めたりする．これらの作物以外では，マ
メ類（リョクトウ，ササゲ，ライマメ，フジマメ，インゲンマメなど）やモロコシ，カボ
チャ，ウリ，スイカなどを栽培している．

　タナラナにとっての家畜は，葬送やさまざまな儀礼において屠られる一方で，婚
資や贈答品となり，また多ければ富の象徴として機能する．現金収入に余剰があっ
た場合にはそれを家畜に換え，食料不足時にはその家畜を売って食料を入手する．こ
のように，家畜は不安定な食料事情を安定化させるためのバッファとしての役割を
果たしている．最も重要な家畜はコブウシ（以下，ウシ）であり，例えばA集落では，
2005年時点で全体の57％の世帯が2頭から45頭のウシを飼養していた．タナラナで
も昔はもっと多くのウシを飼養していたというが，現在では概してマハファリほど
多くはなく，儀礼の時などにウシが用意できない場合には，ヒツジやヤギで代用す
ることも珍しくない．雨季には家畜の中でウシだけ内陸部へ移牧し，乾季になると
沿岸部に戻す．ただし，沿岸部では牧草（飼料）が足りないことが多く，ユーフォ
ルビアや火で炙ったサボテンなどを細かく切って与えることもある．このような給
餌以外にも，給水用に井戸水を汲み上げる作業にはかなりの労力を必要とすること
や，移牧では長期にわたり沿岸部を離れなければならないため，ウシの世話をする

のは若い未婚の男性であることが多い.

　漁撈では，ヴェズとは異なりカヌーを持っていないこともあって，働き盛りの男性の多くは潜水漁を行い，女性はタコの突き漁や貝・ウニ類の採集をする．入手した魚介類の多くは自家消費し，一部は換金することもある．漁撈は他の生業活動と比べて季節の影響をあまり受けないため，限度はあるものの食料窮乏時には依存度が高まることになる.

　上記以外の生業・現金稼得活動としては，いくつかの村で週に一度開かれる市場での食料の販売が一般的であるが，なかには町で仕入れてきた洗剤などを家で小売りしたり，コーヒーなどを出したりする世帯も僅かに見られる．炭焼きや狩猟はあまり行われていない.

　このように，タナラナの人びとは農耕を軸として，家畜飼養，漁撈，一部の現金稼得活動などを組み合わせて半乾燥地域の環境で生計を維持してきたが，降雨次第では飼養する家畜数を大きく減らすことも多く，家畜をすべて失えば食料不足が深刻な状況に陥る可能性が高い．加えて，頻繁ではないものの蝗害やサイクロンの被害なども見られ，近年では人口増加の影響により土地不足が顕著になるなど，食料確保の不確実性を増す要因は多い．旱魃の被害が大きい時には，WFP（World Food Programme：国際連合世界食糧計画）から栄養不良児を対象とした食料支援なども行われてきた.

3 ……… 土地の保有と利用

　人びとに語り継がれてきたことによると，沿岸部にタナラナが暮らし始めたのは今から15〜16世代前だったようである．タナラナには 3 つの主要なクランがあり，最初はクランごとに分かれて暮らしていた．その子孫が無人の土地へ移り住んで居住域を広げていった.

　現在，沿岸平野部には数多くのタナラナ集落（村）が存在し，多くの場合，それぞれの慣習地の境界は村と村との中間辺りに存在する．畑の多くは集落を中心に開かれており，周辺部はふつう放牧のための区域となっていて，その場合，畑としての使用は禁忌となる.

　慣習地内では，サボテンを植えたり，棘のある木の枝や木片を用いたりして柵ヴァラ（vala）を作り，それで土地を囲うことでその人（世帯）が使用する畑であると

認識される．もし誰も使用していない土地があれば，最初にサボテンを植えて囲った人が利用できることになる．植えたばかりのサボテンは背丈も低く，大きくなるまでは本来の柵としての役割を果たさないが，植えていること自体が重要であるため，それで十分に意思表示できるのである．柵を作る理由は他にもあり，重要なのは家畜から作物を守るためである．柵を作ってその内部を常畑として使い続ける限り，その土地は柵を作った人が利用権を保持し続けることになる．言い換えれば，畑として使用していないとやがて柵の一部は崩壊し，内部にも徐々に草や小木が生えてくるので，使用する意志がないと見なされる．ただし，実際には集落周囲の常畑が放棄されることはほとんどない．

A集落の場合，近隣の複数集落とともに慣習的に利用してきたのは，海岸を西側の境界とした東西5kmほど，南北3kmほどの土地である．海岸線から1kmくらいまでの土地は生産性が低いため，放牧地や墓地などとして利用され，農耕にはほとんど用いられていない．一方の東側の端にも，放牧のための区域が確保されている．A集落では，人口に対して土地に余裕があった頃には大きな問題は起きなかったが，近年では土地不足が深刻化するようになっている．例えば，家畜を放牧するための場所として維持されてきた区域内に若者が畑を開き，大きな問題となったこともあった．

3　　出作りによる乾燥林の焼畑

1······手付かずの乾燥林を探す

本来は国有地であるが，人びとの間では事実上のオープンアクセスの場所であった出作りエリア（図3-1）では，1980年代にはすでに乾燥林の土地確保を目的とした早い者勝ちの競争が始まっていた．当初は競争相手も少なく，広大な土地を確保することも可能だった．しかしその後は土地を求める人の数も増え，徐々に無主地を見つけるのが困難になっていった．加えて，1990年から1992年にかけての大旱魃の影響で土地の囲い込みがさらに進んだ．通常，土地を探す時に人びとが気にかけるのは降水量と土壌の肥沃度であるが，その頃にはすでに選択の余地はなかったようである．

土地を確保するために，人びとはまず「無主地」を探す．それで見つからなけれ
ば，「親族を頼る」，「血盟者を頼る」，「耕作中の焼畑を人から譲り受ける」などを試
みる．

　「無主地」を探すためにまず人びとが行うのは，人づてに情報を仕入れることであ
る．どの辺りに土地がありそうか，これから使うつもりの人がいるのかいないのか
といった情報をもとに，現地でファタナンヂュ（*fatan'andro*）あるいはファンタツェ
（*fantatse*）と呼ばれる特別な目印を探す．両目印とも，すでに土地を確保し開墾予定
であることを示している．ファタナンヂュは使用予定の乾燥林に5〜6m（稀に10m）
四方の木を伐って残す印であり，ファンタツェは1本の木を完全には切断せず横に
倒すだけの目印のことである．後者では，大木の場合は樹皮を削るだけのこともあ
るが，いずれにせよ手付かずの乾燥林に明らかに人為的な痕跡を残すことになるの
で，開墾地を探している人には十分にその意図が伝わるはずである．ただし，ファ
タナンヂュもしくはファンタツェのどちらかだけか，それとも両方用いるのかどう
かや，その組み合わせ方などについては一定のルールが存在するわけではなく，人
によって目印の付け方が異なっていた．過去の目印については確認することができ
ないので，対象者にフォーカス・グループ・ディスカッション（Focus Group Discussion：
以下，FGD）形式で話し合ってもらい，どのような組み合わせ方があり，おおよそど
れくらいの割合で各目印が用いられてきたのかを推定してもらった（図3-3）．その結
果，全体の3分の2は土地の四隅が分かる形で印が付けられていたが，残りの3分
の1は耕作予定である土地の一辺だけしか分からないような目印の付け方であり，最
も手を抜いたケースではファタナンヂュが1ヵ所だけであった．このような目印は
明らかに不十分と言え，容易に想像されるように，後からやってきた人と揉める原
因となっていた．反対に，明瞭な目印を残してさえいれば，いくら広大な土地であ
っても他の人には手出しすることができない確保済みの土地となるのである．不十
分な目印によって起こる問題を避けるため，実際の土地探しの場では，目印があっ
てもそこから500m程度は間を空けるようにしていたそうである．いずれにせよ，こ
のようにして出作りエリアの土地は，短期間で使用中や確保済みの土地に変わって
いったのである．

　「親族を頼る」というのは，すでに広い土地を確保している親族にその土地の一部
を使用させてもらうことである．1990年代後半には土地の新規確保は非常に難しく
なっており，この頃には親族関係を頼るのが一般的となっていた．A集落の人びと

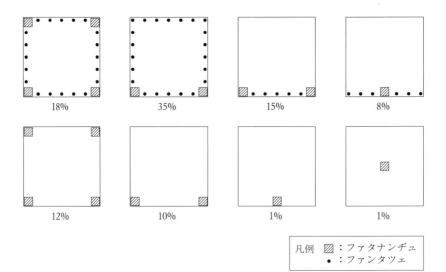

図3-3　土地を確保済みであることを示す目印の8パターンと推定使用割合（％）

の多くは，親族を頼って土地を確保していた（詳細は後述）．

　「血盟者を頼る」場合の血盟者とは，ファティチャ（*fatidra*）と呼ばれる「真の友人」関係を結ぶための儀式を行って誓約を交わし合った友人のことである（cf. Scales 2012）．タナラナはほとんどの人が神の罰や呪いなどを深く信じており，神に誓い合ったファティチャとは非常に強固な信頼関係がつくられ，それが長く維持される．そのため，もし一方が土地を確保していてそこに余裕がある場合は，依頼された側が断ることはまずない．ただし，実際には土地の確保を目的として関係を結ぶことも多く，またファティチャとなった本人同士に限らず，その親族などもこの関係を利用することがあった．

　「耕作中の焼畑を人から譲り受ける」ことも稀に見られる．これまで述べたような方法で土地の確保ができない場合は，保護区のすぐ近くにでも行かない限り，無償で土地を確保することはほぼ不可能である．ただし，すでに土地を確保・利用している人にその気があれば，有償で譲ってもらえる可能性は残っている．この場合，伐採前の土地だけでなく，すでに1年ほど耕作された後の土地も対象になり得る．なぜなら，通常は耕作2年目の収量が最も多く（詳細は後述），かつ除草の必要もほとんどないため，2年目からの耕作であっても十分と考えるためである．このときに

第1部
つかう

支払われる金額は，伐採作業を人に任せた場合に支払う賃金の2〜3倍程度になるとのことであった．

2 ⎯⎯ 出作りにおける農事暦と食事

　出作りエリアは内陸部に位置するため，沿岸部と比べると降水量が少し多く，雨が降り始める時期も1ヵ月ほど早い．また，集落から離れているため日帰りでのこまめな作業が困難であることや，柵を作らないといった点で常畑とは異なっており，実作業などもこれらの違いに沿ったものとなっている．焼畑では，食料確保と換金とを主な目的としてトウモロコシを中心に栽培していた．

　まず，乾季の4月から6月（稀に7月）にかけて主に世帯主の男性が乾燥林を伐採する．伐採には，よく働く人であれば1ha当たり8〜10日程度，そうでなければ2〜3週間ほど必要である．その後しばらく放置して乾燥させ，10月頃に火入れする．火入れには「吉日」とされる曜日があり，例えばA集落では木曜日に火入れしていた．火入れ後の時期は，気温が上がっていく時期でもあるため，時間が経過しても土壌の温度がなかなか下がっていかないという．伐採・火入れをした初年度は土がまだ熱いため降雨を待ってからトウモロコシを播種するが，2年目以降はもう熱くないので降雨の前に播いておいても問題はない（図3-2）．播種するのは，世帯主の男性の他に2〜3人（妻や息子など）であり，ファンガーリ（*fangaly*：長い棒の先に小さな鉄の刃を付けた農具）で小さな穴を掘って，播種して土をかぶせるだけである．火入れは曜日が決まっているだけだが，播種はより重要なため，シキリ（*sikily*）という占いを修得した人に吉日を占ってもらうのが一般的である．

　トウモロコシの播種が終了した後には，スイカ，マメ類（リョクトウ・ササゲ），カボチャなどを植える．スイカはその後の出作り中の食料もしくは飲み水がわりとなることもあって，何年目の作付けであってもほぼ必ず植えられるが，マメ類は3年目以降になると収穫量が少なくなるので，播種しないことが多い．スイカはほとんどが食用目的であり，マメ類は余剰が出ると換金されることもあった．

　トウモロコシを植えてから芽が出て7cmほどに育つまでは出作り地に滞在して，ホロホロチョウを監視するが，それより大きくなるともう必要ないとして集落に戻る．1月下旬になると今度はイノシシが出没するので，そういう場所では出作り地に泊まり込む．夜間も監視をして，イノシシがやってくると投石器を用いて石を投

げつけて追い払う．村での仕事もあるためずっと張り付くわけにはいかないが，3月上旬まではなるべく滞在して監視する．この時期を過ぎれば，イノシシはほぼ来なくなるということであった．

　出作り先では，最初は予め準備した食料を食べるが，降雨さえ順調であれば1月末頃にはスイカが食べられるようになり，3月にはトウモロコシも収穫が可能となるので，その後はこれらの作物で滞在中の食料と水分の多くを賄えるようになる．ただし，トウモロコシは貯蔵や換金を主な目的としているので，そこで食べる分以外は完熟しても収穫せず，しばらくそのまま放置して穀粒が完全に乾燥するのを待つ．その後，十分に乾燥したトウモロコシを4月から6月の間に収穫し，畑の一角に集めて脱粒して，袋詰めする．この作業には播種時よりも多い5〜10人ほどが従事する．袋詰めしたトウモロコシは，2頭立ての牛車サレティ（*sarety*）で内陸部の村にそのまま持って行き，一部は換金し，残りは自宅まで運ぶ．サレティを所有する世帯は少なく，持っていない場合は運んでもらって対価を支払う．

　これで伐採から収穫（換金）までの一連の作業が終わることになるが，4月から6月にかけての時期はトウモロコシの収穫時期であると同時に，次年度の焼畑に向けた伐採の時期でもある．ただし，広い面積の開墾を考えている人や伐採の負担を分散させたい人，早めに終わらせたい人などは，夜にイノシシの監視をしながら昼間に伐採することもあった．出作りにおける一連の作業は，それぞれの考え方や事情に応じて臨機応変に行われていた．

　本章で取り上げたような無主地は，集落から離れた場所にしか見つけることはできないため，多くの場合，日帰りで作業するのは不可能である（例えば，A集落の場合は最も近い出作り地でも片道40km以上の悪路を移動する必要があった）．つまり，仮にイノシシの食害を監視しなくても，少なくとも何度かは出作り地にしばらく滞在する必要がある．その場合，畑地内に簡易小屋を作ってそこで寝泊まりすることが多いが，なかには出作り地への日帰りがなんとか可能な小集落の親族などを頼り，そこを拠点として耕作に通う人もいた．

　水の調達に関しては，近くに水源がないことから，長期滞在する場合には水で満たしたドラム缶（約200ℓ）をサレティで運び込むことが多い．スイカを利用できる時期であれば，2〜3人で一緒に使用しても10日から2週間ほどは持つようだ（自前のサレティで運ぶ場合はウシにも水を与えるので短くなる）．足りなくなれば再び水を汲みに行っていた．A集落の出作り地の場合，サレティを持っている人は片道20〜

図3-4 購入した水（水溜りの雨水）をポリタンクへ移す．後ろはこの地域で一般的な住居

30kmほどのところに水を無料で汲める場所（井戸）があるので，そこまで行っていた．サレティを持っていない場合はそれよりも近くの集落から水を汲んできてもらって，約200ℓの水に対して2000アリアリ（Ar：マダガスカルの通貨単位．2006年当時1 US$≒2021Ar）支払っていた．少量であれば，別の小集落で水（溜めた雨水）を購入（バケツ1杯100Ar）することもあった（図3-4）．

　なお，サレティを持っていない場合の集落─出作り地間の移動は，基本的にすべて徒歩である．必要最小限の着替えと水5ℓほど持って移動し，必要となる食料や水などは出作り地の近くで調達していた．また，それぞれの焼畑地での作業は孤独であっても，多くの場合，比較的近くで知り合いが同じように耕作しており，水・食料の確保などは2〜3人で協力し合うことが多かった．

3······伐採および火入れ

　タナラナでは，乾燥林を伐採してから火入れするまでの状態をテテケ（*teteke*）と呼び，火入れをした後の畑地を指すゼケ（*zeke*）と区別している．テテケという呼称は，マハファリやマシクル（Masikoro：タナラナやマハファリの北方に暮らす人びと）の言う「ハツァケ（*hatsake*）」に当たる．

　木を伐るために用いるのは，刃渡り25cmほどの鉈だけである．斧などは使わない．鉈は，枝打ちや細い幹を伐るために使うだけで，直径10cm程度以上の木は幹を伐らず，そのままにしておく．そのような太めの木は多くはないが，それでも伐って燃やせば「火が強くなりすぎる」ためだという．細い木は根に近いところで幹を伐り，太めの木の場合は伐るのに時間がかかり腰も痛くなるので，腰くらいの高さのところで伐ることが多い．

　伐採は，世帯主自身が行うことが多いが，一部もしくは全部を他人に任せる場合もある．伐採を任せる相手は同じ集落内の未婚の男性であることが多く，対価として現金を渡す．以前は，現金ではなく食事を用意するリマ（*rima*：マネーケ*maneke*とも呼ぶ）が一般的であり，食事にはヤギを屠ってキャッサバとともに提供することが多かった．他には，互いに伐るのを助け合うキウンバ（*kiomba*）が時々行われていた．キウンバとは，金銭の授受なしに，自分の乾燥林であれ相手のであれ，互いに手を抜かず一緒に伐採することをいう．兄弟間や非常に親しい間柄の相互扶助である．他人に依頼するかどうかは，まずは自分の体力や世帯の状況，信頼できる青年がいるかどうか，そしてどの程度の規模で開墾するつもりなのかなどのさまざまな条件を勘案し，総合的に判断しているようであった．

　伐採に先だって，まず方位を確認する．出作りエリアでは，火入れの季節には西風が吹くので，燃え広がりやすくするために木を西側に伐り倒す（図3-5）．西側から東に向かって木を伐りながら，切り倒した木が少しずつずれて重なるように置いていく．伐採した土地に満遍なく火入れの効果をもたらすため，隙間があると枝を置いてそれを埋めていく．

　火入れの時は，特に最初の火の勢いが重要なため，風上である西端を縁取るように木・枝の束を帯状（高さ40〜60cm，幅1〜2m）に積み重ねる．この帯をヴリ・テテケ（*voli-teteke*：テテケのお尻・臀部の意）という．ヴリ・テテケは，通常は西側の一辺だけであるが，人によっては，さらに火に勢いを付けるため南側や北側に少し回

図3-5　伐採後, 梢・枝先を西側(奥)に向けて置いた火入れ前の状態

り込んだところまで木を重ねることもあった. そうすることで, 少しでも長く火の
勢いが継続するように, そして満遍なく燃え広がるようにするためである. 伐採し
ていない乾燥林にまで延焼することはあまりないが, 意図せず燃え広がるウルハエ
(oro-hae) になった場合は, 天恵としてそこにも作付けする.

　一方, 燃え残った場合は, 燃えやすい部分はすでに燃えてしまっているので, 再
度火を入れることは難しく, そのまま放棄されることが多い. なかには, 木を伐っ
ても敢えて火を入れず, そのままにしておくウヴァル (ovalo) という状態にしてお
くこともある. これは, さらに時間をおいて次の年に火入れすることで, 初年度よ
りも燃え広がりやすくなるためである. ただし, ウヴァルにしたものの, 結局その
まま使わなかったということもあり, 頻繁に見られるわけではなかった.

4 ⋯⋯⋯ 焼畑の耕作年数と放棄後

　焼畑耕作を続けると徐々に土壌の肥沃度は低下していくので, 通常は3回ほど作
付けし, その後は放棄する. 開墾1年目の焼畑は「新しい」を意味するヴァオ (vao)
と呼ばれ, 以降, 2年目は「中間・中央」などを意味するシラケ (silake), 3年目は

ムカ（*moka*），それ以降は何年耕作してもツブケ（*tsoboke*）と呼ばれる。なぜ3年目をムカと呼ぶのかは彼らも分からなかったが，南部から西部に移住したタンルイ（Tandroy）の人びとが耕作4年目をムンカ（*monka*）と呼ぶという報告もあることから（Réau 2002），もしかしたらその言葉がどこからか入ってきたのかもしれない。最終段階のツブケとは，農具を使って雑草の根を切る作業を意味する言葉である。その言葉通り，ツブケの段階になると雑草が蔓延っていてその根を切る作業が必要となり，かつ収量も落ちる。2年目を，「中間・中央」を意味するシラケと呼んでいることからも，3回耕作してその後に放棄するのが一般的であると言ってよいだろう。

　放棄した土地には，草本としてはイネ科のアヒダンブ（*ahidambo*：*Heteropogon contortus*）やアヒクトゥトゥ（*ahikototo*：*Panicum* sp.?）など，木本ではハズンバララ（*hazombalala*：*Suregada* sp.を含む複数の植物），カチャファイ（*katrafay*：*Cedrelopsis grevei*），アヴーハ（*avoha*：*Alantsilodendron* sp.），アンビラーズ（*ambilazo*：*Dichrostachys* sp.），ハズメナ（*hazomena*：*Securinega* sp.），マリマツェ（*malimatse*：*Grewia* sp.），ルイメナ（*roymena*：*Acacia* sp.），ハンディンブヒツェ（*handimbohitse*：*Erythrophysa* sp.）などがほぼ共通して生えてくる植物である。他にも，それぞれの環境に合った植物が生えてくるとのことであった。ただし，長い年月が経過したとしても開墾前と同じ状態に戻るわけではない。放棄されてしばらく経過し（通常は2年），これらの植物が見られるようになった土地は，他の人が使っていた土地であっても「もう使用する意志なし」と判断され，誰が使っても良い土地に戻る。見れば分かるので，畑を放棄した本人に確認するまでもないとのことであった。土地を放棄した後に，再び同じ場所で焼畑を行うことはビラ（*bira*）と呼ばれていた。

　出作りエリア内では，焼畑耕作後の土地はそのまま放棄されていたが，出作りエリア東方などの集落近くの焼畑地の場合は，何度も火入れをして，雨後の牧草をウシに食べさせる土地として利用することが多かった（図3-6）。これには副次的な目的もあり，その1つは人が身を隠すことができなくなること，もう1つは足跡が残りやすくなることである。こうすることで，ウシ泥棒からウシを守りやすくなるのである。遠くまで見渡せるのでウシに近づきにくくなり，もし盗まれたとしても，ウシとウシ泥棒の足跡が残っていれば彼らはそれを可能な限り追跡し，見つけ出して取り戻そうとする。降雨は少ないので，風が吹いたり人や家畜がその上を歩いたりしなければ，ずっと足跡を追っていけるのである。このような土地では何度も火入

図3-6　放棄後に火入れが繰り返された土地

れが繰り返されるので，20年近く経ってもほとんど木が生えていない放牧地となっていた．

4　　焼畑耕作の実態

　ここでは，A集落の人びとによる出作りエリア内の焼畑事例をいくつか詳述し，補足的な説明を加えたい．

1……土地の確保と耕作

　図3-7は，A集落の男性がどのような親族関係を辿って土地を確保したのかを示している．別の村に暮らす男性⑦は，早い時期に出作りエリアに行き，広大な土地を確保することができていた．その後の1997年頃，土地を探していたA集落の男性④はそのことを聞きつけ，土地使用を申し出たのである．男性④は，前年の1996年には出作りエリア東方の集落に出向き，そこで許可をもらって周辺部で焼畑を始めて

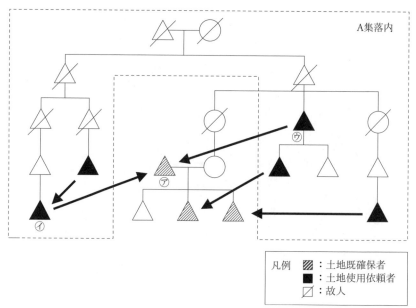

凡例
▨：土地既確保者
■：土地使用依頼者
◁：故人

図3-7　親族関係を頼った土地確保の例

いたが，そこよりも村に近く，より広い土地が使えることもあって，その後は出作りエリア内で開墾するようになった．このことを聞いたA集落の男性⑰も同じように男性⑰に掛け合い，2004年から伐採を始めたのである．男性⑰も，もともとは別の場所（出作りエリアとベティウキの中間辺りの集落周辺部）で焼畑を行っていたが，そこでは治水森林総局（Direction Générale des Eaux et Forêts，以下DGEF）が1995～1996年頃に伐るのをやめるように指導したとのことで，彼は耕作を中断していた．男性⑰・⑰以外にも，図3-7のように近い親族が直接的・間接的に男性⑰およびその息子たちに土地使用を願い出ていた．このように，血族のみならず姻族関係を辿ることでも土地が確保されていたが，姻族を頼って確保された土地は，両者を結びつけた婚姻関係が破綻（離婚）することで耕作中断を余儀なくされ，必然的に放棄されるに至っていた．

　図3-8は，上述した男性⑰・⑰（および息子）が実際に伐採・耕作した場所の衛星画像（2006年の火入れ前）である．焼畑では畑の周囲に柵を作ることはなく，境界が分かるようにエフェツェ（*efetse*）という境界石を2～10mおきくらいに点々と置いて，

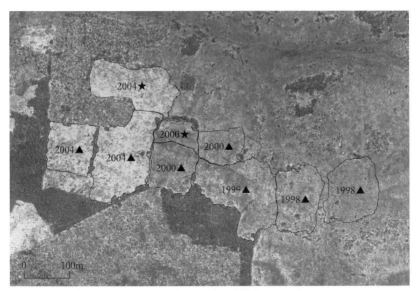

図3-8　焼畑地の衛星画像（QuickBird衛星2006年10月15日観測：PAN画像）
【耕作者｜▲＝男性⑦, ★＝男性⑦および息子（黒線内の数字は伐採年）】

目印としているだけである（黒線は各焼畑地の境界を示す）．A集落の出作りでは，こ
のような畑地の集まりが出作りエリア内に点在していた．1年間に開く畑の数は1
つか2つであり，それぞれの面積は1～2 haほどであることが多かった（図3-8の9
つの畑の平均面積は1.13ha）．

　男性⑦は，1998年から2000年の間に伐採した5つの畑をすべて4年間作付けし，男
性⑦の息子から譲り受けた小さな畑（2000★：1度収穫済み）ではその後3年耕作し
ていた．つまり，この譲渡された畑を含めると，男性⑦は2001年から2002年にかけ
ては6つの畑をすべて同時に耕作していたことになり，その面積はおよそ6 haにも
なっていた．2000年の伐採後はしばらく木を伐ることはなかったが，それで十分と
判断していたためである．その後，これらの畑で最後の収穫となった2004年の4～
6月頃に，次の新しい伐採を始めている．この時は，直前の雨季にほとんど雨が降
らず，いずれ食料が不足すると考えたためである．男性⑦も同じことを考え，この
時は隣りあった土地を伐採していた．これら2004年に開墾された合計3つの畑は，3
年目の雨季にほとんど雨が降らず収穫がなかったため，予定していた4年目の作付
けは行わずに放棄していた．

途中で放棄する理由としては収穫量低下が最も多いが，それ以外の理由で中断することもある．理由が確認できた43の焼畑の中で，収穫量が落ちてきたためというのは18ヵ所（42％）であり，半分を下回っていた．その他の理由としては，マラス（*malaso*：武装強盗団）がやってきて逃げ出したケースが5ヵ所（12％），諍いや離婚などによって土地保有者との関係が悪化したケースが4ヵ所（9％），父親が死亡してその葬送儀礼などのために中断せざるをえなかったケースが3ヵ所（7％）であった．珍しいケースとしては，独身の若者が「もう十分な収入を得たから」というのが1ヵ所（2％），タブーを破って罰があたったからというのが1ヵ所（2％）である．残りは自然保護の事業と関係しており，DGEFの管理官に制止された2ヵ所（5％）と，保護区拡張の規制強化の影響で中断したと考えられるケースが7ヵ所（16％）であった（耕作者本人が長期不在で直接確認はできず）．この7ヵ所は，いずれも保護区拡張計画が始まる直前に耕作を始めており，まだ土壌は十分に肥沃であると考えられるにもかかわらず，そのほとんどが2007年の収穫を最後に放棄されていた．

2 ⋯⋯⋯ 焼畑耕作年数と収量

　焼畑耕作年数と収量との関係を知ることは重要であるが，この地域では収量のばらつきが大きいこと，そして何より秤量による体系的なデータ収集が困難であったことから，ここでは参考までにFGDで彼らに推定してもらった結果を紹介したい．この数字を見るだけでも，大まかな傾向が分かるはずである．降雨や土壌が同じと仮定した場合，ヴァオ（焼畑1年目）：シラケ（2年目）：ムカ（3年目）：ツゥブケ（4年目以降）のそれぞれの収量の比はだいたい10：13：11：7になった．つまり焼畑の収量は，2年目が最も多く，3年目は1年目よりも少し多いのが一般的であるという．1年目の収量が予想に反して少ないが，彼らはその理由について「火入れ後の熱が残っており，たとえ雨が降り始めた後に播種したとしても，まだ土壌が熱く，その影響で収量が少ない」と考えていた．

　収量や換金して得られる収入などについても，いくつか参考となる数字を示したい．対象者から聞き取った情報を含めて概算すると，「降雨が順調」な場合の焼畑2年目のトウモロコシの平均的な収量は1 ha当たり2トン前後となった．村市場における販売価格は食料の状況とともに変動するので，仮に1カップ（280g前後）のトウモロコシが80アリアリ（2006年当時）として計算すると，およそ57万アリアリの収入

となる．これをすべてウシの購入に充てると，子ウシであれば3頭ほど買うことが
できる額に相当する．実際には，この金額から食料・水購入費や運搬費などの経費
を支払う必要があるとともに，収穫物の6割程度を自給用として貯蔵する人が多い
ので，現金収入はこの額を大きく下回るのが一般的である．とはいえ，キャッサバ
を基幹食物としながら，もしこれだけの食料や収入が得られるのであれば，食料事
情は大幅に改善され，かつ旱魃にも備えることができるだろう．なお，本章の対象
地ではないが，降雨にも土壌にも恵まれた別の土地の場合は，上述した収量のさら
に1.5～1.8倍ほどの収穫が得られることもあるという．

　しかし，彼らの実情を見ると，収量としては決してよいとはいえないケースが目
についた．そのほとんどは，「降雨が少ない（不順）」ためである．例えば，ある男
性は雨季に雨があまり降らず食料不足が予見されたことから1haほど開墾したが，
雨季になっても思ったほど雨が降らず，収穫できたのはトウモロコシ4袋分，およ
そ240kgほどであった．上述した収量の8分の1に留まったことになる．この時は，
3分の1を自給用とし，残りの3分の2を市場で売ってヤギを2頭購入して（2万
3000アリアリ，2万2500アリアリ），その後の食料不足に備えた．他にも，1ha当たり
の収入が10万アリアリを下回ったり，ほとんど何も収穫できなかった事例などが散
見された．

　もし伐採などの作業を他人に委託していた場合は，当然ながらそれへの支払い分
も収入減となる．通常は，1ha当たり1万3000アリアリから2万2000アリアリ，食
料や水代を込みにすると3万アリアリ支払ったケースもあった．ただし，ほとんど
収穫がなければこれはすべて赤字になるので，A集落では伐採の委託はあまりみら
れなかった．

3……… 必要な労力から見た焼畑

　ウシの世話にかなりの労力が必要であることはすでに述べたが，その一方で人びと
とは焼畑にかかる作業をそれほど大変だとは認識していなかった．そこで，同じよ
うにFGD形式で主要な生業活動に必要な労力を比較してもらったところ，ウシの世
話：常畑耕作：潜水漁：焼畑耕作はおおよそ16：15：12：10の比になった．この常
畑耕作には，サボテンを植えるなどの柵を作る初期の作業が含まれている（含めな
ければ15が14になる）．つまり，最も大変なのはウシの世話であり，それと同じくらい

常畑での農作業は労力を必要とする。その一方で、出作りでの焼畑はそれほど大きな負担とは感じていないようであった。

その主な理由は、伐採する必要はあるがそれは初年度だけであり、柵を作ることもまた維持する必要もなく、何より除草をしなくてよいからだという。出作りによる焼畑の場合、徒歩で片道1日かかる場所に何度も通う必要があり、食料や水などの準備もしなくてはならないが、最低限のことさえやっておけば、あとはある程度放っておくことができる。また伐採作業でも、細い木だけを伐採し、太い木は伐り倒さずに火入れをすればよい。棘の多い乾燥林を切ることには別の苦労を伴うものの、木に登って枝を落とすこともなく、彼らにとっては鉈だけでできる比較的軽い作業なのであろう。

一方、集落近くの常畑の場合は、毎年、除草作業が3回は必要であるが、雑草の根を切るだけではまたすぐに生えてくるため、できる限り掘り起こして取り除くようにしている。それに多くの時間と労力が必要で、除草を怠ると雑草が繁茂しほとんど収穫がなくなってしまうと彼らは考えていた。

4……… 出作りに見られる変化

表3-1は、A集落の人びとが1986年から2010年までの間に出作りで行った焼畑耕作について5年ごとにまとめたものである。ここでは出作りエリア外にいくつかあった焼畑も含めて集計した。エリア外の焼畑とは、既述のように、親族の暮らす集落の近くに許可を得て開墾した焼畑である。

この表を見ると、A集落の人びとが本格的に出作りで焼畑を行うようになったの

表3-1 出作りに見られる変化

伐採年	新規開墾数	平均耕作年数	平均面積（ha）	出作りエリア内の焼畑の割合（%）	降雨
86-90	6	2.5	1.9	0	90年：非常に少なかった
91-95	3	2.7	3.6	33	91-92年：非常に少なかった
96-00	11	3.8	1.5	91	97-98年：少なかった
01-05	18	2.4 (4.0)*	1.8	83	04-05年：非常に少なかった
06-10	5	0.2?	1.5	100	（保護区拡張の影響で中断）

*（　）内は対象者が予定していた耕作年数の平均

は1990年代後半からであり，2000年代前半にはピークに達していることが分かる．また，もともとは出作りエリア外の集落近くで耕作していたが，徐々にエリア内に移ってきたことも見て取れる．対象者にとってその方が何かと都合がよかっただけでなく（後述），それらの集落でも土地の余裕がなくなってきたことがその背景にある．その後，2000年代後半に新規開墾数が激減しているが，これはツィマナンペスツェ国立公園の保護面積拡張計画が実行に移され，2007年頃からは規制が強化されたためである．すでに開墾済みの畑地であれば中断するよう求められることはなかったようだが，新規の伐採は制限されて開墾ができなくなった．

　耕作年数の変化を見てみると，1986年から95年までの間に開墾された焼畑は2〜3年しか作付けされずに放棄されていたのが，その後は期間が長くなり，90年代後半には平均耕作年数が4年近くになっていることが分かる．また，2000年代前半も，もともとは4年間耕作するつもりの人がほとんどだった（多くは雨が降らず中断し，結果として2.4年になった）．もともと長くても3年だった耕作年数が4年へと延びた背景には，そのころから目立つようになってきた天候の不順や人口増加があるという．確かに，雨がほとんど降らず飢饉になった時やその兆候が見られた年に，新たな伐採が始まっていたことが多かった．4年目以降の焼畑は収量も落ち除草も必要となるのでかつては敬遠されていたが，そのような余裕はないという判断だったのであろう．

5　　なぜ出作りで焼畑を行うのか

　ここまで出作りによる乾燥林の焼畑について述べてきたが，焼畑をなぜ行うのか，その必要性はどのようなものなのかを理解するためには，彼らの置かれた状況やその他に取り得る選択肢などについての説明がもう少し必要だろう．ここで重要なことは，ひとたび旱魃が起こればその影響は長期間に及ぶ一方で，その時に取り得る選択肢は限られているということである．

　本来，雨季であるはずの12月中下旬頃から3月中旬頃にかけて雨が降らなければ，人びとはその時点で，4月頃のトウモロコシ収穫が期待できないこと，また7〜8月に収穫時期を迎えるキャッサバやサツマイモの収量も激減することを予知しているだろう．収量が激減すれば，貯蔵もほとんどできないため，それからさらに半年

ほど食料不足が続くこともほぼ確定する．つまり，雨季に雨が降らないということ
は，通常であればそれから1年以上にわたって食料不足の状態が続くことを意味し，
すぐさまそれに向けた対策・対応に取りかからなければならない．

　もし，ウシの飼養数が多ければ，その売却益で食料を購入して急場をしのぐこと
も可能であろう．A集落では，ウシを45頭飼養する世帯も存在したので，そのよう
な世帯であれば仮に数年間凶作が続いたとしても耐えられるかもしれない．しかし，
そもそもウシを飼っている世帯は全体の6割弱（2005年当時）であり，また仮にウシ
を飼っていたとしても多くの世帯では家畜売却益で食料を十分に賄うことができる
とは考えにくかった．例えば，20頭近いウシを飼っていた世帯が2004年から2005年
にかけての凶作でその大半を失った事例もある．

　その世帯は，2004年の1月時点ではウシを19頭飼養していたが，4月には葬儀へ
の見舞いとして2頭拠出し，9月にはもう食料が尽きてしまったので2005年5月ま
での間にウシを5頭売却していた．ウシを売ってキャッサバやトウモロコシの購入
に充てたわけだが，しかし，それで十分な食料が手に入ったわけではない．漁撈で
得た海産物を消費すると同時に，まずは野生の木の実を探し，普段は食べない野生
イモのムキ（*moky*：*Ipomoea* sp.），つる植物ラングルーラ（*langolora*：*Secamone tenuifolia*）
の根，許可を受ければ数量限定で利用を認められるバオバブ（*Adansonia rubrostipa*）の
果肉などの救荒食物をいろいろ食べ繋ぎ，キャッサバなどの作物の消費を最低限に
抑えていたのである．この時は，続く2005年の収量も低かったことから，結果とし
てウシの頭数は2005年の年末には5頭にまで減っていた．もとの19頭という頭数は
A集落では決して少ない数ではないが，ひとたび飢饉に直面すると，切り詰めた生
活をしたとしても，短期間でその多くを失ってしまうのである．

　家畜売却以外に取り得る選択肢としては，すでに述べたような海産物や救荒野生
植物の利用などがある．しかし，旱魃になると，程度の差はあれ多くの人が食料不
足に陥り，漁獲圧・採集圧は一気に高まって，これらの自然資源はまたたくまにと
り尽くされてしまうだろう．旱魃による食料不足が極めて深刻な場合は，やむを得
ず集落を離れ，他の村や地方都市に暮らす親族のところに身を寄せる世帯もなかに
はあるが，その数はかなり限られている．通常は，その前に出稼ぎや出作りで焼畑
を行うことを考えるはずである．

　出稼ぎであれば，比較的短期間で現金を得ることも可能である．短くても2〜3
ヵ月は不在にする必要があるものの，賃労働の選択肢はいくつかあるという．もし

一攫千金を狙うのであれば，イラカカ近郊にサファイアを掘りに行くという選択肢もないわけではない．マダガスカルでは1998年にサファイアの大鉱脈が見つかり，内陸の小村落だったイラカカおよびその周辺には全国から多くの人が集まってきた．最近では，サファイアはもう取れなくなってきたとも言われるが，今でも掘り続けている人は多い．ただし，長期にわたって集落を離れてしまうと，使っていた常畑はいずれ他の人が使うことになり，再び集落で生活するのが困難になる．数ヵ月間の出稼ぎであればそのようなことはないが，しかしその間，常畑の最低限の手入れ・管理を担う人が必要である．その当時，割のよい賃労働は治安が悪いと言われていた地域に行くことを意味していて，そのことで出稼ぎを敬遠する人もいたようだ．そのためか，多くの人はこれらの選択肢を選ばずに，あくまで拠点は村に置き，出作りやその他の手段を選択してきた．

　このような観点から，改めてこの出作りによる焼畑を見直してみると，彼らにとって都合のよい側面がいくつかあることが分かる．第1に，すでに述べたように内陸部は降水量が多く，広い面積を利用でき，生計維持の不足分を十分に補える可能性が高いことである．海洋資源や救荒食物の利用などと異なり，まとまった収穫を一度に得て，それを食料としても，また家畜に変えてその後への備えとすることも可能である．第2に，村での農作業との両立が可能なことである．往復するだけで2日（以上）かかるが，それでも出稼ぎのようにずっと村を留守にする必要はなく，かなり頻繁に通う必要はあるものの，必ずしもずっと張り付いておく必要はない．また，ここでは降雨に合わせて播種することが重要であるが，沿岸部と内陸部では雨季の始まる時期が少しずれているため，うまく両方への対応が可能となっている．最後に，労力がそれほど必要でないことをあげることができるだろう．決して楽だとは言えないが，しかし，投入される労力は必要最小限に近いと言えそうである．そのため，常畑の作業を行いながらでも，なんとか無理することなく出作りができているのだろう．また，もし仮に過剰な労働となったとしても，その一部を他人に任せられる仕組みも存在していた．

　このように，出作りによる焼畑は，耕作時期においてもまた労力の面からも常畑との両立が可能な範囲内にあり，これらのことが人びとにとっては都合がよかった．また，現金稼得源の限られた村での生活において，まとまった収入をもたらす数少ない選択肢の1つであり，降雨が順調であれば数頭の子ウシを手に入れることができる効率的な方法でもあった．もしその後も降雨に恵まれれば，ウシの数を減らす

ことなく，旱魃に備えることも可能になるのである．

6　自然保護の規制強化による焼畑の中断

　これまで述べてきたように，焼畑の数およびその作付け年数が増えていったのは90年代後半くらいからであるが，それはまさに，「人口増加によって土地不足が顕在化し，降雨が不安定かつ少なくなっていった」と人びとが語る時期と重なっている．降水量に関しては，2000年からの50年間で50〜100mm減少すると予測する分析もあり（Vololona, et al. 2013），旱魃が慢性的な問題となりつつある状況といえるのかもしれない．

　人びとの立場からすると，このような状況をさらに悪化させたのが2000年頃から強化され始めた自然保護の規制であり，その後の保護面積の拡張であった．もともと，最初に保護区を設定したフランス植民地時代でさえ，保護区の外であれば許可をもらって焼畑を行うことができたという．そのような状態が長く続いた後，1998年頃には保護区周辺の林の伐採が禁止されたこともあったようだが，多くの人はそのことを知らされず，また知っていても，そもそも管轄・管理する側が新たな伐採許可を出していたので焼畑を続けていった．このように，人びとにとっては長い間当たり前のように利用してきた自然資源であるが，2000年にANGAPの管理事務所が設営されたことで突然規制が厳しくなり，利用できなくなったのである．

　当然，このような規制強化は，人びとの生計維持に及ぼす影響も大きく，反発も強かったようである．それに対し，ANGAPは時間をかけて保護区域を利用する可能性のある村々を回り，自然保護に関する教育や指導などの地道な活動を行った．また，保護区域内の動植物利用や放牧の規制は徹底するものの，人びとにとって特に重要な一部の資源（萱，棺用材，薬用植物，救荒食物など）については，許可を申請することで利用を一部認めるなど，ある程度柔軟な対応も取ってきた．しかし，利用を制限されることに変わりはなく，一部の人は納得できず，利用を続けるものもいた（安髙 2009）．

　その後に始まる保護面積拡張は，それまでの保護区を4.7倍に拡張するものであり，さらに多くの人びとの資源利用を規制することになるが，そこではまずCOBA（communités de base）による住民参加型保全の体制作りが進められた（cf. Raik and Decker

2007)．これは，保護区周辺部の自然環境の保護・管理をそれぞれ最寄りの集落あるいはその一部に一元的にまかせようとするものである．このような協力と引き替えに，国立公園から将来的に期待される観光収入の一部を何らかの形（例えば，小学校の設置，家畜用の井戸掘りなど）で各集落に還元することが約束され，一部は速やかに実行に移されて，各集落も最終的にはこれに応じることになった．この計画は，保護区の面積を拡張させるだけでなく，その周辺部をも守るためのものであったことから，保護区の外にあった本章対象者の焼畑もこの時にCOBAの管理下に置かれることになり，耕作の中断を余儀なくされていった．

　筆者が「出作りエリア」のその後の状況について最後に確認したのは2015年であるが，少なくとも本章の対象者に関しては，出作りエリアで新規に伐採することもまた同じ畑地で再開することもなかった．ただし，今後も行われることはないかと問われれば，再伐採の可能性がないとは言い切れない．なぜなら，自然保護への協力と引き換えに彼らが得たものはいずれも食料の確保や現金稼得にすぐに役立つわけではなく，また人びとが納得するような代替資源や手段などが今後提供されるとは考えにくいからである．

7　南西部のこれから ·················取り巻く状況の変化の中で

　本章で述べてきたような焼畑が継続されれば，乾燥林の減少に繋がることはいうまでもない．半乾燥地域における焼畑では，植生の回復には長い時間がかかるのに対し，焼畑を継続するには常に新たな乾燥林を必要とするためである．現に，出作りエリア辺りでは広い面積の乾燥林がすでに失われている．

　しかし，長期的な視点に立てば，このような乾燥林の減少は植生が回復してくるまでの一時的な現象であるとも言え，これらの土地もやがては再び作付けが可能な場所になると考えられる．実際に，出作りエリアにおける初期の焼畑地は放棄されてからすでに30年ほど経過しているはずであり，再び火入れができる程度に植生が回復しているところもあるだろう．人びとの生計を支える土地には限りがあること，人口増加や天候不順のことなどを考慮に入れれば，今後はこのような焼畑地の再利用が欠かせなくなってくるはずである．その時に，持続的・循環的な利用の観点から重要なことは，伐採時に伐らずに残した太めの木を枯らさないように火入れをす

ることであり，ウシに草を与えることを目的としたその後の定期的な火入れを行わ
ないようにして，植生の回復を妨げないことである．人びとが過度に土地の囲い込
みをせず，生計維持のために既開墾地だけを再利用するのであれば，自然保護との
両立もある程度は可能になると考えられる．

　ところで，本章で取り上げたような出作りによる焼畑が可能であったのは，人び
とにとってそこが無主地であったからであり，彼らの慣習的な土地利用の考え方が
そこではまだ通用したからである．しかし，いつまでも通用するとは限らない．な
ぜなら，1990年代以降，アフリカの国々では土地改革が進み，その影響で農村社会
にもさまざまな変容が見られており（武内2017），マダガスカルにおいても何らかの
変化が起こり得るからである．2009年の政治危機においても，政府が韓国企業に130
万haもの土地を無償で貸与するという協定締結の報道がきっかけであった．実際に
はそれは誤報であったが（小松2010），土地の動向が政治危機の一因となるほど神経
質な課題となっているのである．他にも，「伝統的土地所有者」と「法的土地所有
者」との間の問題などに加え，植民地時代に入植者に譲渡された土地であるかどう
かなどが複雑に絡み合い，所有権の所在が不安定な状態の場所もあるという（森山
1999）．本章の対象地ではそのような動きは今のところないが，しかし，比較的近い
場所で資源試掘が計画されたことなどもあり，住民の知らないところで「法的土地
所有者」が誕生するといった可能性が全くないとは言い切れない．

　自然保護と人びとの生計維持という両立の難しい状況に，土地改革の影響などが
新たに加わる可能性も高く，状況を悲観視せざるを得ない要素は少なくない．もし
自然保護を優先し，人びとの生計維持に対する適切な対策や配慮などがなされない
のであれば，やむを得ず合意を無視し，新規伐採を再開するような人が現れること
だろう．あるいは，南部から西部に移住して焼畑を行うタンルイの人びとのように
（Réau 2002），無主地の少なくなった地元を離れ，遠方の林で焼畑を行うという選択
肢を採る人が出てくるかもしれない．稀少な自然の保護のためだけでなく，人びと
の生計維持を考える上からも，今後も注視していく必要があるだろう．

謝辞：本章執筆のための調査は，JSPS 科研費（JP15255007, JP18657079），2006年度関西学院大学個人
　　特別研究費によって可能となった．記して，謝意を表したい．

参 考 ・ 参 照 文 献

安髙雄治（2009）「マダガスカル南西部の自然保護区拡張における問題と展望」『総合政策研究』31：
　1-10.
安髙雄治（2012）「タナラナ社会における本葬の先送り」『国立民族学博物館調査報告』103：151-169.
小松啓一郎（2010）「新国際情勢下の地下資源と農業資源——日本・アフリカ関係へのインプリケーシ
　ョン」『成城大學經濟研究』187：9-74.
武内進一編（2017）『現代アフリカの土地と権力』アジア経済研究所.
森山工（1999）「マダガスカル，シハナカにおける土地と歴史意識」杉島敬志編『土地所有の政治史
　——人類学的視点』風響社，77-97頁.

ANGAP. 1999. *Etude pour l'élaboration d'un plan d'aménagement et de gestion au niveau de la Réserve Naturelle Intégrale de Tsimanampetsotsa: Diagnostic physico-bio-écologique.* Antananarivo: Ministère de l'Environnement.

Battistini, René. 1964. *Géographie Humaine de la Plaine Côtière Mahafaly.* Paris: Éditions Cujas.

Fenn, Mark D. 2003. "The spiny forest ecoregion." In: Goodman, Steven M. and Jonathan P. Benstead (eds.) *The Natural History of Madagascar.* pp. 1525-1530. Chicago: The University of Chicago Press.

Jasper, Louise and Charlie Gardner. 2015. *Life Amongst the Thorns: Biodiversity & Conservation of Madagascar's Spiny Forest.* Oxford: John Beaufoy Publishing.

Raik, Daniela B. and Daniel J. Decker. 2007. "A multisector framework for assessing community-based forest management: lessons from Madagascar." *Ecology and Society* 12 (1): 14. [online] URL: https://www.ecologyandsociety.org/vol12/iss1/art14/

Réau, Bertrand. 2002. "Burning for zebu: The complexity of deforestation issues in western Madagascar." *Norsk Geografisk Tidsskrift-Norwegian Journal of Geography* 56 (3): 219-229.

Scales, Ivan R. 2012. "Lost in translation: conflicting views of deforestation, land use and identity in western Madagascar." *The Geographical Journal* 178 (1): 67-79.

Schomerus-Gernböck, Lotte. 1981. *Die Mahafaly: Eine ethnische Gruppe im Süd-Westen Madagaskars.* Berlin: Dietrich Reimer Verlag.

Vololona, Mireille R., Miriam Kyotalimye, Timothy S. Thomas, and Michael Waithaka. 2013. "Madagascar." In: Waithaka, Michael, Gerald C. Nelson, Timothy S. Thomas, and Miriam Kyotalimye (eds.) *East African Agriculture and Climate Change: A Comprehensive Analysis.* pp. 213-246. Washington, DC: International Food Policy Research Institute.

置き換える

牛久晴香

第 4 章

雑草の資源化

ボルガバスケット産業における材料の転換

KEY WORDS

材料, かご, 輸出産業, 生態資源, 知識・技術資源, ガーナ

1 材料が「置き換わる」ときにみえてくること

　ガーナ北東部のボルガタンガ地方は，アフリカを代表するかご「ボルガバスケット」の生産地として知られている．イネ科草本の稈で編まれたこのバスケットは，1950年代に海外に紹介されると，素朴でエキゾティックな風合いから欧米や日本で人気を集め，現在では年間100万個を超えるバスケットが輸出されている．

　ボルガバスケットは輸出商品化に成功した地場産品である．商品化の当初，編み手たちはボルガタンガ周辺の河畔に自生するイネ科野草ベチバーグラス（*Chrysopogon nigritanus*）を集めてバスケットを編んでいた．ところが，海外からの需要が高まってきたさなか，ボルガタンガを流れるヤラガタンガ川（*Yaragatanga*）に灌漑用ダムが完成し，突然ベチバーグラスの主たる群生地が失われてしまった．それにもかかわらず，現在もボルガバスケットは世界中で流通している．じつはこの間に，材料はまったく別のイネ科雑草に置き換わった．しかもこの雑草は，ボルガタンガから600kmも離れたガーナの南部地域から運ばれてきていた．本章では，どのような経緯で材料が置き換わったのかに焦点をあてる．

材料が置き換わるとは，人間がある素材を使うのをやめ，環境のなかにある別の素材を新たな「資源」として同じ用途に使いはじめることである．新たな素材が資源になっていく過程では，有形無形のさまざまな「資源」が動員される．バスケット材としての草を例にとれば，そもそもその草が役に立つものだと判断する人間側の知識や経験が必要になる．そして，草を集め，それを利用できるかたちに変えていくためには，知識にくわえて技術や労働力が必要になる．このとき，人間の知識や技術，労働力は，草の「資源化」のために動員される資源となる（内堀 2007：21-23）．このように，材料が置き換わっていく過程では，生態資源と知識・技術資源が相互に影響を与えあいながら，これまでとは違う環境と人の関係が築かれていく．

　環境と人との関係は，言うまでもなく，それらをとりまく国家レベル，国際レベルの社会経済の動きにも影響を受ける．つまり，人間がそれまで蓄積してきた知識や技術を活用しながら，時代の流れとともに変わっていく環境と新たな相互関係を築くプロセスを経て，材料は置き換わるのである．本章では，ガーナの生態環境の変化や社会経済の歴史を俯瞰しながら，ボルガバスケットにかかわる人びとが新たな草と出会い，それを資源（材料）として使うようになった過程を明らかにし，「置き換わる」というできごとの生態人類学的な意味について考えてみたい．

　本章の記述は，2010年から2019年までに実施した約20ヵ月間の現地調査の結果にもとづいている．ただし，調査期間のほとんどをバスケットの産地であるアッパーイースト州ボルガタンガ地方で過ごしたため，材料採集地における調査は6日間しかおこなえていない．そのため本章では，先行研究にも依拠しながら私が現地で見聞きしたできごとをガーナ全体の動向のなかに位置づけなおしていく．

2　ボルガタンガの草編み技術とボルガバスケット

1……ボルガタンガ地方と草編み文化

　ガーナ共和国は南北に細長い形をした西アフリカの国で（図4-1），首都はギニア湾岸に面したアクラ（Accra）である．2019年に16州（Region）になるまでは，国内は10の州に分かれていた．本章では1980年代から1990年代にかけてのできごとに焦点を当てるため，10州時代の区分け・名称を使うことにする．

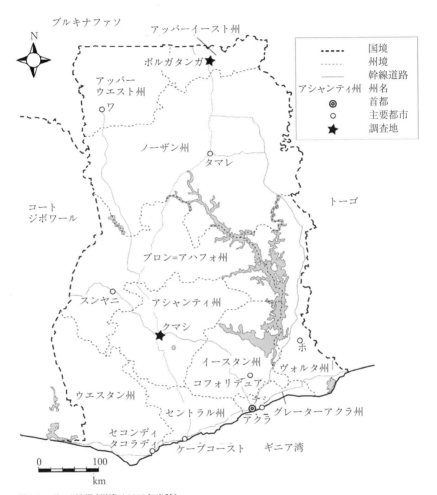

図4-1　ガーナ地図（州境は2018年当時）
出典）Nations Online Project（online）をもとに筆者作成

ボルガバスケット生産の中心地ボルガタンガ地方[1]は，ガーナ北部のアッパーイースト州にある．中心都市ボルガタンガはアッパーイースト州の州都であり，その一帯は「グルンシ（Gurensi, Grunshi）」という民族集団のホームランドとなっている．彼らはガーナでは一般的に「フラフラ（Frafra）」として知られているが[2]，本章では彼らの自称であるグルンシと表記する．

　ボルガタンガ地方は湿潤サバンナ（ギニア・サバンナ）から乾燥サバンナ（スーダン・サバンナ）への移行帯に位置する（図4-2）．1,000mmほどの年間降雨量は5月から10月の雨季に集中し，11〜4月の乾季にはほとんど雨が降らない（図4-3左）．この地域には，*Andropogon* spp., *Heteropogon* spp., *Hyparrhenia* spp. といった大型・中型のイネ科草本が優占し，そこにバオバブ（*Adansonia digitata*）やシアーバターノキ（*Vitellaria paradoxa*）などの乾燥に強い樹種がまばらに生えるという典型的なサバンナの景観が広がっている．サバンナという環境のなかで，グルンシはイネ科の草を編んだり組んだり束ねたりして，生活に必要なさまざまな道具を作ってきた．屋根，すだれ，ござ，ざる，袋，ロープ，紐，椅子，そして数種類のかごなどに加工される草が，この地域の物質文化の基層を形づくってきたのである．

　ものづくりでとくに重宝されてきたのは，グルンシが話すグルニ語で「キンカアシ（*kinka'asi*）」とよばれる材料である．キンカアシは，出穂したイネ科草の穂首から最上位節までの稈を乾燥させたものを指す（図4-4）．なかでもベチバーグラスのキンカアシはもっとも良質な材料として古くからいろいろなものに使われてきた．

　ベチバーグラス[3]はアフリカに自生するイネ科の野草で，おもに降雨量200〜1,100mmの地域に広く分布している．グルニ語では「川辺の草」を意味する「クレ

---

(1)　ボルガバスケットの産地は，行政区分ではアッパーイースト州のボルガタンガ郡（Bolgatanga Municipality）と，ボンゴ郡（Bongo District）およびカセナ・ナンカナ郡（Kassena-Nankana District）の一部である．本書ではこれらを一括して「ボルガタンガ地方」とよぶ．

(2)　フラフラという呼称は，彼らが仕事をねぎらう際に使う挨拶 *"fara fara"* にちなんで，ヨーロッパ人が付けたとされている（Rattray 1932）．センサスなどの公的な文書でもフラフラと記載されることが多い．グルンシは現在の自称であるが，もともとは他民族が「異教徒」や「奴隷狩り」の対象となる人びとを指す際に用いた呼称であった（Rattray 1932: 398）．

(3)　本書第1章で紹介している，宇和海の段畑を風蝕から守るために植えられるベチベルソウ（*Chrysopogon zizanioides*）はインドに自生する同属の植物である．本書のなかでは混乱を避けるために，宇和海の *C. zizanioides* を「ベチベルソウ」，ガーナの *C. nigritanus* を「ベチバーグラス」と便宜的に分けて表記する．

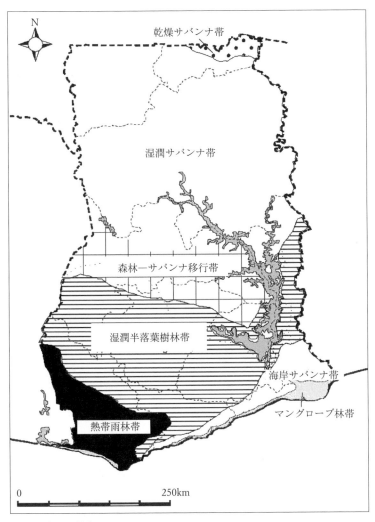

図4-2　ガーナの植生
出典）Abbam et al.（2018: 122）より筆者作成

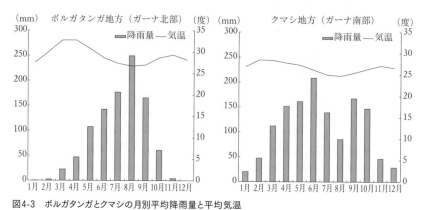

図4-3　ボルガタンガとクマシの月別平均降雨量と平均気温
出典）左：World Meteorological Organization（Online）より筆者作成
　　　右：ガーナ気象庁ボルガタンガ支局提供のデータより筆者作成

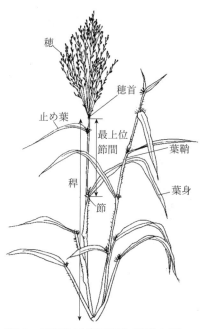

図4-4　イネ科草本（ギネアキビ）の部位の名称
出典）竹松・一前（1997：699）をもとに筆者作成

図4-5　ベチバーグラスの帽子と濾し器（*te'a*）
注）右写真は2014年にかつての濾し器を再現してもらったもの．現在はベチバーグラスの濾し器は作られていない．
出典）筆者撮影

カテマ（*kulekatema*）」とよばれていて，その名のとおり川辺や季節湿地など，季節によって湛水するような場所に群生する（Hutchinson and Dalziel 1972: 469-470）．

　ベチバーグラスは草丈が 2 m ほどにもなる大型の草本であるが（Burkill 1985: 375），稈は細く，地際からまっすぐ伸びるのでほっそりとした草姿をしている．西アフリカ内陸部のサバンナ地域では，この稈を日用品づくりに利用してきた（川田 1995：175）．ボルガタンガ地方でもそのキンカアシを使って帽子や濁酒の濾し器，装身具など，多様な日用品を編んでいた（図4-5）．現在では帽子づくり以外ではあまり使わなくなったが，往時の物質文化における役割を示すかのように，ベチバーグラスのキンカアシは「真のキンカアシ（*kinkan' megesi*）」とよばれている．

　イネ科草の稈は，内部の柔組織とそれを囲む硬く光沢のある表皮組織からなる（図4-6-a, b）．硬い表皮は横方向から力を加えると簡単に折れ曲がってしまうので（図4-6-c），編み材として使うためには何らかの方法で稈に柔軟性をもたせる必要がある．日本の稲わら加工では，「わら打ち」によって稈表皮の面構造を砕いて繊維をほぐしてから，複数の稈を束ねてねじりあわせることで強さと柔軟性をもたせている．いっぽうボルガタンガでは，硬くて折れやすいキンカアシを縦 2 つに割き，それをらせん状に綴り合わせて360度どの方向にも曲がる柔軟な「紐（*mi'isi*）」を作る（図4-6-d, e, f）．この方法では，イネ科草特有の表皮の光沢を残したまま 1 本 1 本の稈に柔軟性と強度をもたせることができるので，見た目にも美しい，すべすべした竹細工のような手触りのかごに仕上げることができる．

　ボルガタンガ地方では，割いて綴ったキンカアシを「もじり編み」にして帽子や

(a)

(b)

(c)

(d)

(e)

(f)

図4-6　未加工の稈(キンカアシ)と加工後の稈(ミーシ)
(a)市場で販売されているキンカアシ，(b)稈の表皮と柔組織
(c)未加工の稈に力を加えたもの，(d)稈を縒り合わせる
(e)縒り合わせた後の稈．この状態を「ミーシ」とよぶ，(f)ミーシはどの方向に力を加えても折れ曲がらない．
出典)筆者撮影

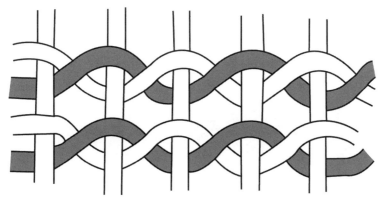

図4-7　もじり編みの構造
出典）筆者作成

濁酒の濾し器を作ってきた．もじり編みは経と緯の2つの要素からなっていて，図4-7のように，かごの骨格をなす垂直方向の材（経材）を，2本の水平方向の材（緯材）で挟みながら固定して面を作っていく．「もじり」の名は，2本の緯材が経材を軸にして上下・前後に交差しながら，ねじる（もじる）ように編まれることに由来する．編み目が密なので，帽子のように見た目の美しさを重視するものや，濾し器のように目の詰まった道具を作るのに向いている．

2⋯⋯⋯ ローカルな日用品からグローバルな手工芸品へ

現在のボルガバスケットのもとになったのは，地元で醸造される濁酒の濾し器である（図4-5右）[4]．ボルガタンガ地方を含む西アフリカの内陸サバンナ一帯では，基幹作物の1つでもあるモロコシ（*Sorghum bicolor*）で造る醸造酒が広く飲まれている．醸造に供されるのは種子が赤褐色の品種で，できたての酒は褐色に濁っているが，澱を濾すことでオレンジ色の酒「ピトー（*pito*）」になる．このときに使うベチバーグラスの濾し器をグルニ語では「テア（*tɛ'a*）」とよんでいた．丸い底からなだらかに立ち上がる胴部分と，縁の千段巻きが特徴的である．これに濁酒を入れ，縁を両手

---

(4)　経材にのみモロコシの稈の最上位節間（現地語で*kinka*）を使う地域もあった．これは1980年代前半までのボルガバスケットでも同じである．

図4-8 1970年頃に撮影された「ボルガ」
出典）Newman（1974: 136-137）

で持って軽くゆすると，澱が濾されて半透明の液体が滴り落ちる．かつては各家庭で酒を造っていたので，テアはどの家にもある道具だったという．ピトーを「造り酒屋」で大量生産するようになってからは，効率よく酒を濾すことができる他地域の濾し器「ギンカ（*ginka*）」が使われるようになり，テアは姿を消していった．

　テアが濾し器としての役目を終えようとしていた1950年代に，現在のブルキナファソから来た商人がそれに工芸品としての価値を見いだし，稈を染色したり持ち手を付けたりして，ヨーロッパで売れそうな形・デザインに変えていった（牛久 2020：85-96）．こうして生まれた初期の形状は「ボルガ」とよばれ（図4-8），ボルガバスケットを代表する定番のデザインとして今でも人気がある．

　古老たちによると，テアがボルガバスケットとして生まれ変わるやいなや，その価格はみるみる上昇していったという．1970年代には，ヨーロッパだけでなくアメリカでも販売されるようになる（Smith 1978: 81）．このころのボルガバスケットは，ボルガタンガ地方に最寄りの大都市であるブルキナファソの首都ワガドゥグーから輸

第Ⅱ部
置き換える

出されていたため，海外では「ブルキナバスケット」として売られることもあった．

1980年代末になると，世界銀行や国際通貨基金（International Monetary Fund: IMF）が推す構造調整計画（Structural Adjustment Programme）によってガーナ国内における民間企業の活動が活発化し，ボルガタンガでも国内外の企業がボルガバスケットの輸出を本格化していった．このころから「ブルキナバスケット」はガーナ製であることが広く知られはじめ，1990年にはガーナ政府も貿易統計に「かご製品（Basketware）」という枠組みを設けるようになった[5]．

1990年代には商品開発がさかんに進められるようになる．それまでのボルガバスケットには，丸底や千段巻きの縁といった，濾し器の形状を色濃く残した「ボルガ」と，それを小型化した「ベビーボルガ」しかなかった．流通が活性化するにつれて，市場の需要を先取りするような新しい商品が次々に考案されていった．編み手も外部の成形技術を積極的に取り入れ，底部が楕円形のバッグや大型の洗濯かごなど，それまで地域になかった形状のかごも編むようになった（図4-9）．多様な形状が生みだされるなかで，インテリア用品だけでなく「かごバッグ」としての用途も求められるようになり，持ち歩くための強度やデザイン性が重要視されていった．この変化については後で詳述する．

2010年以降の輸出額は毎年1億円前後で（GEPA unpublished），ボルガタンガ地方ではバスケット生産が農業に次ぐ一大産業となっている．2019年時点でボルガバスケットを生産している村は50を超えていて，少なく見積もっても5,000人以上の住民がバスケットを編んでいる．私の調査村の1つであるN村では，住民のじつに3人に1人が編み手である．サバンナで育まれてきたかご編み技術は，市場と結びつくことによって復興し，多様化しながら地域内で広く共有されていったのである．

3 ……… 新たな材料——国を縦断する雑草

1990年代からボルガバスケットの輸出が本格化したことは先に述べたが，この時期にはバスケットの材料はベチバーグラスから別の草に置き換わっていた．新しい

---

(5)　ガーナ輸出振興機構（Ghana Export Promotion Authority: GEPA）の説明によれば，政府の輸出統計における「かご製品」は「ボルガバスケット」と同義である．

図4-9　さまざまな形状のボルガ・バスケット
出典）筆者撮影

第Ⅱ部
置き換える

材料はギニアグラス（ギネアキビ：*Megathyrsus maximus*[6]）の稈であった．

　ギニアグラスは，草丈が２〜３mにもなる大型のイネ科雑草で，熱帯アフリカに広く分布している．世界の熱帯・亜熱帯地域では牧草として改良された品種が栽培されることもある．ガーナでは，アクラ平原やアシャンティ州（Ashanti Region）などの南部地域で陽当たりのよい湿地に群生するほか，農耕地や路傍といった人が攪乱してきた場所によく自生している．種子で繁殖するが，根茎からも再生する．管見のかぎり，ギニアグラスはボルガタンガ地方には生えていない．キンカアシの買い付けを稼業とするボルガタンガ在住のある女性は，ギニアグラス株を持ち帰って植えてみたがうまく活着しなかったという．こうした試みからも，ギニアグラスはボルガタンガ周辺には馴染みのない雑草であったことがわかる．

　ボルガバスケットに使われるギニアグラスのキンカアシは，ガーナ南部のアシャンティ州の村々から集められたものである．ボルガタンガの買い付け人がアシャンティ州に行き，採集者から直接キンカアシを買い集める．彼らは１週間から１ヵ月ほどかけていくつもの村を回り，大量のキンカアシを大きな束にしてボルガタンガに送る（図4-10）．キンカアシがボルガタンガに届いたら，太さと長さによって「短い稈（*kinkan' giresi*）」，「緯編み用の稈（*kinkan' wugera*）」，「経編み用の稈（*kinkan' daaasi*）」の３つに分け，それぞれを小さく束ね直して町や村の市場で販売する．なお，ベチバーグラスのキンカアシを「真のキンカアシ（*kinka'an megesi*）」とよぶのに対して，ギニアグラスはアシャンティ州の州都クマシ（Kumasi）の名をとって「クマシ・キンカアシ（*kumasi kinka'asi*）」とよばれている．

　驚くべきは，キンカアシとバスケットの移動距離である．ギニアグラスのキンカアシは600kmも離れたアシャンティ州から運ばれてくる．そしてボルガタンガでバスケットへと姿を変えると，キンカアシが運ばれてきた道を逆走し，アシャンティ州を通り過ぎてさらに200kmも南のテシ港やアクラの空港から輸出される．ボルガタンガ地方のようなサバンナにはイネ科の草などいくらでもありそうなものだが，なぜわざわざアシャンティ州から材料を取り寄せることにしたのだろうか．この草とバスケットの1,400kmにもおよぶ長い移送の意味を考えるにあたって，次節では材料供給地のアシャンティ州とバスケット生産地のボルガタンガ地方（アッパーイースト州）の生態環境と人びとの社会関係についてみていく．

（6）　APG分類体系による学名．以前の学名は*Panicum maximum*である．

図4-10　アシャンティ州から送られてきたキンカアシの束
出典）筆者撮影

3　ガーナの南部と北部

1⋯⋯⋯ 生態環境と社会経済

　湿潤サバンナから乾燥サバンナへの移行帯に位置するアッパーイースト州では，1
年の半分はほとんど雨が降らず，その期間は灌漑しないかぎり作物を育てることは
できない．また，ガーナ北部は全体として鉱物資源に乏しく，目立った産業が発展
してこなかった．

　ガーナは南ほど降雨量が多く，おおまかな植生は北から南に向かってサバンナ帯，
半落葉樹林帯，そして熱帯雨林帯へと移っていく（図4-2）．アシャンティ州は半落葉

第Ⅱ部
置き換える

樹林帯に位置している．原植生の森はほとんど切り開かれて農耕地や宅地になっているが，アブラヤシ，カカオ，バナナなどの樹木・多年生作物が鬱蒼と茂る有用樹林は，かつてそこが深い森であったことを彷彿とさせる．そのほかにトウモロコシ，キャッサバ，ヤムなどの基幹作物を育てる畑もある．年間降雨量は約1,500mm（Baidu et al. 2017）で，雨季は1年に2回ある．3〜7月の大雨季と9〜10月の小雨季はとくに雨が多いが，小乾季とされる8月や大乾季にあたる11〜2月にもある程度は雨が降る（図4-3右）．

アシャンティ州を含む南部の森林帯には，金やボーキサイトをはじめとする鉱物資源の鉱脈がいくつも賦存している．日本人にも馴染み深い「ガーナチョコレート」の原料であるカカオを生産できるのも，年間をとおして温暖で多湿な南部地域である．ガーナの国家経済を牽引してきたのは南部の諸産業であるといっても過言ではない．このような南北の経済格差は，北から南への人の動きを生みだす原動力となっている．

2 ┈┈┈┈ 人のつながり

北から南への人の流れは古くからあった．とくにボルガタンガ地方の人びとは早くから現在のアシャンティ州に移住してきたのだが，そのはじまりは「奴隷」としてであった．アシャンティ州をホームランドとするアサンテ（Asante）[7]の人びとは，クマシを拠点として強大な王国を築き，最盛期には現ガーナ共和国のほぼ全域を支配下においていた．アサンテは，北部で王国を築いていたダゴンバやマンプルシに奴隷を献上するよう求め，そのとき「奴隷狩り」の対象となったのがグルンシを含む現アッパーイースト州やアッパーウエスト州に散在していた諸民族集団であった（Rattray 1932: 398）．アサンテは奴隷に家事や農作業，金採掘などの肉体労働を担わせていた（Perbi 2004: 69-110）[8]．

---

(7)　本章では，民族集団を指す場合には「アサンテ」，州や地域を指す場合には「アシャンティ」と表記する．「アシャンティ」は「アサンテ」の英語読みで，行政区分としてのアシャンティ州や，後述する保護領アシャンティは，正式表記が英語読みの「アシャンティ」である．

(8)　ガーナにおける奴隷はいわゆる家内奴隷で，新大陸に連れて行かれた奴隷とは立場や自由度の面で大きく異なっていた．たとえばガーナの奴隷は「所有者」の家族として扱われていたし，一般人との結婚も認められていた．手続きをふめば奴隷が一般人の身分を獲得することもできた（Perbi 2004）．

「アシャンティ」とボルガタンガを含む「ノーザンテリトリーズ」は，1902年から
イギリスの植民地支配下におかれた．植民地政府は植民地内での奴隷の使役を禁止
し，それ以降，南部と北部は賃金を介した雇用・被雇用の関係へと移行していった
（Austin 2005）．植民地政府はまた，ガーナ南部におけるインフラ建設やカカオ生産，
金採掘に北部の労働力を動員するために，さまざまな方法で人びとの移動を促した
（Asamoa 1996: 25-27; Songsore et al. 2001）．かくしてボルガタンガ地方の人びとは，とき
に自主的に，ときにやむにやまれずアシャンティへ出稼ぎに行くようになっていっ
た．

　植民地期に顕在化した南北の経済格差は，1957年のガーナ共和国の独立後も拡大
を続け，人の移動はますます活発になっていった．1960年から約10年ごとに実施さ
れているセンサスをみると，北部から南部への移住者・出稼ぎ労働者の数は，後述
する1984年を除いて，増加しつづけている（GSS 1995:158; GSS 2014a）．

　アッパーイースト州がおかれた1988年以降，同州の住民がもっとも多く移住した
のがアシャンティ州である．たとえば2010年のセンサスでは，その年に他州に居住
していた約33万人のアッパーイースト州出身者のうち，約4割がアシャンティ州に
居住していた[9]（GSS 2013: 210）．アシャンティ州に居住している他州出身者をみても，
そこに隣接するブロン＝アハフォ州を除けば，アッパーイースト州からの移住者が
もっとも多い．労働を介したつながりではあるが，ボルガタンガの住民にとってア
シャンティ州は多くの同郷人や知人がいる，豊かで馴染み深い土地になっていった
のである．

　こうした長年にわたる人びとの交わりが，ギニアグラスを「資源化」するうえで
の人的な基盤となったことはいうまでもない．ただし，ギニアグラスが実際に資源
として活用されるまでには，グルンシもアサンテも予期しなかったさまざまなでき
ごとがそれぞれの地域で起こっていた．次節ではまず，材料が置き換わる前の1980
年代前半に南部と北部で生じた社会経済の動きや，それにともなう農耕体系や生態
環境の変化についてみていくことにする（表4-1）．

　（9）　ガーナでは10月頃にセンサスが実施されるが，アッパーイースト州ではこの時期が農繁期にあた
　　　る．12月以降になれば出稼ぎ労働者の数はさらに増えると思われる．

表4-1　1980〜1990年のガーナのできごと

年	月		できごと
1980			ヴィア・ダム完成，ベチバーグラス激減
1981	12		軍事クーデター発生，ローリングス政権の発足
1982	8		干ばつ発生
1983	1		ナイジェリア政府，不法滞在外国人の国外追放令
	4		構造調整計画（ERPI 1983-1986）策定
	5		干ばつ終息
1984			キャッサバの作付け面積の拡大開始
1985			
1986			
1987		ギニアグラスの買い付け開始	ERPII（1987-1989）策定
1988			キャッサバの高収性・耐病性品種の導入 ボルガバスケットへの公的支援開始
1989			
1990			ガーナの輸出統計に「かご製品」の枠組み設置

4　「資源化」前夜 ·················· 1 9 8 0 年 代 の ガ ー ナ の 激 動

1 ······· ダム建設と資源の減少

　かつてボルガタンガ地方の河川敷には当たり前のようにベチバーグラスが生えていた（Veihe 2000）．ある60歳代の男性は，ヤラガタンガ（Yaragatanga）という大きな川の河川敷は見渡すかぎりのベチバーグラスの大群生地だった，とむかしの様子を語ってくれた．しかし，その大群落は1980年に完成したダムによって姿を消してしまう．その経緯をたどるには，ダムの建設計画がもちあがった1965年まで遡らなければならない．

　「ヴィア・ダム（Vea dam）」と名付けられたこのダムは，独立後まもないガーナ共和国の野心的な農業近代化政策の一環として進められた．ダム建設の背景には，植民地期に顕在化した南北の経済格差を是正しようとするねらいがあった（Konings 1981: 10-12）．灌漑用のダムを敷設し，国内向けのトマトやイネの商業栽培を新たにはじめることで，乾季は出稼ぎに行くしかなかったこの地に収入源をもたらそうとしたのである．農業の近代化，経済発展，経済格差の是正という明確な目標の前では，当時国内では知られていなかった輸出用バスケット産業の材料が失われることなど，だ

れも気にしていなかったのである．

1980年，着工から15年の歳月を経てようやくヴィア・ダムは完成した．これにより，ベチバーグラスが生育していた河川敷は，ダムの上流では水没し，下流では商品作物を栽培するための800haの灌漑農地に変えられた．ヴィア・ダムの「被益者」とされた村々の多くは当時のボルガバスケットの主要な生産村で，河畔からベチバーグラスがなくなったことでバスケットの材料確保が難しくなり，アッパーイースト州のサンデマ地方や隣接するノーザン州にまでベチバーグラスのキンカアシを買い付けに行く商人も現れたという．

しかし，北部の近隣地域からのベチバーグラスの買い付けは長くは続かなかった．先述のとおり，1980年代後半には，ボルガバスケットの材料はアシャンティ州からのギニアグラスに置き換わったのである．なぜより遠くの地域から，これまでとは別のイネ科草を取り寄せるようになったのかを考えるにあたって，以下では，材料を供給する南部地域の社会経済状況と農耕体系の変化についてみていきたい．

2⋯⋯干ばつ，オイルドゥーム，食料危機

ガーナ南部では1970年代から不安定な降雨が続いていたが，1982年8月から翌年5月までほとんど雨が降らず，過去100年間で最悪といわれる歴史的な干ばつに見舞われた．各地で野火が発生し，カカオ園をはじめとする広大な農地が壊滅的な被害を受けた．当時の新聞は，「30万エーカー（約12万ha）のカカオ園が壊滅した」，「作物収量が例年の6割にまで落ち込んだ」と，ガーナ南部における干ばつの被害の大きさを報じた（Dei 1988: 109）．

さらに悪いことに，干ばつのただ中にあった1983年1月には，ナイジェリア政府が不法滞在外国人の国外追放令を突如発令し，多数のガーナ人が帰国させられることになった．サハラ以南アフリカ屈指の産油国であるナイジェリアには，ガーナを筆頭に周辺国から多くの出稼ぎ労働者が移住していた．1975年には西アフリカ諸国経済共同体（Economic Community of West African States: ECOWAS）が発足し，加盟国間の出入国手続きが簡素化されたことで，さらに多くの外国人が流入した．とくにガーナは1970年代から1980年代初頭にかけて経済が危機的な状況に陥っていたため（図

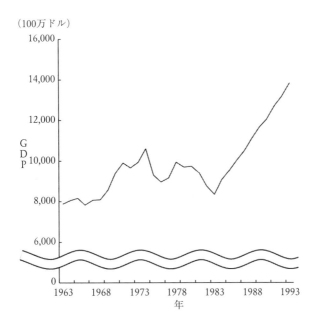

（100万ドル）

図4-11　ガーナの実質GDPの推移（1963-1993）
出典）World Bank Open Dataより筆者作成

4-11)[10]，多くのガーナ人が就労機会を求めてナイジェリアに渡っていた．しかし，1970年代末の第2次オイルショック後，原油の国際価格が再び急落し，歳入のほとんどを原油輸出に依存していたナイジェリアの財政は急激に悪化していった．いわゆる，ナイジェリアの「オイルドゥーム」のはじまりである．これにより，都市部では失業者が急増し，市民は安い賃金で不法に働く外国人に対する不満を募らせていった（島田 2019：209）．このような社会経済状況を背景に，ナイジェリア政府は不法滞在外国人に対して2週間以内に国外退去するように通告したのである[11]．

（10）　ガーナでは，1966年に初代大統領クワメ・ンクルマが軍事クーデターで失脚した後，わずか15年の間に4回の軍事クーデターと7度の政権交代があった．政権が交代するたびに経済政策が大きく変わり，国民を困惑させた．さらに，政府は不足する財源を補填するためにカカオの生産者価格を低く設定して生産者のインセンティブを削ぐなどの失策を重ね，経済が急速に悪化した（高根 1999：第1章）．

（11）　ナイジェリア政府が突然追放令を発令したのは，1983年8, 9月に予定されている総選挙への悪影響を避けるためだったといわれている（島田 2019：208）．

ナイジェリアの政治経済の動向を研究してきた島田（2019：209）によれば，政府は一般市民に不法滞在外国人の情報を提供するように呼びかけた．失業に苦しむ都市住民は積極的に摘発に協力し，短期間にガーナ人を中心とする多くの外国人を追放した．この追放令によって1983年中に100万人以上のガーナ人が帰国させられた（Dei 1988; World Bank 1995: 87）．当時のガーナの人口は約1,100万人だったので，1年足らずのうちに人口がおよそ1割も増加したことになる．

　とくに大きな影響を被ったのは，ガーナ南部の農村であった．国連が発表した統計資料によると，ナイジェリアからガーナへの帰還民のうち北部（当時のノーザン州とアッパー州）出身者はわずか2％にすぎず，大半は南部諸州の出身者であった（United Nations General Assembly 1983: 29）．もっとも多かったのがアシャンティ州出身者で，その数は帰還民全体の32％にのぼったという．ただでさえも干ばつで食料が不足していたなか，急激な人口の増加は深刻な食料危機を招く恐れがあった．

3 ········ 食料不足への対処——キャッサバ栽培の拡大

　食料不足が深刻化するなかで，ガーナ南部では北部からの出稼ぎ労働者を故郷に追いかえすだけでなく，消費の削減や食料の増産の必要に迫られていった．その対策の1つにキャッサバ栽培の普及があった．

　ガーナにキャッサバが導入されたのは18世紀中葉だが，アシャンティ州などの南部の内陸地域で栽培されるようになったのは1930年ごろであったとされている（Nweke 2004: 57-58）．その後内陸地域を中心に，キャッサバをトウモロコシやココヤム，プランテン栽培と組み合わせる農耕が定着していったが，当時キャッサバは救荒的な作物とみなされており（Dei 1988: 116），作付け面積はあまり拡大しなかった．

　1982／83年の干ばつによる食料不足は，ガーナにおけるキャッサバの食物としての地位を高めることとなった．デイ（Dei 1988: 113-117）は，干ばつを機に南部ではココヤムとキャッサバが重視されるようになったと述べている．これらの多年生の根栽類は生育させながら土壌中で長期間貯蔵できるため，非常時の食料として重宝された．とくにキャッサバはやせ地でもよく育ち，不規則な降雨下でも高い収量が期待できるなどの優れた性質をもつ．干ばつを契機として，ガーナ南部では気候変動に強いキャッサバの評価が急速に高まっていったのである．

　南部地域における作付け体系の変化は統計データからも読み取ることができる．図

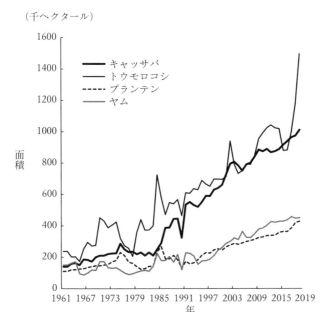

（千ヘクタール）

凡例：
- キャッサバ
- トウモロコシ
- プランテン
- ヤム

面積

図4-12　ガーナのキャッサバ作付け面積の推移（1961-2019年）
出典）FAOSTATより筆者作成

4-12はガーナ南部で栽培される主要作物の作付け面積の推移を示している．これをみると，キャッサバの作付け面積は1961年から1983年まではわずかに増加しているにすぎなかったが，その後1984年から1989年までのわずか5年間で1.8倍に急増していることがわかる．この時期にはトウモロコシの作付け面積も拡大しているが，増加率でみるとキャッサバが群を抜いている．1990年代以降，キャッサバ耕地の拡大はさらに加速し，2018年には100万haを超えた．

　キャッサバ栽培の普及の背景には，ガーナ政府による政策的な後押しや，1970年代後半からナイジェリアの国際熱帯農業研究所（International Institute of Tropical Agriculture: IITA）で高収量・耐病性の品種が開発されていったことがある（Nweke 2004: 35）．当初，ガーナ政府はトウモロコシやイネなどの穀物生産を重視していたためキャッサバに関心を示さなかったが，1982／83年の干ばつをきっかけにキャッサバをはじめとする根栽類の生産振興に本腰をいれはじめ，1988年にはモザイクウィルス病への抵抗性品種の種茎をナイジェリアから輸入して積極的に普及していった（Nweke 2004: 57-61）．

1980年代後半以降は，キャッサバ芋を加工する機械の開発と普及も進んでいった．収穫したキャッサバの生芋は腐りやすく，収穫後はただちに毒抜きをして加工しなければならない．ガーナでは，皮をむいた芋を水に浸したのち発酵させる方法や，すり下ろした芋を布袋に入れて染み出てきた水分とともに除毒するなどの方法がとられる（安渓 2016: 158, 166）．とくに芋をすり下ろすには時間がかかるが，この工程が機械化されたことでキャッサバ粉や「ガリ（gari）」（発酵させて炒ったキャッサバ粉）の供給量が増えて消費者価格が下がった（Nweke 2004: 62-67）．キャッサバ粉は長期保存できる安価なカロリー源として，トウモロコシとともに，増加する都市住民の食料事情を支えていった．加工と流通の変化によってキャッサバはガーナの中心的な主食作物として定着し，作付け面積はますます拡大していった．

かくして1980年代中葉からガーナにおけるキャッサバ栽培は急速に拡大していくわけだが，その中心となったのはガーナ南部の内陸地域であった．1986／87年のデータによると，ブロン＝アハフォ州，イースタン州，そしてアシャンティ州がキャッサバの主要な生産地で，この3州でガーナのキャッサバ生産量の64.5％を占めていた（Al-Hassan 1989: 12）．2011年の統計資料をみても，南部の内陸3州は引き続きキャッサバ生産を牽引していることがわかる（図4-13）．

5　ギニアグラスの大繁殖

1……… アシャンティ州の作付け体系

ガーナ南部におけるキャッサバ栽培の拡大は，ギニアグラスのキンカアシを大量に入手できる環境をつくりだした．以下では，アシャンティ州におけるキャッサバ栽培の特性とギニアグラスの生育サイクルの関係についてみていくことにする．

アシャンティ州の農家は，カカオやアブラヤシなどの換金作物のほかに，プランテン，キャッサバ，ヤムといった根栽類やトウモロコシを複数の異なる畑で栽培している．アシャンティ州を含むガーナ南部の農地利用を調査したジャシ（Gyasi 2004）は，南部でよく見られる耕作地の状態を，（1）トウモロコシやキャッサバなどを栽培する主食作物畑，（2）カカオやプランテンのほかさまざまな作物を混作するアグロフォレストリー，（3）日々の食事に使うおかずや調味料を植えるホームガーデン，

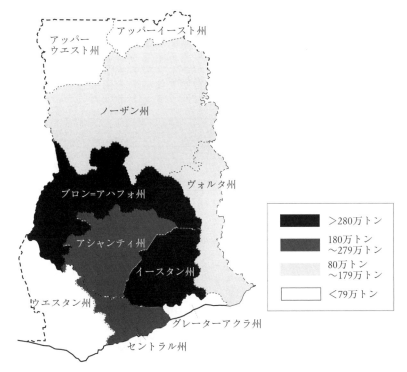

図4-13　州ごとのキャッサバ生産量（2011年）
出典）Kleih et al.（2013: 17）をもとに筆者作成

凡例：
- ＞280万トン
- 180万トン〜279万トン
- 80万トン〜179万トン
- ＜79万トン

（4）休閑地の４つに類型化している．このうち，ギニアグラスが繁茂するのは（1）
の主食作物畑である．主食作物畑でもっとも一般的なのはトウモロコシとキャッサ
バの混作だが，近年ではトウモロコシの単作畑も増えてきている（Quansah and Oduro
2004: 122）．いずれにしても，農家は開墾時期の異なる複数の主食作物耕地を同時に
もつことで，トウモロコシとキャッサバを毎年収穫できるようにしている（Gyasi 2004:
54）．

　現地調査と文献から得た情報をもとに，アシャンティ州における主食作物の農事
暦の一例を図4-14に示した．以下では，この農事暦をみながらトウモロコシやキャ
ッサバの作付け体系のなかにギニアグラスの生育を位置づけてみる．

　アシャンティ州では一年が，11〜２月の大乾季，３〜７月の大雨季，８月の小乾
季，９〜10月の小雨季という４つの季節にわかれている．作物の収穫を終えた畑に

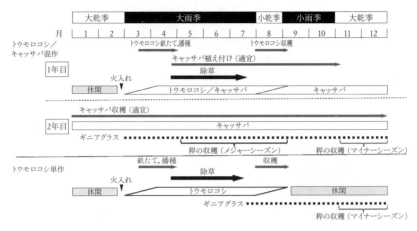

図4-14　アシャンティ州におけるトウモロコシキャッサバ混作畑の農事暦（模式図）
出典）筆者作成

は雑草や低木がはびこっているので，大乾季の終わり（2月ころ）にそれらを焼き払って作付けの準備をする．大雨季に向けて少しずつ畝をたて，雨がよく降るようになったらトウモロコシを播種する．播種後はトウモロコシの生育に合わせて，2週間から4週間のインターバルで除草する（中曽根 2007：53）．収穫の時期は品種によってさまざまだが，私が訪れた村々では播種から3，4ヵ月で収穫できる品種が多く，完熟したトウモロコシの穂を8月の小乾季を利用して畑内でそのまま乾燥させてから収穫していた（図4-14上段・下段）．トウモロコシ単作畑は収穫が終わると休閑期に入る[12]．

　トウモロコシ-キャッサバ混作畑では，雨季の前半にトウモロコシの播種が終わったら，その株間にキャッサバの種茎を植え付けていく（図4-14上段）．植え付けは4〜11月初旬に適宜おこなわれる（Osei et. al. 2009: 1）．8月に収穫を終えたトウモロコシの株を畝間に倒していくと，畑にはキャッサバだけが残されて単作状態になる．キャッサバの株が小さいうちは除草を続けるが，枝葉が十分に繁茂した後はとくに手を加えない．

（12）　小雨季から大乾季の前半（9〜12月）にかけてトウモロコシを耕作することもあるが，大雨季の耕作と比べると一般的ではない．

図4-15　キャッサバを収穫したあとの畑に繁茂するギニアグラス
出典）筆者撮影

　キャッサバは植え付けから12ヵ月ほど経ってから掘り出すのが一般的とされているが（Bayitse et. al. 2017: 315），トウモロコシのストックをみながら，それよりも早く収穫を始める農家も多い[13]．キャッサバ芋は生きたまま地中で貯蔵できるため[14]，農家は一度にすべての芋を掘り出してしまうのではなく，必要に応じて適宜収穫していく（図4-14中段）．収穫を遅らせば芋は大きくなるが，あまり時間が経ちすぎると芋に繊維質が増えておいしくないので，ガーナでは植え付けてから18ヵ月くらいまでにすべての芋を収穫する（中曽根 2007：50）．この農事暦にしたがうと，2年目の畑ではひたすらキャッサバを収穫して，芋を掘り出した場所は次にトウモロコシの播種準備をする2月末まで雑草が生えるに任せることになる（図4-15）．トウモロコシとキャッサバの混作は，ときどき休閑をはさみながら，この2年のサイクルを繰り返す．

（13）　品種によるが，ガーナでは植え付けから最短6ヵ月でキャッサバ芋の収穫が可能である（中曽根 2007：50）．
（14）　品種によって多寡はあるが，キャッサバの芋や葉には猛毒の青酸配糖体が含まれていて昆虫などの食害に遭いにくい．

図4-16 キャッサバを収穫するようす
出典）筆者撮影

2········· キャッサバの収穫とギニアグラスの関係

　キャッサバは株ごと芋を引き抜いて収穫する（図4-16）．その際に，土中に埋まっ
ていた雑草の種子は地表にもちあげられて休眠から醒め，雨水を吸って発芽する．ギ
ニアグラスはガーナ南部の主要な畑地雑草で（Quee et. al. 2016），キャッサバの収穫
跡地でも真っ先に繁茂する．収穫跡地は次の耕作が始まるまで除草しないので，ギ
ニアグラスは大きく生長する．
　ギニアグラスは発芽後2，3ヵ月で出穂するが，出穂直後のキンカアシは採らな
い．採集者は出穂後1ヵ月ほど経って種子が稔実してから稈を収穫しはじめる
（図4-17）．完熟した種子は簡単に脱粒し，稈を採取しようとして穂に触れるだけで地

図4-17　ギニアグラスのキンカアシを収穫するようす
出典）筆者撮影

面にバラバラと落下する．成熟した稈を採るための慣行が畑地に種子を供給し，意図せずしてギニアグラスの持続的な再生産を支えているのである．

　図4-14からもわかるように，キンカアシはどの畑からも採れるわけではない．採集者や買い付け人の話によれば，稈の主な採集期は5〜8月と11〜12月だが，バスケットに適する長くて丈夫な稈を大量に採集できるのは5〜8月（図4-14の「メジャーシーズン」）である．ところが，ギニアグラスはトウモロコシにとって非常に悪い雑草であるため，トウモロコシを育てている畑ではギニアグラスはこまめに除草されていて，そこに穂をつける大きな個体はない．すなわち，メジャーシーズンに大量の稈を提供しているのはキャッサバ畑なのである．上述したように，2年目のトウモロコシ‐キャッサバ混作畑ではすでにトウモロコシは収穫されてキャッサバだけが残っており，それが年間をとおして少しずつ収穫されていく．収穫した場所は次の火入れまで放置され，そこでギニアグラスが稈を伸ばし，種子を落とすのである．

　ギニアグラスは以前からガーナ南部に存在する雑草であったが，その埋土種子を地表にもちあげ，そこをしばらく放置するというキャッサバ独特の栽培方法がこの

雑草の大繁殖を促した．キャッサバ栽培が拡大したきっかけは，1982／83年の干ば
つとナイジェリアからの帰還民の増加であった．つまり，ギニアグラスのキンカア
シはガーナの食料危機に付随して大量に入手できるようになった新しい「資源」だ
ったのである．

6　　キンカアシ流通ビジネスの成立

1 ┈┈ 経済復興と往来の活性化

　アシャンティ州でギニアグラスが繁茂するようになった時期に，ガーナ経済はめ
ざましい復興を遂げていた．先述のとおり，1980年代初頭のガーナ経済は政府の失
策や干ばつの影響を受けて危機的な状況にあったが，1984年から急速に回復してい
く．そのきっかけのひとつに，構造調整計画があった．当時世界銀行とIMFは，ア
フリカやラテンアメリカの国々に対して，開発援助を提供する代わりに新自由主義
的な経済改革（構造調整）を実施するように迫っていた．1981年末に軍事クーデター
を経て国家元首となったジェリー・J・ローリングスは，世銀とIMFの要請を受け
入れ，1983年4月にガーナ版の構造調整計画である「第一次経済復興計画（Economic
Recovery Programme 1983-1985: ERP I）を策定した．
　構造調整はアフリカ各国にさまざまな悪影響をもたらしたと報告されているが，ガー
ナではマクロ経済の安定化に少なからず貢献したと評価されている．ERP Iは輸
出志向型産業，とくにカカオセクターの再建に力を注いだ．当時のカカオの国際価
格は下落傾向にあったが，ガーナ政府は生産者価格を大幅にかつ連続的に引き上げ
るなどして，輸出量の回復に努めた（高根 1999）．長く続いた干ばつの終息も手伝っ
て，ERP Iの成果は早々に数値に表れ，ガーナのGDPは1984年以降急速に回復して
いった（図4-11）．1987年に施行された「第二次経済復興計画（1987-1989：ERP II）」で
は，価格統制や輸出入規制の撤廃，通貨切り下げ，為替の自由化，国営企業の民営
化などの新自由主義的な改革がさらに推し進められ，マクロ経済指標は着実に改善
していった．
　1980年半ば以降の経済の復興と自由化の進展は，ガーナ南北の人とモノの往来を
活性化させた．ガーナの交通史を調査したハート（Hart 2016: 157-167）によれば，1980

年代初頭には外貨と輸入材の不足によって商業用のバスや乗り合いワゴンの6割が修理できずに使えなくなっていたが，ERP Iの終了翌年の1986年にはこれらのほとんどが再稼働できるようになった．輸入規制の緩和によって車両の輸入も活発化し，貨客運送の認可を受けた車両は1984年の3万2000台から1991年には10万9000台へと急増した．ガーナ南部の諸産業の回復と移動の活性化は，北部から南部への出稼ぎをさらに促進していった．

2 ⋯⋯⋯ 置き換わりに至るプロセス

　ここまでのできごとをまとめ，ボルガバスケットの材料が置き換わったプロセスを考えてみたい．繰り返しになるが，材料が置き換わったのは1980年にヴィア・ダムが完成してベチバーグラスの群生地がなくなったことに端緒がある．しかし，ベチバーグラスが枯渇する以前から，一部の編み手はアシャンティ州のギニアグラスを知っていて，彼らは材料の置き換わりを予期していた可能性がある．グルンシがボルガバスケットを編むようになった1950年代には，アシャンティへの出稼ぎはすでに盛んになっていた．出稼ぎ労働者のなかに少なからず含まれていた編み手たちは，北部地域には自生していない大型のイネ科草本（ギニアグラス）を見て，外観や触感からバスケットの材料になると想像していたにちがいない．

　実際に，ボルガタンガの編み手たちはヴィア・ダムの完成直後こそベチバーグラスを求めて北部各地を訪れているが，1980年代後半にはギニアグラスの買い付けを開始している（表4-1）．そして，置き換わりのさなかにあった1988年からボルガバスケット産業は公的支援を受けはじめ，1990年にはガーナの輸出統計に「かご製品」という枠組みが設置されるまでに成長している．この急な展開への準備ができていたかのように，バスケットの編み手たちは材料が置き換わった理由を，「（ダムの設置でベチバーグラスが減ったからではなく，）バスケットづくりにより適した，大量の素材がアシャンティ州にあったからだ」と冷静に語る．以上の経緯をふまえると，ダム建設は材料の置き換わりを一挙に進めるきっかけにすぎなかったのかもしれない．

　ボルガタンガにヴィア・ダムが完成して数年経った後，アシャンティ州ではキャッサバの耕作面積が拡大し，ギニアグラスが増えていった．むろん，1980年代以前からギニアグラスはアシャンティ州に自生していたが，キャッサバ畑の急増によって，採集者にとってより身近な素材になっていったに違いない．1980年代後半には

経済も復興し，以前にもまして南北の往来が盛んになっていた．ただし，材料を600kmも離れたところから取り寄せるには資金が必要であり，経済的に余裕のない編み手がリスクを冒してキンカアシを輸送しはじめたとは考えにくい．この時期は，国内の民間企業の活動や開発援助が活発化した時期でもあり，キンカアシの輸送にも企業家か開発関係者が介在していたと想像される．いずれにしても，ボルガタンガにはそれを待ちわびる雰囲気がすでに醸成されていた．バスケット産業の存続に向けて地域の住民・商人・企業が共鳴し，1980年代後半に南北を縦断するキンカアシ流通ビジネスが開始されたのである．

　本節の最後に材料の売買にかかる費用についてもふれておこう．ギニアグラスを取り寄せるようになった結果，材料代が高くなりすぎたとすれば，経済的に余裕のない編み手がバスケットを編むことは難しくなり，キンカアシ流通ビジネスも立ちゆかなくなってしまうからである．2012年当時，ギニアグラスのキンカアシは一束4ガーナセディ[15]（約2 US ドル）で販売されていた．これは編み手の収益や生活水準を考えても高くはない価格である．

　ギニアグラスが採集地でどのように取引されているのかを調べるため，2012年8月の終わりにキンカアシの買い付けに同行してアシャンティ州の村を訪ねた．そのとき出会った8名の採集者は全員がボルガタンガ地方から移住した人や出稼ぎに来ていた人たちで，顔見知りの畑所有者（アサンテ）に声をかけ，キンカアシを無償で採らせてもらっていた．キンカアシの採集地を案内してくれたアサンテの男性は，「ギニアグラスは雑草なので燃やしてしまうだけだ．ボルガタンガの人たちが採集するようになるまで，この草に使い途があるなんて知らなかったよ」と言っていた．湿潤な南部の森林地帯には，日用品を木材，ヤシ，トウ，つる性植物などで作る木工の文化が根付いていて（牛久 2020：187-191），草を使う文化はない．まして雑草などにはまったく関心がないようであった．

　アサンテがギニアグラスに代金を要求しないのは，それが取るに足らない額にしかならないことを知っているからであろう．キンカアシの採集者は，直径約120mmの束を10束1セットにして買い付け人に売却していた．1セットには約16,000本のキンカアシが含まれている[16]．観察データから試算すれば，16,000本のキンカアシを

（15）　ガーナの通貨．2012年当時のレートは，1GHC＝約0.5USドルであった．

（16）　2012年当時，ボルガタンガの市場で売られている直径60mmの束には約400本のキンカアシが

集めるのに19時間を要する．採集地への移動や運搬にも時間がかかり，さらに生のキンカアシを天日で干して束にするのに1週間はかかる．その対価として得られる収入は23ガーナセディ（約12USドル）であったが，それはアシャンティ州では3日分の生活費にも満たない[17]．採集者たちも主たる稼業の空き時間を使ってキンカアシを採集しているので，販売価格が安くても大きな問題にはならないようである．その結果，ボルガタンガでのキンカアシ販売価格も編み手の大きな負担にならない程度に抑えられている．

7　新しい材料がもたらした変化

1······供給の安定化

　アシャンティ州からギニアグラスを取り寄せるようになったことで，ボルガバスケットの大量生産が可能になった．それはボルガバスケットへの需要がさらに高まっていった1990年代以降により重要になってくる．

　1980年代まで，ボルガバスケットはボルガタンガ市街地にある定期市で売買されていた．そのころは，編み手（売り手）が市場で仲買人が来るのを待っていて，夕方になっても買い手がつかなければ，バスケットを持ち帰ってくることもしばしばあったという．しかし1990年代に入ると，定期市にあわせて仲買人が村までやって来るようになり，買い手と売り手の立場が逆転していった．村に来る仲買人の数も年々増えて，編み手が売りたいときにいつでもバスケットを売ることができるようになった（牛久 2020：101-103，272-275）．こうした動きから，1990年代以降に需要が急速に高まり，売り手市場になっていった様子がうかがえる．

　この時期にガーナ政府が経済自由化を推進し，また開発援助機関がボルガバスケット産業を後押ししたことも，輸出量の飛躍的な増大につながった．たとえば，ガ

　　入っていた．直径120mmの束なので1,600本，1セット10束で16,000本と推定した．

(17)　2012年10月から2013年10月にかけて実施された「第6回ガーナ生活水準調査（Ghana Living Standard Survey round 6）」（GSS 2014b）の1人当たり平均年間家計支出のデータを参考にした．同調査によれば，2013年のアシャンティ州の1人当たり平均年間家計支出は3,318ガーナセディなので，1日当たり9.2ガーナセディとして計算した．

ーナ政府とアメリカのUSAIDの支援を受けた民間企業4社のボルガバスケット輸出額は，1989年から1992年の4年間で16倍に増加している（USAID 1994: 56）.

　野草のベチバーグラスは，河川開発や農地拡大によって減ることはあっても増えることはないので，こうした需要の拡大には対応できない．他方で，アシャンティ州のギニアグラスはキャッサバ耕作に付随して増えていく雑草であり，キャッサバの耕作面積は現在まで右肩上がりに拡大している．また，ボルガタンガのベチバーグラスは9月の終わりから10月中旬にしか稈を収穫できないが，アシャンティ州のギニアグラスは主な採集期間だけでも6ヵ月もある．ギニアグラスはベチバーグラスよりもキンカアシを採集できる期間が長く，それが生産を安定させる1つの要因であったと考えられる.

　結果的には，1980年代後半にバスケットの材料がギニアグラスに置き換わったことで，ボルガバスケット産業は図らずも安定的な材料供給源を手に入れ，1990年代以降の需要の高まりに応えることができたのである．材料を外部に依存していることは産業構造として脆弱にみえるが，ギニアグラスの繁殖がガーナの中心的な主食作物となったキャッサバと強く結びついているかぎり，持続的な供給が見込める体制になっているのである.

2······製品の多様化と産業の発展

　ギニアグラスはバスケット材としても優れた特徴をもっていた．ギニアグラスの植物体はベチバーグラスよりもひとまわり大きく，バスケット材として使う最上位節間も長くて太い．実際にボルガタンガの市場で売られているキンカアシを購入してサイズを比較してみると[18]，ベチバーグラス（n＝684）は最大直径の平均が1.95mm，長さの平均が450mmであったのに対し，ギニアグラス（n＝696）は最大直径が平均3.06mm，長さが平均813mmで，太さが1.6倍，長さが1.8倍であった.

　先に触れたように，ボルガバスケット編みの最大の特徴は，硬くて屈折しやすいキンカアシを縦に割いて縒ることで，稈の光沢を残しつつ柔軟な紐を作りだす稈の加工技術にある．ギニアグラスのキンカアシは径が太い分だけ縦に割きやすく縒り

（18）　先述のとおり，ベチバーグラスは現在でも帽子を編むのに使われている．帽子用のキンカアシは引き続きサンデマ地方やノーザン州から取り寄せている.

図4-18 ショッパー
出典）筆者撮影

やすい．また，割いたキンカアシが太い分だけ編む段の数も少なくてすむ．さらに，長いキンカアシは緯材を継ぎ足す回数が減って，それは編む時間の短縮につながる．キンカアシのサイズが大きくなることで，1日に多くのバスケットを編むことができるようになったのである．

　ギニアグラスはボルガバスケットの用途，形状やデザイン，そしてそれを作る技術にも変化をもたらした．今のボルガバスケットは，室内に置いて使うかごと，屋外に持って出る「かごバッグ」の2種類に大別できるが，ベチバーグラスを材料としていたころは室内置きの「ボルガ」と「ベビーボルガ」しかなかった．材料がギニアグラスに換わり，太くて長いキンカアシを使うようになったことで，深さや長さのあるかごを編めるようになるとともに(19)，かご自体の強度が増した．

　もっとも大きな変化は，強度が増したことにより，荷物を入れて持ち歩くかごバッグを編めるようになったことである．かごバッグづくりの発端となったのが，1995

---

(19)　もじり編みのかごの場合，荷重がかかる経材（かごの骨組みとなる材）を途中から継いで長くすることは一般的でなく，素材そのものの長さがかごの深さを規定する．

年ころに開発された「ショッパー」というデザインであった（図4-18）．ショッパーは楕円形の底部と，底部から垂直に立ち上がる胴部が特徴で，持ち歩くことを意図した形状となっている．これはヨーロッパの買い物かごをイメージして作られたもので，楕円底の製作にはドイツ企業によって導入された外部の技術が使われている．ショッパーの成形技術を基本型として，のちに多様なデザインのかごバッグが作られていった．それは，ボルガバスケットにファッションバッグとしての要素を付加するきわめて重要なターニングポイントとなった．ファッション（流行）を意識したかごバッグが作られていく過程で，外部のアイデアや成形技術も積極的に取り入れられていった．材料がギニアグラスに置き換わったことで，ボルガバスケットのかご編み技術は顕著に多様化していったのである（図4-9）．

　ボルガバスケット産業は1990年代に入ってからの企業活動の活発化と連動しながら，市場を拡大していった．それまでに多くの関係者の努力があったのは上述のとおりであるが，消費者の多様なニーズを充足しながら量的な需要にも応えられるようになった端緒は，材料が置き換わったことにあったのである．

8　「置き換わり」のダイナミズム ⋯⋯⋯⋯⋯「資源」の動員と刷新

　本章では，生態資源と知識・技術資源の相互作用に着目して，ボルガバスケットの材料が置き換わる過程をみてきた．その背景には，「偶然」としかいいようがないいくつかのできごとがあった．ボルガタンガ地方で従来の材料であるベチバーグラスが姿を消したことと，アシャンティ州でギニアグラスが急増したこと，そしてガーナ経済が復興し人や物の動きが活性化することは，それぞれまったく独立したできごとであったが，それらの時間的な近接がボルガバスケットの命運を決めることになった．

　ボルガタンガの人びとは，この偶然にすばやく反応した．それは，現金収入源に乏しいボルガタンガ地方で，少なからぬ人がバスケット産業の存続を望んでいたからに違いない．このような内からの盛り上がりを示すかのように，草に関する知識やかご編み技術，アシャンティ州に住む同郷者のネットワーク，そして長年にわたって築かれたアサンテとの社会経済関係といったあらゆる「資源」が動員され，ギニアグラスの「資源化」が進んでいった．

材料が置き換えられた結果，当事者が意図していなかったであろう変化も起こった．ギニアグラスとの出会いは，ひるがえって人びとのかご編み技術を，そしてボルガバスケットそのものを変えていった．現在のボルガバスケットはギニアグラスの太さと長さを前提としたデザインや用途になっている．これをベチバーグラスで編もうとするとあまりにも時間がかかるし，強度の面でも不安がある．ボルガバスケット自体が変わったことで，もはやベチバーグラスでは現在のボルガバスケットは編めなくなった．ベチバーグラスの「代替品」であったギニアグラスは，いまやそれでなくてはならない「本物」の材料となったのである[20]．

　ギニアグラスは量的にも質的にもバスケット産業を発展させていく礎となった．むしろ，材料が置き換わっていなければボルガバスケットはベチバーグラスの枯渇とともに姿を消していたに違いない．この新しい材料は，異なるアイデアや技術をもつ多くの外部者を呼び込みながら，編み手たちのイネ科草に関する知識・技術資源を更新し，ボルガバスケットづくりをさらに活発化させていった．そう考えると，ダム建設によって野草の群生地がなくなったことは，ボルガバスケット産業が，そしてボルガタンガの草編みの文化が生まれ変わるうえで僥倖だったとすらいえよう．

　不慮の事態で生活を支える生態資源が失われてしまったとしても，必要さえあれば，人間は自らのもつ知識や技術を原動力に新しい生態資源を見出していく．新しい生態資源はそれを使う人びとの知識や技術を刷新し，彼らが意図していなかったような変化をも起こしていく可能性がある．資源が「置き換わる」というできごとは，環境と人との関係を動的にとらえるための切り口になるのである．

参 考 ・ 参 考 文 献

安渓貴子（2016）「毒抜き法をとおして見るアフリカの食の歴史——キャッサバを中心に」石川博樹・
　　小松かおり・藤本武編『食と農のアフリカ史——現代の基層に迫る』東京外国語大学アジア・ア
　　フリカ言語文化研究所，155-174頁．
牛久晴香（2020）『かごバッグの村——ガーナの地場産業と世界とのつながり』昭和堂．
内堀基光（2007）「序——資源をめぐる問題群の構成」内堀基光編『資源と人間』（資源人類学01）弘
　　文堂，15-43頁．

---

　(20)　経済的な重要性が低くなってもなおベチバーグラスのキンカアシが「真のキンカアシ」とよばれて
　　いることには，バスケットの材料たるか否かとは別の社会的，文化的意味があるのだろう．

川田順造（1995）『アフリカの心とかたち』岩崎美術社.

島田周平（2019）『物語　ナイジェリアの歴史——「アフリカの巨人」の実像』中公新書.

高根務（1999）『ガーナのココア生産農民——小農輸出作物生産の社会的側面』日本貿易振興会アジア
　経済研究所.

竹松哲夫・一前宣正（1997）『世界の雑草III——単子葉類』全国農村教育協会.

中曽根勝重（2007）「各種作物の生産と技術」高根務編『ガーナの農林業——現状と開発の課題　2007
　年版』国際農林業協力・交流協会，47-64頁.

Abbam, T., F. Johnson, J. Dash and S. Padmadas. 2018. "Spatiotemporal variations in rainfall and
　temperature in Ghana over the twentieth century, 1900-2014." *Earth and Space Science* 5（4）: 120-132.

Al-Hassan, R. M. 1989. "Cassava in the economy of Ghana." In Nweke, F.I., J. Lynam, C. Prudencio. (eds.)
　Status of Data on Cassava in Major Producing Countries of Africa: Cameroon, Cote d'Ivoire, Ghana, Nigeria,
　Tanzania, Uganda and Zaire. pp. 11-18. Ibadan: International Institute of Tropical Agriculture（IITA）.

Asamoa, A. 1996. *Socio-Economic Development Strategies of Independent African Countries: The Ghanaian*
　Experience. Accra: Ghana University Press.

Austin, G. 2005. *Labour, Land and Capital in Ghana: From Slavery to Free Labour in Asante, 1807-1956.* New
　York: University of Rochester Press.

Baidu, M., L. K. Amekudzi, J. N. A. Aryee and T. Annor. 2017. "Assesment of long-term spatio-temporal
　rainfall variability over Ghana using wavelet analysis." *Climate* 5（30）: 1-24.

Bayitse, R., F. Tornyie and A. B. Bjerre. 2017. "Cassava cultivation, processing and potential uses in Ghana."
　In: C. Klein (ed.) *Handbook on Cassava: Production, Potential Uses and Recent Advances.* pp. 313-333. New
　York: Nova Science Publishers.

Burkill, H. M. 1985. *The Useful Plants of West Tropical Africa* vol.1 (2nd edition). Richmond: Royal Botanic
　Gardens, Kew.

Dei, G. J. S. 1988. "Coping with the effects of the 1982-83 drought in Ghana: The view from the village."
　Africa Development 13（1）: 107-122.

Ghana Export Promotion Authority（GEPA）. Unpublished. *Non-Traditional Export of Basketwares.* Accra:
　Ghana Export Promotion Agency.

Ghana Statistical Service（GSS）. 1995. *Migration Research Study in Ghana, Volume 1 Internal Migration.* Accra:
　Ghana Statistical Service.

Ghana Statistical Service（GSS）. 2013. *2010 Population and Housing Census: Regional Analytical Report, Ashanti*
　Region. Accra: Ghana Statistical Service.

Ghana Statistical Service（GSS）. 2014a. *2010 Population and Housing Census Report: Migration in Ghana.* Accra:
　Ghana Statistical Service.

Ghana Statistical Service（GSS）. 2014b. *Ghana Living Standard Survey Round 6（GLSS6）: Main Report.* Accra:
　Ghana Statistical Service.

Gyasi, E.A. 2004. "Management regimes in southern Ghana." In: Gyasi, E. A., G. Kranjac-Berisavljevic, E. T.
　Blay and W. Oduro. (eds.) *Managing Agrodiversity the Traditional Way: Lessons from West Africa in*
　Sustainable Use of Biodiversity and Related Natural Resources. pp. 53-68. Tokyo, New York, Paris: United

Nations University Press.

Hart, J. 2016. *Ghana on the Go: African Mobility in the Age of Motor Transportation*. Indiana University Press.

Hutchinson, J. & J. M. Dalziel. 1972. *Flora of West Tropical Africa* Volume III part 2. London: Crown Agents for Oversea Governments and Administrations.

Kleih, U., D. Phillips, M. T. Wordey and G. Komlaga. 2013. *Cassava Market and Value Chain Analysis: Ghana Case Study*. Accra: Natural Resources Institute, University of Greenwich and Food Research Institute.

Konings, P. 1981. *Peasantry and States in Ghana: The Example of the Vea Irrigation Project in the Upper Region of Ghana*. Leiden: African Studies Center.

Newman, T. 1974. *Contemporary African Arts and Crafts: On-site Working with Art Forms and Processes*. New York: Crown Publishers.

Nweke, F. 2004. *New Challenges in the Cassava Transformation in Nigeria and Ghana*. Washington D. C.: International Food Policy Research Institute.

Osei, M. K., K. J. Taah, J. N. Berchie and C. K. Osei. 2009. "A survey of cassava (*Manihot esculenta* Crantz) planting materials in storage: A case study in two communities in the Ejisu District of Ashanti Region, Ghana." *Journal of Agronomy* 8 (4): 1-4.

Perbi, A. A. 2004. *A History of Indigenous Slavery in Ghana: From the 15th to the 19th Century*. Accra: Sub-Saharan Publishers.

Quansah, C. and W. Oduro. 2004. "The proka mulching and no-burn system: A case study of Tano-Odumasi and Jachie." In: Gyasi, E. A., G. Kranjac-Berisavljevic, E. T. Blay and W. Oduro. (eds.) *Managing Agrodiversity the Traditional Way: Lessons from West Africa in Sustainable Use of Biodiversity and Related Natural Resources*. pp. 119-134. Tokyo, New York, Paris: United Nations University Press.

Quee, D. D., S. M. Kanneh, K. M. Yila, O. Nabay and P. J. Kamanda. 2016. "Weed species diversity in cassava (*Manihot esculenta* Crantz) monoculture in Ashanti Region of Ghana." *Journal of Experimental Biology and Agricultural Sciences* 4 (5): 500-504.

Rattray, R. 1932. *The Tribes of the Ashanti Hinterland*. Oxford: Oxford University Press.

Smith, F. 1978. "Gurensi basketry and pottery." *African Arts* 12 (1): 78-81.

Songsore, J., A. Denkabe, C. Jebuni and S. Ayidiya. 2001. "Challenges of education in northern Ghana: A case for Northern Ghana Education Trust Fund (NETFUND)." In: Y. Saaka (ed.) *Regionalism and Public Policy in Northern Ghana*. pp. 223-239. New York: Peter Lang Publishing.

United Nations General Assembly. 1983. *Assistance to Ghana (Report of Secretary-General A/38/215 13 August 1983)*. New York: United Nations General Assembly.

United States Agency for International Development (USAID) 1994. *Study on the Assessment of Women Exporters in Ghana*. Accra: Ghanexim.

Veihe, A. 2000. "Sustainable farming practices: Ghanaian farmers' perception of erosion and their use of conservation measures." *Environmental Management* 25 (4): 393-402.

World Bank. 1995. *Ghana: Country Assistant Review (Report No. 14547)*. Washington D. C.: World Bank.

ウェブサイト

FAO "FAOSTAT" http://www.fao.org/faostat/en/#home

Nations Online Project "Political Map of Ghana" https://www.nationsonline.org/oneworld/map/ghana_
map.htm

World Bank. "World Bank Open Data" https://data.worldbank.org/

World Meteorological Organization "Kumasi". https://worldweather.wmo.int/en/city.html?cityId=922

小坂 康之

第 5 章

つかい, つくられるラオスの在来野菜

KEY WORDS

採集と栽培, 地産地消, 市場, ホームガーデン, 「生きた文化財」

1 日本語の「野菜」とラオス語の「パック」

　ラオスの首都ヴィエンチャン (図5-1) の中心市街地は, 2000年代まで, 端から端まで歩けるほど小さかった. 市街地を少し離れると水田や疎林が広がり, 籠や網をもって食事のおかずとなる野生動植物をとりにいく人びとの姿がみられた (齋藤ほか 2008；野中ほか 2008). 首都がそのような状態であったから, 農村の生活は容易に想像できるだろう. 私が2000年代はじめに, ラオスの農村で自然環境の利用について調査したとき, 森林での狩猟採集, 水域での漁撈, 水田稲作や焼畑耕作に関する広範で精緻な知識と技術に驚かされた (小坂 2008). ラオスの国土面積は約23万6800km^{2}であり, 当時の人口は約550万人だった (IMF 2020年 8 月20日アクセス). 現在の日本で考えると, 本州の面積に兵庫県の人口が住んでいるのにほぼ等しい. 人びとは, 近所に広がる森と農と水辺の空間から豊かな幸を得て, 日常的な食をまかなうことができていた.

　一方で, 1980年代末から市場経済化をすすめてきたラオスでは, 1992年にアジア開発銀行の調整のもとで始まった大メコン圏開発プログラム (石田 2005) など, 各

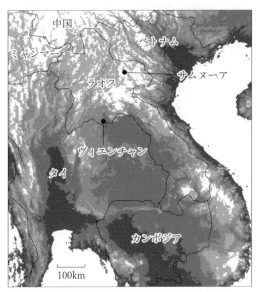

図5-1　調査地の地図
国土地理院地図（電子国土Web）などにより作成.

種の開発プロジェクトが実施されるようになった．2000年代にはいると，中国とベトナムの企業による投資が急激に増加した（山田 2018：228）．2006年から2010年の5年間は，ラオスがそれまでの経済成長のスピードをさらに加速させ，成長率8％前後の高度成長期となった（山田 2018：31）．農村部で森林が伐採され，道路やダムが建設され，電気が通り，自給的な水田稲作と焼畑耕作に商品作物生産が加わり，都市部で中高層建築物が建ち，水田が宅地化される様子からも，高度経済成長の影響が実感できた．

　もともとラオスには，モチ米を主食とし（森枝 2005：191-196），魚醤を調味料としながら（石毛 1998），多様な野生動植物を副食とする（落合ほか 2008），個性豊かな食文化があった．高度経済成長のもとで，ラオスの食をめぐる景観はどうなってゆくのだろうか．本章では，ラオスの食のなかで，野菜利用に着目しながら食の変遷をたどってみたい．

　野菜は健康維持に不可欠な栄養素の供給源となるだけでなく，食卓に彩を添え，私たちの舌を楽しませてくれる．ラオスでは，バレイショ，タマネギ，ニンジン，カリフラワー，ブロッコリーなど，私たち日本人が食べ慣れている温帯野菜は隣国の

第Ⅱ部
置き換える

タイやベトナムから輸入し，主に外国人向けのレストランで利用している．それら
は栄養分に富み，食味が良いため世界各地で主要な野菜とされる．しかしラオスで
は，どの地域のどの家庭でもそれらの野菜が食卓にのぼるわけではない．ラオスの
人びとが温帯野菜をあまり食べないことには，経済的な理由もあり，冷涼な山地で
栽培される温帯野菜は，投入資材や輸送にコストがかかる分，価格が高い．また自
分で栽培したくても，熱帯低地では温帯野菜の生育に必要な環境条件を満たさない．
さらに食の嗜好性は地域や時代によって異なり，野菜の選択もその影響を受ける．野
菜は，自然環境や文化の状況に応じて，地域や時代ごとに異なる種類が選択され，さ
まざまなかたちで食されてきたのである．本章では，地域で食される野菜と人びと
との関係を描き，かぎりある生態資源としての在来野菜をつかい，つくることの意
義について考えてみたい．

　野菜と人びととの関係は，言葉の使い方にも表れている．日本語の「野菜」とい
う言葉はさまざまに定義されているが，一般的には，副食物として利用される植物
の総称である．野生の植物や雑草も，副食物として利用する場合は「野菜」と呼ば
れる．古くは，「野菜」は食用の野生植物のみを指したが，江戸期頃から菜園や庭で
育てるようになったものを含め，いわゆる「あおもの」の総称となった（縄田・山本
2009；篠原 2014）．

　日本語の「野菜」に相当する語として，ラオス語には「パック」という言葉があ
る．ラオス語では，茎葉が食用にされる植物は，野生植物と栽培植物のどちらも「パ
ック」という総称をつけて呼んでいる（Kosaka et al. 2013）．例えば，水田に自生する
シソクサの仲間を「パック・カニェン」と呼び，水田の裏作や畑で栽培するキャベ
ツは「パック・カラム」である．一方，食用としない水田野草のヒデリコは，「パッ
ク」の代わりに「ニャー」をつけて「ニャー・ヌアット・パー・ドゥック」と呼ぶ
（小坂・古橋 2021）．日本語の「野菜」やラオス語の「パック」のような言葉の使い方
は，地域や時代ごとに異なる野菜と人びととの関係を私たちに伝えてくれるのであ
る．

　なお本章で記す「野菜」は，野生植物を含め，副食物として利用する植物全体を
指すこととする．野菜として扱われるものの多くは一，二年生の草本植物であるが，
篠原（2014）や山川（2016）にならい，タケノコやその他の木本植物も含めることと
する．キノコも野菜に含められることが多いが，種の同定に困難なものがあるため，
表5-2と表5-3の記述から除いた．またパパイヤやバナナは日本では果物として扱わ

れるが，ラオスではパパイヤの未熟果や，バナナの蕾や偽茎を野菜として利用することから，本章では野菜に含めた．

2　家庭料理「タケノコスープ」にみる地産地消

　20年ほど前，私はヴィエンチャンでラオス人の家庭にホームステイしながら，ラオス語を勉強していた．昼間に大学でラオス語の授業を受けたあと，夕方には家族で分担する夕飯の準備に参加した．そのとき，毎週のようにつくる料理があった．ラオス語で「ケーン・ノーマイ」（ケーンはスープ，ノーマイはタケノコの意味）と呼ばれる料理である（図5-2）．モチ米でとろみをつけた深緑色のスープはほんのり苦く，口の中でタケノコの歯ざわり，ニホンカボチャやヘチマの甘味，キダチトウガラシの辛味，パー・デーク（魚の塩辛）のうま味，ハーブの香りがからみあう．それまで経験したことのない不思議な味だったので，初めて食べた時は味見する程度でスプーンを置いてしまったが，何度も食べるうちに，食べない日が続くと口寂しく感じら

図5-2　タケノコをふんだんに使い，深緑色のスープが特徴的なケーン・ノーマイ

れるようになっていった.

　この料理の中心となる具材は,「タケノコスープ」の名前のとおり,タケノコである.ホームステイ先では,「ノーマイ・ライ」のタケノコが一番おいしい,とされていた.日本ではおいしいタケノコの順位として,カンザンチクやネマガリタケ(チシマザサ)が一等,ホテイチクが二等,ハチクが三等,モウソウチクが四等などとされる(室井 1973:128-130)が,ラオスで52種類が確認されているタケ(Greijmans et al. 2007: 271)のタケノコにも,好まれるものとそうでないものがある.ラオスではタケノコは安価で身近な食材であり,食べる頻度は日本とは比較にならないほど多い.市場で皮(稈鞘)付きのタケノコを買ってくると,皮むきがひと仕事である.台所の土間で,下駄を大きくしたような足の低いイスに座り,根気よく皮をむいてゆく.そのあと,苦みを取るために下ゆでする.

　深緑色をした独特のスープは,「ヤー・ナーン」(ヤーは薬,ナーンは女性の意味)と呼ばれるツヅラフジ科の野生のツル植物からつくる.ヤー・ナーンの葉と水をミキサーで撹拌し,それを布で漉した青汁が,スープのもとである.ミキサーが普及する前には,水に浸したヤー・ナーンの葉を手で揉みしだいて青汁を絞り出した.ヤー・ナーンは,ラオス語名のとおり薬用植物としても認識されている.タイの伝統薬では,ヤー・ナーンの茎全体を解熱剤として使い,葉は毒素を排出させる薬として利用する(自然環境研究センター 2013:316;Saralamp et al. 1996: 186).

　ヤー・ナーンの青汁に水を加え,砕いたモチ米,キダチトウガラシ,レモングラス,塩,「味の素」を入れて火にかける.煮立ったら,下ゆでしたタケノコ,カボチャの実と新芽,ヘチマ,キクラゲを入れ,パー・デークを加えて煮込む.パー・デークは魚醬の一種で,「塩辛」に分類される(石毛 1998).昔ながらの製法では,魚:塩:米ぬかの重量比が 3:1:1 となるように混ぜ合わせたあと,容器に密封して,熱帯の常温で半年から 1 年のあいだ発酵させてつくる(丸井 2019).パー・デークの材料とされる魚は,主に水田やその周辺で採集されるコイ科やドジョウ科の小・中型の魚である(岩田ほか 2003).パー・デークは,その塩味とグルタミン酸によるうま味で料理をおいしくする万能調味料であり,ラオスの味といっても過言ではない(丸井 2019).

　タケノコや他の具材が柔らかくなったら,香りづけである.香辛料は,少し加えるだけで料理の雰囲気を大きく変える.料理によって,あるいは同じ料理でも地域や個人の好みで香草が使い分けられる.私のホームステイ先では,ケーン・ノーマ

イの香りづけに，パック・カニェンが好んで用いられた（落合ほか 2008）．パック・カニェンは，ラオス中南部の水田に自生する草本植物で，シソクサ属の一種（オオバコ科）である．シソ科のシソとは全く別の植物だが，シソによく似た芳香をもつことから，この名がつけられた．

　鍋に香草を加えたら，ひと煮立ちさせる．あとは，モチ米を蒸す竹製の甑（こしき）から湯気があがるのを待つだけだ．ホームステイ先で朝と夕にモチ米を蒸すのは，私の担当だった．朝起きたら，前日の晩に水に浸しておいたモチ米を甑で蒸す．蒸しあがったら，いったんザルの上に広げて冷まし，それから 4 人家族全員分のモチ米を入れる大きなティップ・カオ（蒸したモチ米を入れるためのタケ・ラタン製の籠）に移す．朝食で炊きたてを食べたあと，昼食は冷めたままで食べる．食べ残した分は，夕食前に新しいモチ米を蒸すとき，一緒に蒸して温める．蒸したてのモチ米は甘味があり，おかずがいらないほどおいしく感じられる．

　モチ米を主食とするのは，世界の中でもラオスとその周辺地域だけである．ラオスからタイやミャンマー北部にかけての地域は，モチ米だけでなく，モチ性穀類全般の起源地としても知られる．モチ性品種のある穀類には，イネ，トウモロコシ，オオムギ，キビ，アワ，モロコシ，ハトムギの 7 種類がある．これら全てのモチ性品種は，この地域で選抜され，栽培されてきた（阪本 1989：128-133）．デンプンのモチ性は，遺伝子の突然変異によってまれにうまれる形質である．モチ性はウルチ性に対して潜性であるため，ウルチ性品種から隔離して栽培する必要がある．モチ性品種が長い間栽培利用されてきたことは，この地域の人びとによるモチ性穀類への強い嗜好を反映していると考えられる（阪本 1989：130-132）．

　床にゴザを敷き，パー・カオ（タケ・ラタン製の丸型の食卓）とモチ米を盛ったティップ・カオを置くと，準備完了の合図である．パー・カオの上に，タケノコスープの入った椀，蒸した野菜，チェーオ（モチ米や野菜をつけて食べるタレ；足達 2008）を置き，家族でパー・カオを囲む．日常生活でプラスチック製品がどんなに普及しても，ティップ・カオとパー・カオの素材にはタケとラタンが好まれる．

　パー・カオを囲むと，各自が手を伸ばして，山盛りのティップ・カオやおかずの大皿から，好きなものを好きな分量だけ取って食べる．ティップ・カオに手を入れて一口分のモチ米をつまみとり，その同じ手でおかずもつかめるのは，モチ米だから楽にできる所作である．

　小鉢に入ったチェーオは目立たないが，ラオス料理には欠かせない一品である．モ

チ米もおかずも，チェーオをつけることでいっそうおいしく食べることができる．チェーオは材料も作り方もさまざまである．最も手軽なものは，キダチトウガラシ，ニンニク，アカワケギの鱗茎などを鍋で炒るか火であぶり，細かく刻んでからすり鉢で搗き，市販のナム・パー（魚醤油）を加えたものである．さらに好みによって，トマトや小型の丸ナスなどの野菜，キノコ，パー・デーク，コオロギやカメムシやタガメなどの昆虫をメインの具とする（足達 2008）ことで，一層おいしいチェーオとなる．

　ヴィエンチャンのホームステイ先で，ケーン・ノーマイを食べるようになってしばらくしてからのことである．ラオス北東部フアパン県の県庁所在地サムヌーアを訪問する機会があった（図5-1）．そして現地のケーン・ノーマイを食べたところ，そのスープや具材はヴィエンチャンのものとは全く異なっていた．サムヌーアのケーン・ノーマイは，椀の底が見えるほどスープは透明で澄んでいた．食べてみると，スープは薄味で，とろみもなければうま味もない．タケノコと一緒にスープに浮かんでいたのは，食べたことのない苦い葉菜だった．

　同じ名前の料理なのに，見た目や味がなぜこれほど異なっているのだろうか．結論から先にいえば，ケーン・ノーマイは日常的な家庭料理であり，地元の食材だけで作られるからである（表5-1）．例えば，ヴィエンチャンで飲み慣れている深緑色の

表5-1　ヴィエンチャンとサムヌーアのケーン・ノーマイ（タケノコスープ）の材料

	ヴィエンチャン	サムヌーア
スープ	ヤー・ナーンの青汁 もち米 パー・デーク（魚醤の一種の塩辛）	塩
タケノコ	ノーマイ・ライ　または ノーマイ・サンパイ　または ノーマイ・パイバーン など	ノーマイ・コム　または ノーマイ・ワーン　または ノーマイ・ローイ など
タケノコ 以外の具材	カボチャの実と新芽 ヘチマの実 キクラゲまたはヒラタケ など	エリトロパルム属の一種の葉　または ウワバミソウ属の一種の葉　または カンコノキ属の一種の葉 など
香辛料	シソクサ属の一種の茎葉またはアカシア 属の一種の葉 レモングラス ナンキョウ キダチトウガラシ	キダチトウガラシ ヒメボウキとレモングラス　または サンショウ属の一種の葉

スープのもととなるヤー・ナーンや香りづけのパック・カニェンは，ラオス中南部の熱帯低地に生育する植物であり，北部の山地では入手が難しい．どれも同じようにみえるタケノコも，ヴィエンチャンとサムヌーアとでは種類が異なる．ケーン・ノーマイは，地域の自然環境を色濃く反映した，文字通り地産地消の料理なのである．それでは，全く異なるケーン・ノーマイをはぐくんできたヴィエンチャンとサムヌーアの自然環境や人びとの暮らしを見てみることにしよう．

3　　自然環境と住民生業

　ラオスは東南アジアの内陸国で，その地形は，北部の山地，南西部のアンナン山脈，南東部のメコン川沿い平野に区分される（Duckworth et al. 1993: 5）．北東部のサムヌーア周辺を除く全域が，東南アジア最大の河川であるメコン川の流域にあたる．国土の約8割を占める森林（FAOSTAT 2020年8月25日アクセス）と，メコン川水系のつくりだす湿地は，多様な生物を育んできた．ラオスとその周辺国・地域は，生物学的に世界で最も豊かで，かつ最も危機に瀕した地域の一つとして，インド―ビルマ生物多様性ホットスポットに指定されている（Tordoff et al. 2012: 1-2）．

　首都ヴィエンチャンは，メコン川沿いに広がる標高160-200mの平野（長谷川 1981：6-10）に位置する（図5-1）．かつてヴィエンチャン平野を覆っていた低地林は，そのほとんどが伐り開かれたが，村の鎮守の森や寺の森，プー・カーオ・クワーイ国立生物多様性保護区とプー・パナン国立生物多様性保護区などに残されている．低地林では，東南アジアの熱帯地域を代表するフタバガキ科の樹木のほか，マメ科，ミソハギ科サルスベリ属などの樹木が優占する．熱帯モンスーン気候のもとで，11月頃から4月頃にかけての乾季に落葉する樹木が多い（Rumbell 2009: 146-150）．フタバガキ科樹木は，その材が建材として用いられるだけでなく，幹から採集される樹脂が，かつては船のコーティング剤や松明として利用された．マメ科のシタン，アフゼリア，ビルマカリンや，カキノキ科のコクタンなどは，高級材として利用されてきた．用材となる大木が選択的に伐採されたあとの疎林は，かつて広がっていた低地林の名残をとどめるように，ヴィエンチャン平野の高みの土地に点在している．このような疎林は，前述のヤー・ナーンやタケノコなどの野菜のほか，日々の食事のおかずとなるシロアリタケなどのキノコ，セミやツムギアリ（*Oecophylla smaragdina*）

の幼虫などの小動物を採集する場である（齋藤ほか 2008）．

　ヴィエンチャン平野の水条件の良い土地では低地林が伐採され，ラオスの人びとによって水田稲作が営まれてきた．5-6月にモンスーンの雨が降り始め，水田に水が十分に溜まると田植えの季節である．そして雨季から乾季にかわる10-11月頃に，稲刈りが行われる．現在は雨季作と乾季作の水稲二期作を行う灌漑田も増えた．稲株の間に生えるコナギ（ミズアオイ科）や前述のパック・カニェン，畦畔に生えるツボクサ（セリ科）などは，いずれも「パック」と総称される食用野草である（表5-2）．また水田に生息するカエル，カニ，ガムシ，ゲンゴロウ，タイコウチ，タガメ，ヤゴ，コオロギ，カメムシ，イナゴ，フンチュウなども食用に採集される（野中ほか 2008）．

　ヴィエンチャン平野を含めたラオス中南部の水田では，圃場整備が行われていないところが多い．河川と水田が用排水路でつながっているところでは，雨季になると魚が産卵のために河川から水田に遡上してくる．遡上した魚は，水田の周辺だけに生息する魚とともに，魚の生態にあわせて多様化した漁具・漁法によって捕獲される（岩田ほか 2003）．雨季に大量に捕獲される魚は，すぐに焼いたり蒸したりして食べるだけでなく，前述のパー・デークの材料にされる．市場で値がつかない小魚や，熱帯の高温環境で鮮度が落ちやすい魚も，パー・デークに加工することで，おいしく長持ちさせることができる（丸井 2019）．パー・デークの仕込みに必要な大量の塩は，ラオスを含むインドシナ半島内陸部に存在する東南アジア最大の岩塩層から供給されてきた（丸井 2019）．

　ラオス北東部サムヌーア郡の中心市街地は（図5-1），標高約950mの山間盆地に位置する．盆地の周囲には，標高約500-2000mの高低差のある山地が広がる．ラオス北部の標高700-800m以上にみられる山地林では，フタバガキ科の樹木に代わって，ブナ科のシイやカシの仲間，モクレン科，クスノキ科，ツバキ科，クルミ科の常緑樹や，それらに着生するラン科植物が現れる（Rumbell 2009: 150-152）．山地林の植生は，西日本から中国雲南省を通ってヒマラヤ東部にいたる照葉樹林（暖温帯常緑広葉樹林）とよく似ている．山地では焼畑耕作によって過去に伐開されたところが多く，その場合シイやカシの仲間などブナ科の樹木が多い二次林となっている（Rumbell 2009: 151）．山地林では，タケノコや木の芽などの野菜（表5-2）のほか，タケネズミ，野鳥，タケツトガの幼虫，ゾウムシ，カブトムシなどが食用に採集される．ヤマチャの葉を発酵させてミエン（噛み茶）をつくる地域もある．セッコク類などのラン科植物は，生薬の材料または鑑賞植物として，中国やベトナムに向けて出荷される

(Lovera 2018). シイやカシの優占する二次林では，日本で消費されるニセマツタケや，中国で生薬の材料とされるベニタケの仲間やマンネンタケの仲間などのキノコが6月頃に大量に採集され，中国の仲買人に販売される．

　サムヌーア盆地の平野では，ラオやタイ・ルーなどタイ系民族の人びとが，雨季に井堰灌漑により水田稲作を行ってきた．水田では農薬や化学肥料を使わず，野草，魚，貝，水生昆虫を日々採集して副食としてきた（Kosaka et al. 2013）．ナイルティラピアなどの稚魚を水田に放して養魚する事例もみられる．

　盆地周囲の山腹では，モーン（Mon）・クメール（Khmer）系語族のクム（カム）や，モン（Hmong），イウミエン（Ewmien）系語族のモン（Hmong）の人びとにより，焼畑耕作が行われてきた．焼畑では，陸稲，トウモロコシ，タロイモ，ナス，キュウリなどを1年から数年間作付けして放棄する．放棄した土地に形成される二次林は，ヤダケガヤ，カルダモン，ラタンなどの林産物をはぐくんできた（竹田 2008；横山・富田 2008）．以前は10年以上の休閑期間をおいていたが，最近アクセスのよい道路沿いの焼畑では，休閑期間を3-5年程度に短縮し，換金作物である飼料用トウモロコシなどを栽培することがある．なかには山一面の二次林を伐採し，パラゴムノキの植林地に置き換えたところもある．ラオス北部で採集するパラゴムノキの樹液は農家で加工したあと，主に中国に出荷し，大型車両用タイヤ，医療用手袋，避妊具などの材料となる（マン 2016：464-474）．

　ラオス中部のヴィエンチャンと北部のサムヌーアの間では，現在でも人や物の往来が盛んとはいえない．直線距離で約300km離れたヴィエンチャンとサムヌーアの間の空路は，小型のセスナ機が1日に1往復するだけである．陸路は，乗り合いバスならば20時間以上の長旅になる．山道のため，細くて急なカーブが続き，交通事故や土砂崩れが頻繁に発生する．またヴィエンチャンとサムヌーアをつなぐ北部国道13号線のヴァンヴィエンやカーシー地域では，2000年代に入っても，バスや車が反政府ゲリラにたびたび襲撃されてきた（山田 2018：72-73）．1960年代から1970年代にかけてのベトナム戦争（ラオスではラオス―アメリカ戦争と呼ばれる）で，アメリカ側について戦ったモンは，1975年にラオスで共産主義政権が誕生すると，その多くがタイの難民キャンプに逃れ，一部は北部山岳地帯に拠点をおいてゲリラ戦を続けたのである（スチュアート-フォックス 2010：322-323）．そのような交通事情のため，ヴィエンチャンとサムヌーアの間では，転勤や転入学，冠婚葬祭など大切な用事以外での往来はかぎられていた．

人や物の移動に制約があると，日常的な食事は，地元でとれる食材から作られる．ヴィエンチャンとサムヌーアのケーン・ノーマイの違いは，中南部の低地と北部の山地において，それぞれ身近に得られる食材でつくられた結果なのである．

それでは，ヴィエンチャンとサムヌーアでは，利用される野菜の全体を比べると，どのくらい異なっているのだろうか．ケーン・ノーマイは家庭料理の一つにすぎず，他にもさまざまな料理で，地域に特徴的な野菜が使われているはずである．そのような関心から，ラオスを訪問するたびに，各地のローカルマーケットで販売される野菜を記録するようになった．

4　市場で販売される野菜

ラオスの町では，多くの世帯が生鮮食料品を市場で購入する．そのため小さな町にも必ず市場があり，その生鮮食料品売り場は朝と夕に食材を求める近隣の人びとでにぎわう．

市場の生鮮食料品売り場は，野菜，果物，肉，魚の品目ごとに分かれている．販売人は，決められた売り場スペースを1年間使用する権利を購入するとともに，販売日ごとに売り場の使用料を納めている．

ここでは野菜売り場をみてみよう．販売人は自分の持ち場にその日に売る分の野菜を並べる．売り場に値札は置かない．どれもが1000-2000キープ（約12-24円）の価格になるように，軽い葉菜は束ね，小ぶりな果菜やキノコなどは皿に盛りつける（図5-3）．カボチャやキャベツなどの大きくて重い野菜や，小型の野菜を大量に販売するときは，1kg当たりの価格を決めて量り売りする．

買い手は食材を手に取って販売人に値段を聞く．小さな町の市場であれば，売り手と買い手は近所同士か，知り合いの場合が多い．生産者（採集者），仲買人，市場の販売人，そして消費者は，お互いに顔の見える関係でつながっている．

私は2001年から，ラオス各地を訪問するたびに市場を見学して，販売されている野菜の種類と，その栽培・採集地などの情報を記録してきた．ここでは例として，ラオスの首都ヴィエンチャンと，ラオス北部サムヌーアの市場の事例をみてみよう．

人口約82万人の首都ヴィエンチャン（Lao Statistics Bureau 2015）には，最も大きな卸売市場を筆頭に，大小さまざまな規模の市場が数多くある．その中で，人口約20

図5-3 首都ヴィエンチャンの市場で販売されるケーン・ノーマイの具材セット
手前には束ねられたパック・カニェンとヤー・ナーン，中央には皿に盛られたヒラタケ，キクラゲ，小さく切ったカボチャとヘチマ，奥にはビニール袋に入ったヤー・ナーンの青汁やタケノコなどが並ぶ.

万人のサイタニー郡（Lao Statistics Bureau 2015）にあるダーンサーン村市場を定点観測の対象とした．ダーンサーン村市場は，生鮮野菜売り場の使用権保有者が100人強で，ヴィエンチャンでは中規模の市場である．首都の中心市街地と水田が広がる郊外の境界地域にあり，ヴィエンチャン平野の産物だけでなく，約150-200km離れたヴィエンチャン県北部からショウガやキュウリ，約300-500km離れたポンサワンやサムヌーアからタケノコなど，長距離輸送可能な農産物が集まる．ダーンサーン村市場の特徴は，中心市街地に少なくなった野生の食用動植物を郊外から多く集め，富裕層向けに高値で販売していることである．ダーンサーン村市場は毎日朝から夕方まで開いているが，そのうち夕方4時から5時頃が販売人と購入者で一番混雑する時間である．市場の販売人は，近所に住む女性が多い．販売人が野菜を仕入れる方法には，卸売りの機能をもつ大規模市場で購入する，市場に売りに来た仲買人や他の販売人から購入する，生産農家を訪問して購入する，自分で野菜を採集・収穫する方法がある（縄田ほか 2008）．仲買人の中には，市場による価格や需要の違いを携帯電話で把握して，バイクを使って市場から市場へ野菜を売りさばく人もいる．

　人口約5万6000人（Lao Statistics Bureau 2015）のサムヌーアは，北東部フアパン県

（人口約29万人；Lao Statistics Bureau 2015）の県庁所在地である．その中心市街地に，フアパン県で最も大きなサムヌーア郡市場がある．生鮮野菜売り場の販売登録者は約100人だが，売り場面積は上記のダーンサーン村市場よりも大きい．サムヌーア近郊の村落からの農産物のほか，約30km離れたビエンサイからカラシナ，約40km離れたフアムアン郡からショウガ，約50km離れたシエンコー郡やソップバオ郡からナガササゲやレモングラス，100km以上離れたベトナム側からライム，バレイショ，ニンジン，カリフラワー，約150km離れたシエンクワン県カム郡からキャベツやハクサイ，遠くは約300km離れたヴィエンチャン県北部からキダチトウガラシ，ナス，キュウリなどの農産物が集まる．販売人の多くは，近隣に住む女性たちである．特に最近移住して土地を持たないモンの女性が生計を立てるために販売人となることが多い．フアパン県の特産品であるカラシナ類やハクサイ類は，フアパン県北部のモンの村落で多く栽培される．毎年12月頃のモンの正月休みには，「モンが売りに来ないから市場に野菜がなくなる」といわれるほどである．

　表5-2は，私がダーンサーン村市場とサムヌーア郡市場でこれまでに記録した主な野菜を示している．

　ヴィエンチャンのダーンサーン村市場では，雨季の7月頃，ヴィエンチャン平野の小川，池沼，水田に生育するオオバコ科，オモダカ科，サトイモ科，デンジソウ科，トチカガミ科，ミズアオイ科などの水生植物が目立つ（表5-2）．朝に採集された水生植物がその日のうちに売り場に並び，乾いて萎れないように水をかけながら販売される．表5-2にあげたもの以外に，アオミドロ（Spirogyna sp.）やミジンコウキクサ（Wolffia globosa）なども販売されていて，まるで水生植物の展示場のようである．これらの水生植物は，ゆでてチェーオをつけて食べるか，スープの具材にする．また掘りたてのタケノコを山積みにして販売する人もいる．ノーマイ・パイバーンやノーマイ・サンパイなど家の周りに植えるタケが多いが，ノーマイ・ライ，ノーマイ・ガサ，ノーマイ・パイパーなど，低地林で採集されるものもある．タケノコは，前述のスープにするか，ゆでてチェーオをつけて食べる．

　乾季の3月頃には，低地林を彩る若葉や花が，ダーンサーン村市場の売り場を華やかに彩る．オハグロノキ属の一種（オトギリソウ科）のサクラのような五弁花と若葉，インドオーク（サガリバナ科）の赤みを帯びたつやのある若葉，インドセンダン（センダン科）のもえぎ色の若葉と蕾，フトモモ属の一種（フトモモ科）のピンク色の若葉などである（以下，表5-2参照）．これらの樹木の若葉と花は，ラープ（挽肉の和え

表5-2　ヴィエンチャンとサムヌーアの市場で販売される主な野菜

科名	学名	和名	ラオス語名
アカネ科	*Paederia* sp.	ヘクソカズラ属の一種	パック・トットマー
アブラナ科	*Brassica juncea* var.?	カラシナの変種	パック・カートティンミー
アブラナ科	*Brassica rapa* var. *pekinensis*	ハクサイ	パック・カートカーオ
アブラナ科	*Nasturtium officinale*	オランダガラシ	パック・カートナム
イネ科	*Cymbopogon citratus*	レモングラス	フア・シーカイ
イネ科	*Bambusa* sp.	タケの一種	ノー・パイバーン
イネ科	*Gigantochloa* sp.	タケの一種	ノー・ライ
イネ科	*Indocalamus* sp.	タケの一種	ノー・ローイ
イネ科	*Indosasa* sp.	タケの一種	ノー・コム
イネ科	不明	タケの一種	ノー・マイサンパイ
イネ科	不明	タケの一種	ノー・ワーン
イラクサ科	*Elatostema* sp.	ウワバミソウ属の一種	パック・シアプ
ウコギ科	*Trevesia palmata*	トレベシア属の一種	マーク・ターン
ウリ科	*Cucumis sativus*	キュウリ	マーク・テン
ウリ科	*Cucurbita moschata*	ニホンカボチャ	マーク・ウ
ウリ科	*Luffa cylindrica*	ヘチマ	マーク・ブアップ
ウリ科	*Sechium edule*	ハヤトウリ	マーク・スー
オオバコ科	*Limnophila chinensis*	シソクサ属の一種	パック・カニェン（カニェンニャイ）
オオバコ科	*Limnophila geoffrayi*	シソクサ属の一種	パック・カニェン
オトギリソウ科	*Cratoxylum formosum*	オハグロノキ属の一種	パック・ティウ
オモダカ科	*Butomopsis latifolia*	ブトモプシス属の一種	パック・パイ
オモダカ科	*Limnocharis flava*	キバナオモダカ	パック・カンチョーン
カナビキボク科	*Melientha suavis*	メリエンタ属の一種	パック・ワーンパー
キク科	*Artemisia lactiflora*	ヨモギ属の一種	パック・スーム
コショウ科	*Piper sarmentosum*	コショウ属の一種	パック・イルート
サガリバナ科	*Careya arborea*	インドオーク	パック・カドン
ザクロソウ科	*Glinus oppositifolius*	グリヌス属の一種	パック・ダンコム
サトイモ科	*Lasia spinosa*	ミズヤツデ	パック・ナーム
シソ科	*Clerodendrum* sp.	クサギ属の一種	パック・フィン
シソ科	*Mentha* × *piperita* cv.?	セイヨウハッカの一品種	パック・ホームラープ
シソ科	*Mentha canadensis*	ハッカ	パック・サアオ
シソ科	*Ocimum canum*	ヒメボウキ	パック・イトゥー
シソ科	*Ocimum sanctum*	カミメボウキ	パック・イトゥータイ
シソ科	*Ocimum* sp.	メボウキ	パック・ブアラパー
ショウガ科	*Alpinia galanga*	ナンキョウ	フア（ニョート）・カー
ショウガ科	*Alpinia* spp.	ナンキョウの仲間	ニョート・カーパー
ショウガ科	*Curcuma longa*	ウコン	キミン

市場*	原産地	ハビタット	採集/栽培	季節	利用部位	生育型	香味
X	在来（山地）	畑地, 庭畑	採集, 栽培	年中	茎葉	ツル	香り
X	中近東から中央アジア原産, 中国で品種分化	畑地	栽培	乾季	葉	草本	
V, X	中近東から中央アジア原産, 中国で品種分化	畑地	栽培	年中	葉	草本	
X	ヨーロッパ	畑地, 小川	採集, 栽培	年中	葉	草本	
V, X	インド	畑地	栽培	年中	葉	草本	香り
V	不明	庭畑	栽培	雨季	タケノコ	タケ	
V, X	在来（低地〜山地）	低地林	採集, 栽培	雨季	タケノコ	タケ	
X	在来（山地）	山地林	採集, 栽培	年中	タケノコ	タケ	
X	在来（山地）	山地林	採集, 栽培	乾季	タケノコ	タケ	苦味
V	不明	庭畑	栽培	雨季	タケノコ	タケ	
X	在来（山地）	山地林	採集	雨季	タケノコ	タケ	
X	在来（山地）	小川	採集	年中	茎葉	草本	苦味
V, X	在来（山地）	山地林	採集	乾季	蕾	木本	苦味
V, X	インド	畑地	栽培	雨季	実	ツル	
V, X	中南米	畑地	栽培	雨季	実, 茎葉, 花	ツル	甘味
V, X	インド	畑地	栽培	年中	実	ツル	
X	中米	畑地	栽培	雨季	実, 茎葉	ツル	
X	在来（山地）	池沼	栽培	雨季	茎葉	草本	香り
V	在来（低地）	水田	採集	雨季	茎葉	草本	香り
V	在来（低地）	低地林	採集	乾季	葉, 花	木本	酸味
V	在来（低地）	池沼	採集	雨季	葉	草本	
V, X	中南米	池沼	採集	雨季	花茎, 蕾, 葉	草本	
V	在来（低地）	低地林	採集, 栽培	乾季	葉	木本	
X	中国	庭畑	栽培	年中	葉	草本	
V, X	在来（低地〜山地）	庭畑	栽培	年中	葉	ツル	辛味
V	在来（低地）	低地林	採集	乾季	葉	木本	渋味
V	在来（低地）	水田	採集	乾季	葉	草本	苦味
V	在来（低地）	小川	採集	雨季	葉	草本	苦味
X	在来（山地）	山地林	採集	年中	葉	木本	苦味
V, X	不明	畑地	栽培	年中	葉	草本	香り
X	不明	畑地	栽培	年中	葉	草本	香り
V, X	不明	畑地	栽培	年中	葉	草本	香り
V	不明	畑地	栽培	年中	葉	草本	香り
V	不明	畑地	栽培	年中	葉	草本	香り
V, X	インド	畑地	栽培	年中	根茎, 偽茎芯, 蕾	草本	香り
X	在来（山地）	山地林	採集	年中	偽茎芯, 蕾	草本	香り
V, X	インド	畑地	栽培	年中	根茎	草本	香り

科名	学名	和名	ラオス語名
ショウガ科	*Curcuma* sp.	ウコン属の一種	ドーク・カチアオ
ショウガ科	*Zingiber officinale*	ショウガ	キーン
セリ科	*Anethum graveolens*	ディル	パック・シー
セリ科	*Centella asiatica*	ツボクサ	パック・ノーク
セリ科	*Coriandrum sativum*	コリアンダー	パック・ホームポーム
セリ科	*Eryngium foetidum*	オオバコエンドロ	パック・ホームペー
センダン科	*Azadirachta indica*	インドセンダン	パック・カダオ
タデ科	*Polygonum odoratum*	タデ属の一種	パック・ペーオ
ツヅラフジ科	*Tiliacora triandra*	ティリアコラ属の一種	ヤー・ナーン
デンジソウ科	*Marsilea crenata*	ナンゴクデンジソウ	パック・ヴェン
デンジソウ科	*Marsilea quadrifolia*	デンジソウ	パック・ヴェン
ドクダミ科	*Houttuynia cordata*	ドクダミ	パック・カオトーン
トケイソウ科	*Passiflora edulis*	クダモノトケイソウ	ニョート・マークノート
トチカガミ科	*Ottelia alismoides*	オオミズオオバコ	パック・リンファン
ナス科	*Capsicum frutescens*	キダチトウガラシ	マーク・ペット
ナス科	*Solanum melongena*	ナス	マーク・クーア
ナス科	*Solanum nigrum*	イヌホオズキ	パック・トゥムトーイ（トゥムテーン）
ナス科	*Solanum torvum*	スズメナスビ	マーク・ケン
ノウゼンカズラ科	*Mayodendron igneum*	マヨデンドロン属の一種	ドーク・ピープ（リーブ）
ノウゼンカズラ科	*Oroxylum indicum*	ソリザヤノキ	マーク（ドーク）・リンマイ
バショウ科	*Musa* spp.	バナナ	マーク・ピーパー
ヒガンバナ科	*Allium ascalonicum*	アカワケギ	パック・ブア
ヒルガオ科	*Ipomoea aquatica*	エンサイ	パック・ボン
ヒルガオ科	*Ipomoea batatas*	サツマイモ	マン・ダーン
フトモモ科	*Syzygium gratum* var. *gratum*	フトモモ属の一種	パック・サメック
ボロボロノキ科	*Erythropalum scandens*	エリトロパルム属の一種	パック・ハーク
マメ科	*Acacia concinna*	コンチンナアカシア	パック・ソムポイ
マメ科	*Acacia pennata* ssp. *insuavis*	アカシア属の一種	パック・カ（ナオ，メン）
マメ科	*Bauhinia variegata*	ソシンカ属の一種	パック・シアオ（ドーク・ワーン）
マメ科	*Vigna unguiculata* ssp. *sesquipedalis*	ナガササゲ	マーク・トゥアニャーオ
ミカン科	*Citrus histryx*	コブミカン	バイ（マーク）・キーフート
ミカン科	*Zanthoxylum bungeanum*	カホクザンショウ（花椒）	マーク・マート
ミカン科	*Zanthoxylum rhetsa*	サンショウ属の一種	マーク・ケン
ミカンソウ科	*Glochidion* sp.	カンコノキ属の一種	パック・パン
ミズアオイ科	*Monochoria vaginalis*	コナギ	パック・ナンヒーン
ヤシ科	*Rhapis* spp.	シュロチク属の一種	ニョート・サーン
ワサビノキ科	*Moringa oleifera*	ワサビノキ	パック・イーフーム

*市場の場所はVがヴィエンチャン，Xがサムヌーアを示す．

市場*	原産地	ハビタット	採集／栽培	季節	利用部位	生育型	香味
V	在来（低地）	低地林	採集	乾季	花序	草本	香り
V, X	インド	畑地	栽培	年中	根茎, 葉, 蕾	草本	辛味
V, X	地中海沿岸から西アジア	畑地	栽培	年中	葉	草本	香り
V, X	在来（低地～山地）	水田畦	採集, 栽培	年中	葉	草本	
V, X	地中海沿岸	畑地	栽培	年中	葉	草本	香り
V, X	中南米	畑地, 水田畦	採集, 栽培	年中	葉	草本	香り
V	在来（低地）	低地林, 水田	採集, 栽培	乾季	葉, 花序	木本	苦味
V, X	在来（低地～山地）	畑地, 池沼	採集, 栽培	年中	葉	草本	辛味
V	在来（低地）	低地林	採集, 栽培	年中	葉	ツル	
V	在来（低地）	水田	採集	雨季	葉	草本	
X	在来（山地）	水田	採集	雨季	葉	草本	
V, X	在来（山地）	水田, 畑地	採集, 栽培	年中	葉	草本	香り
V, X	ブラジル	低・山地林	採集	乾季	茎葉, 実	ツル	苦味
V	在来（低地）	水路	採集	雨季	葉, 花序	草本	
V, X	南米	畑地	栽培	年中	実	木本	辛味
V, X	インド	畑地	栽培	年中	実	草本	苦味
X	在来（山地）	畑地, 空地	栽培, 採集	年中	茎葉	草本	苦味
V, X	インド	空地	採集, 栽培	年中	実	草本	苦味
X	在来（山地）	山地林	採集, 栽培	乾季	花	木本	苦味
V, X	在来（低地）	低地林, 空地	採集, 栽培	年中	実, 花, 葉	木本	苦味
X	在来（低地～山地）	山地林	採集	年中	蕾	草本	渋味
V, X	西アジア？	畑地	栽培	年中	葉, 鱗茎	草本	
V, X	在来（低地～山地）	畑地, 池沼	採集, 栽培	年中	茎葉	ツル	
V, X	中南米	畑地	栽培	雨季	根, 茎葉	ツル	甘味
V	在来（低地）	低地林	採集	年中	葉	木本	渋味
V, X	在来（山地）	山地林	採集, 栽培	年中	茎葉	ツル	苦味
V, X	在来（低地～山地）	低・山地林	採集	年中	葉	木本	酸味
V, X	ミャンマー	空地, 庭畑	採集, 栽培	年中	葉	木本	香り
X	在来（山地）	山地林	採集	乾季	葉, 花	木本	
V, X	アフリカ	畑地	栽培	雨季	実	ツル	
V	タイ・マレーシア	畑地	栽培	年中	葉	木本	香り
X	中国	庭畑	栽培	年中	実	木本	辛味
X	在来（山地）	庭畑	採集, 栽培	年中	実, 葉	木本	辛味
X	在来（山地）	山地林	採集	年中	葉	木本	渋味
V, X	在来（低地～山地）	水田	採集	雨季	葉	草本	
V, X	在来（山地）	山地林	採集	年中	芯芽	木本	苦味
V	インド	庭畑	採集, 栽培	年中	葉, 花序, 実	木本	

物）などの料理の付け合わせとして生で食べる．林床に咲きわたるウコン属の一種（ショウガ科）の花序をのせた皿がずらりと並ぶこともある．赤・黄・白色の混じった花序は，さっとゆがいてチェーオにつけて食べると，ミョウガのような香りがさわやかである．

一方でサムヌーア郡市場では，雨季の7月頃，サムヌーア盆地の水田で採集されたメヒシバ（イネ科），キバナオランダセンニチ（キク科），オオバコエンドロ（セリ科），ツボクサ，デンジソウ（デンジソウ科），ドクダミ（ドクダミ科），コナギなどが混ぜて山盛りにした状態で売り場に並べられる．なかでもデンジソウ，コナギ，ツボクサは特に量が多く，他の野草とは区別して単独で販売されることもある．これらの野草を塩ゆでにしたおひたしはスップ・パックと呼ばれ，サムヌーアの郷土料理として知られる．ヴィエンチャンのダーンサーン村市場と同様にタケノコも多いが，ノーマイ・ローイやノーマイ・ワーンなど，中部低地のものとは異なる種類もみられる．

乾季の3月頃，サムヌーア盆地を囲む山地林では，木々は芽吹いて花を咲かせる．新芽や花（蕾）の中には市場で販売されるものも多い．巨大な線香花火のようなトレベシア属の一種（ウコギ科）の花序，鮮やかなオレンジ色をしたマヨデンドロン属の一種（ノウゼンカズラ科）の筒状花，チョウが羽ばたいているようなソシンカ属の一種（マメ科）の新芽と花などは，どれも一度見たら忘れられない特徴的な形をしている．ラオス中南部では乾季にはタケノコは生えないが，サムヌーア郡市場には，乾季に生えるノーマイ・コム，ノーマイ・ワーン，ノーマイ・ローイが並ぶ．サムヌーアで大量に採集されたノーマイ・コムは，タケノコの大消費地であるヴィエンチャンにも陸路で輸送されて販売されている．

ダーンサーン村市場とサムヌーア郡市場では，共通する野菜もみられる．レモングラス（イネ科），メボウキの仲間（シソ科），ディル（セリ科），コリアンダー（セリ科），ハッカの仲間（シソ科），タデ属の一種（タデ科），アカワケギ（ヒガンバナ科），エンサイ（ヒルガオ科）などの葉菜，ナンキョウ，ショウガ，サツマイモなどの根菜，キダチトウガラシ，キュウリ，ニホンカボチャ，ナスなどの果菜で，その多くは香辛野菜である．またバレイショ，タマネギ，ニンジン，ブロッコリー，カリフラワーなど，タイやベトナムから輸入された野菜も両市場に並ぶ．市場では少数の販売人がこれらの輸入野菜に特化して販売している．

ダーンサーン村市場とサムヌーア郡市場で販売される野菜の特徴として，野生植

物が非常に多いということがあげられる．そのため両市場の野菜の種類の違いは，温暖な中部低地と冷涼な北部山地の気候の差によるところが大きい．ただし野菜として利用される植物のグループとその利用法には，共通点もみられる．例えば，ゆでたりスープの具にするタケノコのノーマイ・サンパイ（ダーンサーン村市場）とノーマイ・ワーン（サムヌーア郡市場），茎葉を生食あるいはゆでて食べるデンジソウ科のナンゴクデンジソウ（ダーンサーン村市場）とデンジソウ（サムヌーア郡市場），花を蒸して食べるノウゼンカズラ科のソリザヤノキ（ダーンサーン村市場）とマヨデンドロン属の一種（サムヌーア郡市場）などである．このような野菜利用の共通性には，人の移動にともなう嗜好の広がりも関係するようだ．前述のケーン・ノーマイに用いるシソクサ属の一種（*Limnophila geoffrayi*）は，ヴィエンチャン以南の水田に多くみられるが，サムヌーアには自生していない．最近，ラオス北部出身者で，ラオス中南部のシソクサ（*L. geoffrayi*）入りのケーン・ノーマイの味を気に入った人が，ヴィエンチャン県北部に生える耐寒性のある大型のシソクサ（*Limnophila chinensis*）をサムヌーアに移植して育て始めた．香味はラオス中南部のシソクサ（*L. geoffrayi*）に劣るが，サムヌーア郡市場でも少量ながら販売されるようになった．

　ところで，市場の野菜を記録していて気になることがあった．日常的に頻繁に食べるのに，市場ではほとんど販売されない野菜がある．例えば，料理の付け合わせとして生で食べる香辛野菜のコショウ属の一種（コショウ科）や，未熟果を千切りにしてサラダにするパパイヤ（パパイヤ科）は，市場に並ぶことは少なく，あっても少量である．ラオス各地を訪問して，市場を見学したり，家庭を訪問するうちに，これらの野菜はホームガーデンに生えていることに気づいた．ホームガーデンを観察すると，市場ではみかけないさまざまな野菜が植えられていた．

　そこで，ヴィエンチャンとサムヌーアのホームガーデンを見ることにした．

5　　ホームガーデンの役割

　ラオスの山地で焼畑耕作を行ってきた村では，家の周囲を柵で囲っていないところもある．そのような村では，家の周囲は人や家畜が自由に歩き回る空間であり，ところどころに果樹が生えているほか，木の幹をくりぬいたプランターで香辛野菜などをわずかに栽培している．一方，平野で水田稲作を行ってきた村や市街地周辺で

図5-4　首都ヴィエンチャンのラオ人世帯のホームガーデン

は，屋敷地が柵で囲われ，そのなかにさまざまな有用植物が生えている．本章では，縄田ほか（2008）にならい，「屋敷地のなかで，多様な植物種が，多層的に植えられている空間」をホームガーデンと呼ぶことにする．

　ホームガーデンの植物には，地域差もあれば，個人差も大きい．例えば，首都ヴィエンチャン郊外在住のサムヌーア出身のラオ人の世帯は，リュウゼツサイ（キク科）などのサムヌーアの野菜を庭に植えていた．サムヌーア市街在住のクム（カム）人の世帯は，生まれ育ったフアパン県内の山村ではホームガーデンを持たなかったが，現在は柵で囲まれた屋敷地内で，かつて焼畑で栽培していたタロイモをはじめ，さまざまな野菜を育てていた．このように個人差や地域差が大きいことは承知のうえで，首都ヴィエンチャンとサムヌーアにおける市街地と郊外の両方で，ホームガーデンの野菜利用を調査した．

　図5-4は，首都ヴィエンチャンで，日常的に用いる野菜の多くを自給しているラオ人世帯のホームガーデンの写真である．花壇も囲いもなく，多くの植物が勝手に生えてきたように見える．しかしホームガーデンを管理するその家の女性は，どの植物についても，どこから持ってきて，どのような目的で植えたのかを把握している．

このホームガーデンでは15種類の野菜を確認した．写真の中の右から順に，タロイモ，オオバコエンドロ，キダチトウガラシ，ツボクサ，キバナオランダセンニチ，ナンキョウ，メボウキ，ヒメボウキ，ナス，カラシナ，カイラン，ヒマワリ（種子を食用）である．写真に写っていないが，手前には，ドクダミやヤー・ナーンのほか，シャカトウなどの果樹も植えていた．奥の石塀に沿って隣家からキュウリのツルが伸びている．これらのうち，ツボクサとキバナオランダセンニチは植えたものではなく勝手に生えてきたものだが，野菜としてよく食べるので保護しながら利用しているのだという．

　表5-3に，首都ヴィエンチャンとサムヌーアのホームガーデンで記録した植物のうち，特徴的な野菜を示した．

　ホームガーデンの野菜は，それぞれ利用目的や利用方法が異なっている．そのいくつかを紹介しておこう．

　第一に，頻繁に少しずつ使う野菜である．前述のコショウ属の一種やパパイヤのほか，ヴィエンチャンのヤー・ナーンやギンネム，サムヌーアのリュウゼツサイやゴムカズラ属の一種（キョウチクトウ科）などがあげられる．これらの野菜は，朝夕の料理の材料として必要な分がそのつど採集される．この場合，ホームガーデンは台所に隣接した野菜庫のようなものである．

　第二に，まれに少し使う野菜である．両地域でみられたカンナ（カンナ科）やキャッサバなどがそれにあたる．これらは食料が不足した時の救荒食である．この場合，ホームガーデンは食料備蓄庫のように機能する．

　第三に，余剰を販売するために多く作る野菜である．両地域のハッカの仲間，メボウキの仲間，アカワケギなどである．これらの野菜は，両地域において，麺類などの軽食から，ラープ（挽肉のサラダ）などのご馳走にいたるまで，幅広い料理に欠かせない野菜である．この場合，ホームガーデンは収入を得るための農業用地である．

　第四に，栽培法や利用法を試行中の新しい野菜である．近年の農業改良普及プロジェクトで苗が配布されたサチャインチやアボガドなどである．中国の農業関連プロジェクトは，多く実ったら購入するという約束で，ラオス各地の人びとにサチャインチの苗を無料で配布した．ペルー原産のトウダイグサ科のツル植物であるサチャインチは，種子にオメガ3脂肪酸を含有する健康食品であるため，ホームガーデンで育てる人があらわれた．この場合，ホームガーデンは実験圃場としての役割を

表5-3　ヴィエンチャンとサムヌーアのホームガーデンで栽培される主な野菜

科名	学名	和名	ラオス語名
アカネ科	*Paederia* sp.	ヘクソカズラ属の一種	パック・トートマー
イネ科	*Bambusa* sp.	タケの一種	マイ・パイバーン
イネ科	不明	タケの一種	マイ・サンパイ
カンナ科	*Canna* sp.	カンナ	クアイ
キク科	*Lactuca indica* var. *dracoglossa*	リュウゼツサイ	パック・サラートコンチーン
キク科	*Vernonia amygdalina*	ショウジョウハグマ属の一種	ビーティーン
キョウチクトウ科	*Urceola rosea*	ゴムカズラ属の一種	クア・ソムロム
コショウ科	*Piper sarmentosum*	コショウ属の一種	パック・イルート
サトイモ科	*Colocasia esculenta*	タロイモ	プアック
シソ科	*Mentha* × *piperita* cv. ?	セイヨウハッカの一品種	パック・ホームラープ
シソ科	*Ocimum canum*	ヒメボウキ	パック・イトゥー
シソ科	*Ocimum* sp.	メボウキ	パック・ブアラパー
ショウガ科	*Alpinia* spp.	ナンキョウの仲間	カー
ツヅラフジ科	*Tiliacora triandra*	ティリアコラ属の一種	ヤー・ナーン
ツルムラサキ科	*Basella alba*	ツルムラサキ	パック・パン
トウダイグサ科	*Plukenetia volubilis*	サチャインチ	マーク・インカー
ドクダミ科	*Houttuynia cordata*	ドクダミ	パック・カオトーン
ナス科	*Capsicum frutescens*	キダチトウガラシ	マーク・ペット
ナス科	*Solanum melongena*	ナス	マーク・クーア
ノウゼンカズラ科	*Oroxylum indicum*	ソリザヤノキ	マーク・リンマイ
バショウ科	*Musa* spp.	バナナ	マーク・クアイ（ピー）
パパイヤ科	*Carica papaya*	パパイヤ	マーク・フン
ボロボロノキ科	*Erythropalum scandens*	エリトロパルム属の一種	パック・ハーク
マメ科	*Acacia pennata* ssp. *insuavis*	アカシア属の一種	パック・カ（ナオ，メン）
マメ科	*Erythrina* sp.	デイゴ属の一種	マイ・トーン
マメ科	*Leucaena leucochephala*	ギンネム	カティン
ミカン科	*Zanthoxylum bungeanum*	カホクザンショウ（花椒）	マーク・マート
ミカン科	*Zanthoxylum rhetsa*	サンショウ属の一種	マーク・ケン
ワサビノキ科	*Moringa oleifera*	ワサビノキ	パック・イーフーム

＊地域はVがヴィエンチャン，Xがサムヌーアを示す．

地域*	原産地	利用部位	生育型	野生の移植
X	在来（山地）	茎葉	ツル	○
V	不明	タケノコ	タケ	
V	不明	タケノコ	タケ	
X	中南米	根茎	草本	
X	中国，台湾	葉	草本	
X	西アフリカ	葉	木本	
X	在来（山地）	茎葉	ツル	○
V, X	在来（低地〜山地）	葉	ツル	
V, X	在来（低地〜山地）	葉柄，球茎	草本	
V, X	不明	葉	草本	
V, X	不明	葉	草本	
V	不明	葉	草本	
V, X	在来（山地）	根茎，偽茎芯，蕾	草本	○
V	在来（低地）	葉	ツル	○
V, X	東南アジア	茎葉	ツル	
V, X	南米	種	ツル	
V	在来（山地）	葉	草本	○
V	南米	実	草本	
V, X	インド	実	草本	
V, X	在来（低地）	実，花，葉	木本	○
V, X	在来（低地〜山地）	蕾，実，偽茎	草本	
V, X	中南米	実	木本	
V, X	在来（山地）	葉	ツル	○
V, X	ミャンマー	茎葉	ツル	
X	在来（山地）	葉	木本	
V, X	中米	葉，実	木本	○
X	中国	実	木本	
X	在来（山地）	実	木本	○
V	インド	葉，花序，実	木本	

果たしている.

　もちろん，ホームガーデンの1つの植物が複数の利用目的や利用方法をもつ場合もある．例えば，アカシア属の一種（マメ科）やデイゴ属の一種（マメ科）は茎に刺をもつため生垣として植えられるが，その葉は食用とされる．タケは，タケノコを採集するだけでなく，稈がさまざまな日用品の材料に用いられる．またカンナやナンキョウ（ショウガ科）は野菜であると同時に，花が咲けば庭を彩る観賞植物になる．

　ところで，両地域のホームガーデンでは，ヤー・ナーンのように野生個体を移植して育てている事例が多いのは興味深い．表5-3に示した29種類の野菜のうち，9種類は野生個体の移植が確認された．その理由として，過度の採集や生育環境の改変によって以前のように野生植物を簡単に入手できなくなったことがあげられる．また，農村から都市へ移住して農外就労した人にとっては，森林や農地へアクセスしにくくなったこともその要因である．これらの野菜は裕福な世帯なら市場で買うことに躊躇しないだろうが，多くの世帯にとってはできるだけ自給したい野菜である．農と食をめぐる環境が急速に変容するなかで，野菜を野山から採集するだけでなく，ホームガーデンで育てるのは，入手を安定させる理にかなった方法である．ホームガーデンでうまく育ち，地域住民のあいだでさらなる需要が見込めそうならば，販売目的でたくさん育てることもできる（縄田ほか 2008）．ヴィエンチャンでは，ドクダミやツボクサがその段階にある．ドクダミやツボクサは最近，健康に良い野菜としてヴィエンチャンで人気が高まっている．需要の高まりを背景に，ドクダミはサムヌーアなど北部の水田から，ツボクサは地元の水田からホームガーデンに移植し，自給用だけでなく販売目的でも育てるようになった（小坂・古橋 2021）．ラオスのホームガーデンは，在来野菜を採集する（つかう）ことから，育てる（つくる）ことへの転換を促す場となっている．

6　「生きた文化財」としての在来野菜

　ラオスの人びとはこれまで，身近な林地，農地，水辺，市場，ホームガーデンから，多様な野菜を入手して利用してきた（表5-2, 5-3）．しかし2000年代以降，高度経済成長の過程で，身近な自然環境が改変されると同時に，農村から都市への移住者が増え，野山で野菜を採集する機会が減少していった．一方で，道路交通網と市場

の発達により，都市在住者でも多様な野菜を入手できるようになった．

　このような変化を，ラオスの野菜利用の歴史のなかに位置づけて考えてみたい．

　ラオスで古くから利用されてきた栽培野菜には，ラオスを含む東南アジア原産の
エンサイ，タロイモ，ナンキョウ（岩佐 1980）などがある．これらの野菜は農地で
栽培するだけでなく，現在でも居住地周辺に自生する個体を採集利用している．ラ
オス原産の野菜に加え，外国から伝播してきた野菜のなかにも地域に根づいたもの
がたくさんある．キュウリ，ヘチマ，トカドヘチマ，ニガウリ，メボウキ，ナス，コ
ンチンナアカシア，ショウガ，ウコンなどはインド原産と推察される野菜（岩佐
1980）であり，ラオスでも広く栽培されている．中国で多くの変種に分化したハク
サイとカラシナ（山川 2016：34-43）は，ラオスの最も重要な野菜として北部を中心に
栽培されてきた（Thorel 2001: 172）．

　16世紀以降，ヨーロッパ諸国との交易を通じて，新大陸原産の野菜が東南アジア
にもたらされた．キャッサバやサツマイモ（スコット 2013：202-206），キダチトウガ
ラシやパパイヤ（リード 1997：43）は，東南アジアに伝わると各地に急速に広まった．
雑草として渡来したオオバコエンドロ（吉田 1988：20-21）は現在，水田の畔畔や畑地
の周囲で野生個体を採集するだけでなく，ホームガーデンで育てることも多い．19
世紀のフランス領植民地期に伝えられた野菜もある．ヨーロッパ原産のキャベツは
当時，インドシナ半島南部でヨーロッパ人によって非常に手間をかけて栽培されて
いた（Thorel 2001: 172）が，今では冷涼な山地で広く栽培される．現在キャベツと同
様に普及し，また野生化しているヨーロッパ原産のオランダガラシも，19世紀には
ヨーロッパ人だけが栽培していた野菜である（Thorel 2001: 172）．

　2018年現在，世界で最も多く生産される野菜は，新大陸原産のバレイショやトマ
ト，中央アジア原産のタマネギ，ヨーロッパ原産のキャベツなどの温帯野菜である
（FAOSTAT 2020年8月25日アクセス）．温帯野菜は，熱帯高地の気候が栽培に適する（樋
口 2019：134）ため，タイ北部チェンマイ周辺やベトナム南部ダラット周辺など，温
帯野菜の集約的な生産地をかかえる東南アジア全体では生産量が多いが，ラオスで
は生産量が少ない（FAOSTAT 2020年8月25日アクセス）．前述のとおりラオスでは，ジ
ャガイモやタマネギは隣国のタイやベトナムから輸入している．

　ラオスの野菜利用の歴史において特筆すべきは，現在も野生植物の利用が非常に
多いことである．市場の野菜売り場では，野生植物の種類や量は栽培野菜にまさる
とも劣らない（表5-2）．森林や水域はもちろん，作物を育てる水田や焼畑などの農地

でも野生の野菜が採集される．野生植物の中には，ソリザヤノキのように野山から
ホームガーデンへ移植されることで分布を広げてきたと考えられるものもある．野
生のツボクサ，ヤー・ナーン，ドクダミは，近年の需要の高まりをうけてホームガ
ーデンで育てられ始めた（表5-3）．

　ラオスの事例と比較するために，日本の野菜利用の変遷をみてみよう．

　平安時代中期の法典である『延喜式』に記載された野菜には，栽培するものだけ
でなく，野山から採集するものも多く含まれている（青葉 2013：21-22）．野生植物の
うち特に有用なものは次第に栽培されるようになっていった．日本で栽培化され現
在も利用される野菜は，ミツバ，フキ，ミョウガなどの約20種類である（山川 2016：
14）．

　同時に，中国，中央アジア，南西アジア，地中海沿岸，中南米などで起源した野
菜が，時を経て日本に伝えられた．14世紀以前にはナス，カブ，ダイコン，ショウ
ガ，サトイモなど，15-18世紀にはキュウリ，和種カボチャ，ホウレンソウ，ニンジ
ン，サツマイモなど，明治時代以降には洋種カボチャ，トマト，キャベツ，タマネ
ギ，バレイショなどが伝えられている（山川 2016：15）．現在私たちが利用している
野菜のほとんどは，明治になってから導入されたものである．明治政府は積極的に
欧米や中国から新種や新品種の導入をはかり，各地で栽培試験を行った（篠原 2014：
10）．また日清・日露戦争の帰還兵が，持ち帰ったハクサイなどを栽培することでも
新しい野菜が普及した．第二次世界大戦期には野菜栽培が衰退したが，戦後になる
と食生活の洋風化にともない，トマトやブロッコリーなどの消費が急増した（篠原
2014：10）．

　1966年には，主要な野菜を安定して消費地に供給し，野菜農業の健全な発展と国
民消費生活の安定に資することを目的として，農林水産省によって野菜生産出荷安
定法が定められた．同法では，キャベツ，タマネギ，ナス，トマト，ニンジン，バ
レイショなど14種類の野菜が「指定野菜」に選ばれ，その生産と出荷の安定がはか
られている（e-Gov 2020年 8 月閲覧）．なお，この「指定野菜」には，日本原産の野菜
は含まれていない．

　同じ野菜でも，味や形質に個性のある在来品種は，改良品種におされて次々と姿
を消していった．改良品種は，栽培しやすく，形状がトラック輸送や調理加工に便
利で，本来よりも薄味の特徴をもつ（林 2017）．現在の主要な野菜の改良品種のほと
んどは一代交配種（Ｆ１）であり，固定種が多い在来野菜を駆逐しつつある（鈴木

2010).在来野菜を自給用に栽培して種子を維持してきた小農の後継者不足も，そのような野菜品種の転換を後押ししてきたのであろう.

　日本とラオスの野菜利用を比較すると，日本では日常的に使う野菜が世界で最も多く食される野菜に置き換えられてきたのに対し，ラオスでは在来野菜が多く用いられており，その多くが野生植物である（表5-2, 5-3）.野生植物はもともと生育していた環境の改変によって消滅していくと思われたが，逆にホームガーデンで育てるようになったことで，これまで以上に身近な野菜になっているものもある（表5-3）.

　日本とラオスにおける野菜利用の違いには，次の2つの理由が考えられる.1つは生産と流通の違いである.日本では明治時代以降，農業近代化を目指してヨーロッパから専門家を招聘するとともに欧米や中国で利用していた野菜を導入し，日本での栽培技術の確立に力を入れていった.一方，高温多湿な熱帯低地が国土の大半を占めるラオスでは，欧米や中国で主流の温帯野菜の栽培は難しい.たとえ冷涼な山地で適切な技術を用いて栽培しても，消費地である都市部に新鮮なままで大量に輸送するための流通システムがまだ十分に発達していない.

　もう1つは，野菜という食材に求めるものの違いである.日本では食生活の多様化がすすみ，レストランや給食，料理教室，各種メディアを通じて，世界の主要な野菜を用いた料理が家庭に浸透していった.栄養学の普及により，食物の栄養分が分析され，バランスのとれた食事が推奨されていることもその背景にある.バレイショ，ニンジン，タマネギと各種スパイスを使ったカレーライスは家庭料理や学校給食の定番となったり，トマトやキャベツにドレッシングをかけて食べるサラダが普及したのも，その典型的な例である.一方ラオスの家庭では，世界のメジャーな野菜を用いた料理を食べる習慣はほとんど普及してこなかった.ラオスでは，品種改良された温帯野菜が入手できないから，在来野菜がよく食べられているのではない.ラオス料理では野菜も主役となり，在来野菜の個性的な香り，酸味，辛味，苦味，渋味そのものが，ラオス料理の味の根幹をなしている（齋藤ほか 2008：155-157；落合 2016：123-124）.それぞれの在来野菜の香味は，どれも同じではなく，種類ごとに用いられる料理が細かく決まっている.

　個性的な香りをもつラオスの在来野菜の代表として，前述のシソクサ属の一種のほか，アカシア属の一種があげられる.アカシア属の一種は，その葉の臭いからラオス語で「パック・ナオ（腐臭菜）」と呼ばれるが，前述のケーン・ノーマイでシソクサの代わりに使われる.またヘクソカズラ属の一種（アカネ科）のラオス語名「パ

ック・トット・マー」を直訳すると「犬の屁の菜」という意味になる．名前の通り
強烈な臭いを放つが，サムヌーアではそれをキャッサバの葉と一緒にゆでて食べる．

　調理に用いられる味では，最も基本的な「塩辛味」以外では，「酸味」と「辛味」
の二つが一般的である（吉田 1998）．ラオス料理では「酸味」付けのために酢を使う
ことはまれである．その代わり，栽培植物であるタマリンドやライムだけでなく，野
生植物であるゴムカズラ属の一種の茎葉，コンチンナアカシア（マメ科）の葉，アム
ラタマゴノキの実（*Spondias pinnata*, ウルシ科）や，発酵させたタケノコ，そして野菜
ではないがツムギアリの幼虫などが用いられる．

　「辛味」付けには，在来のタデ属の一種のほか，南米原産のキダチトウガラシが広
まっているが，サムヌーアのような冷涼な北部山地ではキダチトウガラシの生育が
よくない．そのためサンショウ属の一種や，クスノキ科やコショウ科の野生植物が
料理に応じて使い分けられる．

　多くの地域の食文化において低い評価を受ける「苦味」と「渋味」（吉田 1998）は，
ラオス料理では重要な役割を果たしている．例えば，インドセンダンの若葉と花序
はとても苦いが，ラープなどの付け合わせとして，家庭だけでなく，高級レストラ
ンでも供される．

　渋い野菜の代表であるインドオーク（サガリバナ科）のおいしさは，小説「東北タ
イの子」（カムプーン 1980：7）でわかりやすく描写されている．この小説の舞台であ
る東北タイには，ラオスと同じラオの人びとが暮らし，低地林で採集されるインド
オークをはじめ，さまざまな野生の野菜が食べられてきた．著者カムプーンは，東
北タイで生まれ育った自身の体験を，主人公であるクーン少年を通じて生き生きと
描写する．

　　クーンは丸太の上に腰かけて，「父さん食事にしようよ」と言った．父親はそ
　こで柔らかいインドオークの枝を手中に一杯折って来て，弁当の包みをほどく
　と，籠の中の蝉を掴み出しては一匹ずつ首をひねって殺した．
　「羽と足をもぎるんだ．それからこいつの腸をこういう風に抜いておいてから食
　べるんだよ」
　　父親は教えながら，柔らかいインドオークの葉に蝉を包むと薬味にひたし口
　の中に入れてムシャムシャと噛んだ．クーンも父親にならってその通りにする
　と美味しかった．蝉の頭は脂っこいし，インドオークの葉は渋味がきいていて

薬味も辛くて塩気があり，それが一体となって得も言われぬ味がした．

　ラオスの食は，個性的な香り，酸味，辛味，苦味，渋味をもつ野山の幸の組み合わせによって成立している．その複雑な味覚は，品種改良されたメジャーな野菜からは得ることができない．ラオスの在来野菜は，地域の自然と文化がおりなす食文化を構成する，「生きた文化財」（青葉 2013：11）なのである．そして野山から採集するだけでなく，ホームガーデンや農地に移植して育てることで，ラオスの在来野菜は今後も地域のおいしい文化財として人びとに継承されていくのであろう．

参 考・参 照 文 献

青葉高（2013）『日本の野菜文化史事典』八坂書房.

足達慶尚（2008）「チェーオ」野中健一編『ヴィエンチャン平野の暮らし——天水田村の多様な環境利用』めこん，132-133頁.

e-Gov. 昭和四十一年法律第百三号 野菜生産出荷安定法. https://elaws.e-gov.go.jp/ search/elawsSearch/elaws_search/lsg0500/detail?lawId=341AC0000000103

e-Gov. 昭和四十一年農林省令第三十六号 野菜生産出荷安定法施行規則. https://elaws.e-gov.go.jp/search/elawsSearch/elaws_search/lsg0500/detail?lawId=341M50010000036

石毛直道（1998）「発酵の文化圏」吉田集而編・石毛直道監修『講座食の文化 第一巻 人類の食文化』味の素食の文化センター，348-368頁.

石田正美編（2005）『メコン地域開発——残された東アジアのフロンティア』アジア経済研究所.

岩佐俊吉（1980）『熱帯の野菜』養賢堂.

岩田明久・大西信弘・木口由香（2003）「南部ラオスの平野部における魚類の生息場利用と住民の漁労活動」『アジア・アフリカ地域研究』3：51-86.

落合雪野（2016）「採集と栽培の共存——ラオスの「在来農法」をめぐって」江頭宏昌編『人間と作物——採集から栽培へ』ドメス出版，110-129頁.

落合雪野・小坂康之・齋藤暖生・野中健一・村山伸子（2008）「五感の食生活——生き物から食べ物へ」河野泰之編・秋道智彌監修『論集モンスーンアジアの生態史 第1巻 生業の生態史』弘文堂，203-224頁.

カムプーン・ブンタヴィー（1980［1975］）『東北タイの子』星野龍夫訳，井村文化事業社.

小坂康之（2008）「水田の多面的機能」横山智・落合雪野編『ラオス農山村地域研究』めこん，159-189頁.

小坂康之・古橋牧子（2021）「ドメスティケーションの実験場としての水田——水田植物の採集と栽培の事例から」卯田宗平編『野生性と人類の論理——ポスト・ドメスティケーションを捉える4つの思考』東京大学出版会，284-298頁.

齋藤暖生・足達慶尚・小坂康之（2008）「ヴィエンチャン平野の食用植物・菌類資源の多様性」野中健一編『ヴィエンチャン平野の暮らし──天水田村の多様な環境利用』めこん，135-161頁.

阪本寧男（1989）『モチの文化誌──日本人のハレの食生活』中公新書.

自然環境研究センター 水辺の幸調査隊（2013）『メコン河流域 水辺の幸──インドシナ市場図鑑』長尾自然環境財団.

篠原温（2014）「野菜園芸について」篠原温編『野菜園芸学の基礎』農山漁村文化協会，5-14頁.

スコット，ジェームズ・C（2013［2009］）『ゾミア──脱国家の世界史』佐藤仁監訳，みすず書房.

鈴木昭二（2010）「日本の野菜品種の多様性」『ビオストーリー』13：42-43.

スチュアートーフォックス，マーチン（2010［1997］）『ラオス史』菊池陽子訳，めこん.

竹田晋也（2008）「非木材林産物と焼畑」横山智・落合雪野編『ラオス農山村地域研究』めこん，267-299頁.

縄田栄治・内田ゆかり・和田泰司・池口明子（2008）「ホームガーデンから市場へ」河野泰之編・秋道智彌監修『論集モンスーンアジアの生態史 第1巻 生業の生態史』弘文堂，101-123頁.

縄田栄治・山本宗立（2009）「野菜のドメスティケーションを考える」山本紀夫編『ドメスティケーション──その民族生物学的研究』国立民族学博物館調査報告84巻，391-408頁.

野中健一・足達慶尚・板橋起人，センドゥアン・シビライ，ソムキット・ブリダム（2008）「生き物を育む水田とその利用」野中健一編『ヴィエンチャン平野の暮らし──天水田村の多様な環境利用』めこん，163-187頁.

長谷川義彦（1981）『ラオス・ヴィエンチャン平野 自然・社会・経済』アジア経済研究所.

林重孝（2017）「なぜ私たちは自家採種するのか，タネを交換するのか」『季刊地域』31：78-81.

樋口浩和（2019）「熱帯園芸」江原宏・樋口浩和編『熱帯農学概論』培風館，133-153頁.

丸井淳一郎（2019）「ラオスの味，パデークを科学する」『科学』89（9）：824-829.

マン，チャールズ・C（2016［2011］）『1493──世界を変えた大陸間の「交換」』布施由紀子訳，紀伊國屋書店.

室井綽（1973）『ものと人間の文化史10 竹』法政大学出版局.

森枝卓士（2005）『世界の食文化4 ベトナム・カンボジア・ラオス・ミャンマー』農山漁村文化協会.

山川邦夫（2016）『基礎からわかる！ 野菜の作型と品種生態』農山漁村文化協会.

山田紀彦（2018）『ラオスの基礎知識』めこん.

横山智・富田晋介（2008）「ラオス北部の農林産物の交易」クリスチャン・ダニエルス編・秋道智彌監修『論集モンスーンアジアの生態史 第2巻 地域の生態史』弘文堂，205-207頁.

吉田よし子（1988）『香辛料の民族学』中公新書.

リード，アンソニー（1997［1988］）『大航海時代の東南アジアⅠ』平野秀秋・田中優子訳，法政大学出版局.

吉田集而（1998）「味の認識と調味の類型」吉田集而編・石毛直道監修『講座 食の文化 第一巻 人類の食文化』味の素食の文化センター，369-407頁.

Duckworth, J.W., R.E. Salter, and K. Khounboline. 1999. *Wildlife in Lao PDR- 1999 Status Report*. Vientiane: IUCN.

Food and Agriculture Organization. *FAOSTAT*. http://www.fao.org/faostat/en/#data（2020年8月25日アク

セス).

Greijmans, Martin., Sounthone Ketphanh, Vichith Lamxay, and Khamphone Sengdala. 2007. *Non Timber Forest Products in the Lao PDR*. Vientiane: The National University of the Lao PDR, The National Agriculture and Forestry Research Institute, SNV Netherlands Development Organization.

International Monetary Fund. *World Economic Outlook Database*. https://www.imf.org/ external/pubs/ft/ weo/2020/01/weodata/index.aspx (2020年8月20日アクセス).

Kosaka, Yasuyuki., Lamphoune Xayvongsa, Anoulom Vilayphone, Houngphet Chanthavong, Shinya Takeda, and Makoto Kato. 2013. "Wild Edible Herbs in Paddy Fields and Their Sale in a Mixture in Houaphan Province in Lao People's Democratic Republic." *Economic Botany* 67 (4): 335-349.

Lao Statistics Bureau. 2015. *Results of Population and Housing Census 2015*. Vientiane: Lao Statistics Bureau.

Lovera, Pascal. 2018. *Survey on Botanical Orchids Use in Northern Laos- Xiengkhouang, Houaphan, Louang Prabang, Oudomxay, Phongsaly and Vientiane Provinces*. The Agro-biodiversity Initiative Project (https:// www.phakhaolao.la/ en/publications/survey-botanical-orchids-use-northern-laos-xiengkhouang-houaphan-louang-prabang).

Rundell, Philip W. 2009. "Vegetation in the Mekong Basin." In: Campbell, Ian C. (ed.) *The Mekong: Biophysical Environment of an International River Basin*. New York: Academic Press.

Saralamp, Promjit., Wangsatit Chuakul, Rungravi Temsiririrkkul, Terry Clayton. 1996. *Medicinal Plants in Thailand Volume 1*. Bangkok: Amarin Printing and Publishing Public Co., Ltd.

Thorel, Clovis. 2001 [1873]. *Agriculture and Ethnobotany of the Mekong Basin: The Mekong Exploration Commission Report (1866-1868) Volume 4*. Translated by Walter E. J. Tips. Bangkok: White Lotus Press.

Tordoff, Andrew W., Mark R. Bezuijen, J. William Duckworth, John R. Fellowes, Kellee Koenig, Edward H. B. Pollard, Antoinette G. Royo. 2012. *Ecosystem Profile Indo-Burma Biodiversity Hotspot 2011 Update*. Critical Ecosystem Partnership Fund (https://www.cepf.net/sites/default/files/final.indoburma_indochina.ep_.pdf).

第 6 章

伊谷 樹一

新しい生態系をつくる

KEY WORDS

外来樹, 環境保全, 混淆林, 砂漠化, 植林, 生物多様性, タンザニア

1　開発と環境保全のはざま

1 ……… ヒキガエルか, 電気か

　2000年初頭, その日の朝も私はタンザニアのソコイネ農業大学の薄暗いオフィスでタンザニア人の同僚たちと雑談をしていた. 朝の話題はきまって計画停電のことだった. 当時のタンザニアでは地方都市とその周辺地域の電化が急速に進められていて, 電柱用のユーカリの丸太を満載したトラックが昼夜を問わず穴だらけの国道を行き交っていた. 道路に沿ってのびる電線が地方に電気を送り, それと入れ替わるように地方の若者たちが都会に出て来ていた. 空き缶で作った灯油ランプに小さな焔を灯す農村の暮らしとは対照的に, 市街地では家の窓からこぼれた電灯の灯りが路面を照らし, クーラーの室外機が夜遅くまで騒音をまき散らしていた. しかし, それは夜の話であって, 昼間は街のなかでも電気の気配を感じない. アフリカの強烈な日差しや雑踏にかき消されているのではなく, 町じゅうが停電しているのである. 増え続ける電気の需要に供給が追いつかず, タンザニア政府は基幹産業や大都

市への送電を優先し，地方都市では昼間の電気供給を停めていた．夕方になると電気が戻った．夜間に電気を停めると治安が悪化すると政府は説明していたが，単に工場がその日の操業を終えたからだということはだれもが知っていた．

　当時の私はJICAの専門家としてソコイネ農業大学で農村開発プロジェクトに参加して，モロゴロ市にある大学キャンパス内の官舎で暮らしていた．朝食を食べ終わる頃にまず短い停電があったが，それは「もうじき計画停電が始まりますよ」という変電所からの合図だった．わが家で働いていたハウスボーイは，夕方に電気が戻るときに一瞬電圧が高くなって電化製品が壊れてしまうから，停電したら必ずコンセントを抜くようにと口うるさく言っていた．それは堰き止められていた川の水が勢いよく流れ出すのと同じ理屈だという説明に納得して，私も家じゅうのコンセントを抜いてから出勤するのが日課になっていた．職場のタンザニア人スタッフも同じことをしてから出勤していたのであろう．オフィスで顔を合わせると停電への愚痴が挨拶代わりになっていた．「キハンシの発電ダムはどうなっているんだ．昨年中に完成するんじゃなかったのか！」とだれかがぼやく．別の同僚が「珍しいカエルが見つかって，アメリカの自然保護団体が発電所の稼働を停めているらしいよ．造る前にわからなかったのかねぇ？」「カエルねぇ」といったなんとも歯切れの悪い会話を幾度となく交わしたのを覚えている．2000年頃にはタンザニアの大学でもコンピュータが各オフィスに常備されてネットワークの環境も整えられていったが，せっかくの最新設備も電気がなければ使えない．ディーゼル発電機は静寂を求める大学の環境にはそぐわず，研究室の飾りと化したコンピュータを前にして野生生物の保全や農村における森林利用の必要性に疑念を抱く研究者も少なくなかったと思う．

　タンザニアでは2004年に国産の天然ガスによる発電が始まるまでは水力がほとんど唯一の発電源であった（Mdee et al. 2018）．1961年の独立以降，5つの大型水力発電所が建設されて全国の電力をまかなってきた．既存の発電所と比べても最大級の発電量と目されていたキハンシ水力発電所は，電力需要の急速な高まりのなかで経済発展を牽引する救世主として国民の期待を一心に集めていた．ところが，総工費約3億ドルと5年の歳月をかけて完成した待望の発電所は，小さなカエルにあっけなく「待った」をかけられてしまったのである．国際自然保護連合（IUCN）の主導で環境アセスメントが実施されたが，結局のところは，人工的に繁殖させて，いつの日かこの地に戻すという名目で大量のカエルを避難させて発電所を稼働することになった．今もアメリカの動物園の無菌の人工飼育室でかすかに種をつないではいる

のだろうが，キハンシ川では瀑布の水量が減ったことで野生個体は数を減らし，スプリンクラーによる加湿の甲斐もなく2009年に野生個体は絶滅した（オコナー 2018）．

キハンシ川の水しぶきに覆われたわずかな断崖だけで生息していたカエルが「Kihansi Spray Toad（以下，キハンシスプレーヒキガエル：*Nectophrynoides asperginis*）」という名前だと私が知ったのは最近のことだが，種の絶滅よりも発電が優先されたという事実は強く印象に残っていた．次節でも触れるが，キハンシ川のある東アーク山脈は「アフリカのガラパゴス」とも称され，多くの固有種が生息している地域として知られている．生物多様性のホットスポットにおける絶滅危惧種とエネルギー開発との対峙は世界の注目を集めたが，多くの資金を投じて完成した発電所を，小さなカエルがいつまでも停め続けることはできなかった．経済が偏重される現代アフリカではとくにそうなのかもしれないが，ここでも結局は人間中心的な判断が下された．ただ，キハンシスプレーヒキガエルのように開発が種の絶滅に直結するような事例は珍しい．ふつうは住民による日常的な活動によって生態環境がゆっくりと変えられて，生物相は広範に，そして確実に失われているのであろう．

2 ⋯⋯⋯ 環境破壊の構図

広範な環境破壊は住民の手によるところが大きいのだが，農村にはそうせざるを得ない事情がある．農村の状況を理解するために，ここ数十年のタンザニアの動きを概観しておきたい．タンザニアは1961年の独立後しばらくしてアフリカ型社会主義という独自の政策を掲げて歩き始めたが，あいつぐ干ばつ，ウガンダ戦争，2度のオイルショックなどによって国の財政が破綻し，1986年に世界銀行や国際通貨基金（IMF）の勧告にしたがって経済の自由化に舵を切った．経済が混乱するなか，2000年前後に貧困削減計画，土地制度改革，地方分権化などの政策が次つぎと打ち出されていった．2003年には世界市場で鉱物資源の価格が高騰し，タンザニアのような資源国の経済はようやく息を吹き返し，それ以降GDPは現在まで右肩上がりである．しかし，農産物の生産者価格は低く抑えられているため農家の所得は上がらず，都市と農村の経済格差は拡大している．公立の小中学校の授業料が無償になり，最低限の保険制度も普及して，教育や医療にかかる経費は多少軽減しているようだが，高度な教育や医療を受けようとすればたちまち莫大な費用がかかってくる．タンザニアは教育に熱心な国で，家畜や土地を売ってでも子供を都会の私立学校に通わせよ

うとする親は少なくない.

　政府は独立以来,農業の近代化を推し進めてきた.近代農業とは,化学肥料や農薬の使用,改良品種,機械化,灌漑を基礎とした農業で,政府はこれによって食料自給と徴税による財政の安定をはかろうとしてきた.しかしながら,雨が不規則にしか降らない地域において資本を先行投資する営農はかなり無理がある.短い干ばつでもトウモロコシの収量は壊滅的なダメージを受けることがある.そうなれば借金してようやく手に入れた化学肥料もすべて無駄になってしまう.農民たちはなけなしの家畜を売って借金を返すのだが,化学肥料を使ったことで干ばつの被害は倍加してしまうのである.雨がちゃんと降れば損失を取り返せるかというとそうともかぎらず,周辺地域一帯も豊作になるので,トウモロコシの価格は暴落して,いわゆる豊作貧乏の状態に陥ってしまう.家畜をもたない世帯は山奥から自然木を切り出し,木材あるいは薪炭材として売って借金の返済にあてる.各地で繰り返されるこうした営みによって林は確実に蚕食されているのである.

　かつてタンザニアの農民は自然林が提供するさまざまな恵みを巧みに利用しながら生きてきたが,植民地期には各地に自然保護区が設けられて,野生動物の狩猟や樹木の伐採が禁止された.しかし,地域住民は生きるために林を伐開し続けざるをえず,それは人口増加や地域経済が低迷するなかで公然とおこなわれていった.独立後に保護区を引き継いだタンザニア政府はそれを管理しきれず,1998年頃にコミュニティが管理するシステム(後述)を導入していった(Kajembe et al. 2006).学校や診療所の建設,井戸掘り,道路づくりなどの公共インフラの整備に村も出資(コストシェアリング)が求められると,村評議会はためらうことなく村が管理する自然林を差し出した(内山・小林 2006).林の管理を財源のないコミュニティにまかせることで林は確実に劣化していった.

3 ……… 撹乱と均衡

　穀物の流通が自由化されたタンザニアでは,現金収入源としての稲作が各地にひろがっていった.タンザニア南部のルクワ湖周辺も,この時期に国内屈指の稲作地となった.ルクワ湖は地溝帯の底部にできた巨大な水たまりで,年間降雨量が800mmにも満たない乾燥した湖畔の盆地はアカシアを基調とする疎林で覆われていた(伊谷 2014).かつてそこが湖底であったときに形成された難透水性の土層(ハードパン)

が土壌の表層近くにひろがっているため畑作地には適さず，もっぱら家畜の放牧地として利用されてきた（神田 2011）．ところが，その地域に多くのウシを連れて移住してきた農牧民がアカシア林を切り開き，ウシと犂を使って水田稲作を始めた．水を透さないハードパンは水田に水をためるのに都合がよく，アカシアの落ち葉や家畜の糞はイネに養分を提供した．こうして生産された良質なコメはたちまち全国に知られるようになった．都会へのアクセス道路が整備されてコメの買い付け商人が村まで来るようになると，住民は先を争ってアカシア林を水田に変え，ルクワ湖畔はコメの一大生産地となっていった．

　順風満帆に思えたルクワ湖畔の稲作であったが，水田が拡大するにつれてさまざまな問題が露呈してきた．アカシア林の林床を覆っていたイネ科草は雨季における家畜の飼料であったが，林が水田にかえられたことで雨季の放牧地がなくなってしまった．ハードパンは硬くて牛耕でしか削ることができないため，この地域の水田には役牛が欠かせない．水田を拡大したことで，アカシア林から供給されていた有機物や養分が減るだけでなく，稲作に不可欠なウシも飼いづらくなっていったのである（掛谷・伊谷 2011）．この地域で調査をしていた2000年代は，アカシア林が急速に減ってしまったことでコメの収量や品質が低下し，加えてウシが他人の田畑を荒らすトラブルが頻発するようになっていた．個人がそれぞれの利益を追求した結果，稲作の存続が危ぶまれるほど生態系と社会の連携は乱れ始めていたのである．

　ところが，15年の歳月を経て再び当地を訪れてみると，ルクワ湖畔の稲作は一時の盛況さこそないものの，廃れることなく今も地域の基幹産業であり続けていた．そして，風前の灯火のように思えたアカシア林は伐開されずに残されていた．水田をひろげるだけ儲かるという状態には限界があり，資源の減少が農業生産にブレーキをかけるようになると，稲作農家をはじめ，商人や輸送業者も数が減って，資源の利用と保全のあいだには新たな均衡がつくられるようになっていたのである．こうした地域産業の盛衰は新興産業ではとくによくみられる現象で，田村（2011）はこの2つの状態を「昂揚」と「沈静」とよび，それを均衡状態へのプロセスであると考えた．つまり，破壊的に思える利己的な開発も，地域経済の発展が生態環境とのバランスのうえに成り立つことを自覚するためには避けられない逸脱だと捉えることもできる．

4 ⋯⋯ 外来樹の功罪

　長く厳しい乾季をもつアフリカの半乾燥地域では，社会の「昂揚」が鎮っても攪乱された環境に樹林が戻ってくるとはかぎらない．樹木の覆いを失った半乾燥地域の大地に陽光が照りつけるとすぐにイネ科の草本が生い茂る．そこは家畜にとって格好の放牧地なのだが，ウシは林床に現れた樹木の新芽を堅い蹄で容赦なく踏みつけ，草原をわたる野火が切り株から萌芽した新梢を毎年のように焼き払う．絶え間ない人間活動，イネ科C$_4$植物のすさまじい繁殖力と野火が，林の回復を著しく遅らせる．林の皆伐は生態の不可逆的な劣化を招きかねない危険な施業なのだが，農村地域の住民にも林を開いて商品作物を植えなければならないという切実な事情がある．

　作付けや野火が繰り返されて樹木の根が枯れてしまった土地は，熱帯特有の豪雨によって表土が浸食されて林の回復はいよいよ難しくなる．アフリカの各国政府や援助機関は，草地化・砂漠化した土地への植林活動を長年続けているが，植生が失われた原因が地域経済の停滞と強く関連していることを考えれば，すぐさま住民による自発的な植林を期待するのは難しい．耐乾性に優れた樹木や生長の早い樹木が外部から導入されることもよくあるが，市場がなければその植林が普及・定着することはない．むしろ，こうした外来樹が新天地で旺盛に繁殖して，従来の植生を圧迫しているという話をよく耳にする．もちろん外来植物には何の罪もないのだが，たまたま天敵や競合する植物がいなかったり，種子の伝搬者がいたりすると，人がコントロールできなくなるまで繁茂することがある．そういう状態になると「侵入植物」とよばれて駆除の対象にされてしまう．いったん侵入植物のレッテルを貼られると，その汚名を払拭するのは難しく，導入された当時の貢献は顧みられないまま，世界じゅうで厄介者として扱われる．外来植物が在来植物よりも優勢に繁殖するケースもあるが，そうした例をもってすべての外来樹を排除するのではなく，とくに砂漠化が進むアフリカではその活用方法を検討するべきではないだろうか．

　目下，アフリカでもっとも悪者にされている侵入植物の1つにメスキート（*Prosopis* spp.）がある（Jama and Zeila 2005; 依田・星野 2014）．メスキートはもともとアメリカ南東部からメキシコあたりに自生していたマメ科の常緑樹で，生長が早く，耐塩性，耐乾性にきわめて優れているため，1970年代から1990年代にかけて砂漠化が問題になっていたサハラ以南アフリカに導入された．しかし，メスキートの林を適切に管理

せずに放置したことで，近寄ることもできないほど密なブッシュが形成され，放牧や農耕に支障を来すようになっていった（Jama and Zeila 2005）．メスキートは，オーストラリア，アルゼンチン，南アフリカ，パキスタン，スーダンなど多くの国で有害な侵入植物とみなされ，国連関連機関や環境保護団体はメスキートの拡散を指示した政府を厳しく非難し，各地で駆除プロジェクトが展開された．

　メスキートが砂漠化に悩む国ぐにに導入されたのは，劣化した土地や塩分の多い土地で生育することが期待されたためで，実際に不毛化した土地に暮らす人びとに薪・木材・蜂蜜・家畜飼料などの資源を提供するという試みが成功している地域もある．ブッシュ状ではなく大きな株に育てれば管理しやすくなり，その利用価値が高まることで在来の生態資源の枯渇を阻むことに貢献するという指摘もある（吉川2015）．豊かな自然環境を豊かな人工的な環境に置き換えることと，不毛化した環境に人為的に林をつくるのとはまったく意味が異なる（Elliot 2008）．人間の活動が自然環境を急速に荒廃させている現代アフリカにおいて，外来樹というだけですべてを排除の対象にするのではなく，外来樹を含めた新たな生態系の形成と活用についてもっと考える必要がありそうだ．

2　　鳥が森をつくる

1……アマニ自然保護区

　東アフリカの沿岸では，ケニア南東部のタイタ丘陵（Taita Hills）から，タンザニアのウサンバラ山塊（Usambara Mountains）を経てウドゥズングワ山塊（Udzungwa Mountains）まで，大小13の山塊が距離を隔てて弧を描くように連なっている（図6-1）．それは東アーク山脈とよばれ，3,000万年ほど前に隆起した東アフリカで最も古い山地群とされている（Burgess et al. 2007）．インド洋からの湿った季節風はこの山塊一帯に雲霧林を形成している．サバンナの平原によって島のように隔絶された山林には動植物に多様な固有種がうまれていった．前節で触れたウドゥズングワ山塊のキハンシスプレーヒキガエルもその1つである．インド洋に近い東ウサンバラ山塊は固有種がとくに多く，3,450種にものぼる維管束植物のおよそ4分の1が固有種である（Doody et al. 2001）．この多様な生物相を保護することを目的として，1997年にタンザ

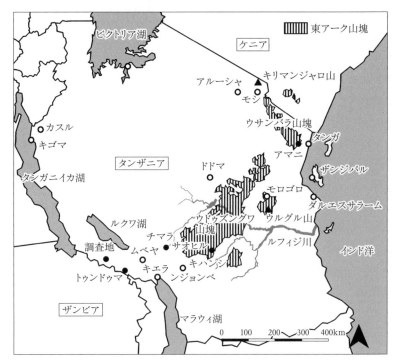

図6-1　タンザニア全図と東アーク山脈

ニア政府は東ウサンバラ山塊の一部にアマニ自然保護区を設置した．この森は，50km
ほど西にある湾岸都市タンガに生活用水を供給する水源涵養林ともなっている．

　東ウサンバラ山塊の生態は1950年代から1970年代にかけて，外国企業の大規模な
森林伐採によって大きなダメージを受けた（UNDP 2012）．1980年前後に世界の自然
保護分野で台頭してきた生物多様性保全のパラダイムによって，主要な経済パート
ナーは人工林よりも自然林への資金提供に力を入れるようになった（Kangalawe 2018）．
1990年代になると，アマニ地域でも政府や外国の支援機関は多様な固有種の保全と，
地域社会の生態系サービスの意義を強調するようになり，自然林の保全へと支援の
方針を大きく転換していった．そして，IUCNが1994年までに生態調査を完了し，森
林保護区の管理を強化する目的でアマニ自然保護区が設置された（Zahabu et al. 2009）．
保護区の総面積は8,380 haで，そこにはドイツの植民地期につくられたアマニ樹木
園も含まれていた．

1902年，ドイツ領東アフリカ植民地政府は東ウサンバラ山塊の東斜面の山麓にアマニ生物・農業研究所とその後背山地に広大な樹木園を設置した（Schabel 1990; 栗原2018）．急峻な斜面地につくられた樹木園には，環境への適合性や樹木の有用性を検証するために世界各地から集められた外来植物が試験的に栽植された（Binggeli and Hamilton 1993; Binggeli 1989）．標高の高い場所に植えられた日本のスギ，ヒノキ，クスノキなどの林は今でも見ることができる．その他，ザンジバル諸島で今は薪炭材・建材として利用されているが，もともとタンニン採集用として導入されたオーストラリア・ブラックウッド（*Acacia melanoxylon*），これもタンニン採取用としてタンザニアの南部高原に広く植林されているモリシマ・アカシア（*Acasia meansii*），建材として高地で植林されるパツラマツ（*Pinus patula*），輸出用高級材のチーク（*Tectona grandis*），電柱や薪炭材や家具などに利用されるユーカリ（*Eucalyptus* spp.）など，現在のタンザニア林業を支える主要な樹種のほとんどがアマニ生物・農業研究所に持ち込まれたのである（Schabel 1990）．

2 ┈┈┈ 外来樹 *Maesopsis eminii* とサイチョウ

アマニ研究所に導入された外来樹のなかには，種子繁殖してその地域に自生する樹種もあった．クロウメモドキ科の *Maesopsis eminii*（以下，ムシラ[1]）やセンダン科の *Cederela odorata* もドイツ植民地期にもたらされた樹種である．第一次世界大戦後にイギリスの委任統治領となってからは，1950年代から70年代に木材を得る目的で，のちにアマニ自然保護区の一部となる Kwamkoro 地域の自然林が大規模に伐採され（Binggeli 1989; Binggeli and Hamilton 1993; Kessy 1998），1960年代以降その伐採跡地に西・中央アフリカの熱帯雨林から導入されたムシラが植林されていった．当初，ムシラはナツメグ科の薬用在来樹 *Cephalosphaera usambarensis* の庇陰樹として混植されたのだが，生長が早く，わずか数年で果実を着けてまたたく間に分布域をひろげていった．ムシラの急速な広がりを危惧したタンザニア森林局は1980年代初めまでに植林活動を中止したが，すでに成熟したムシラの純林がひろがっていたため，その拡大を止めることができず生態系を乱す脅威とみなされるようになっていった．
　ムシラの旺盛な拡散には，生長の早さ，環境との良好な適合に加えて，その地域

---

(1)　タンザニアの方名．

に棲息していた野鳥による種子散播が強く関係していた．東ウサンバラ山塊にはギンガオサイチョウ（*Bycanistes brevis*, Silvery-cheeked Hornbill）とナキサイチョウ（*B. buccinator*, Trumpeter Hornbill）という2種類のサイチョウが棲息していて，標高600mより上部にギンガオサイチョウ，下部にナキサイチョウが棲み分けている．体長80cmにもなる大型のギンガオサイチョウは，長径30〜35mmの楕円形のムシラの果実を丸呑みにし，糞とともに種子を周辺の森にまき散らしていた（図6-2）．サイチョウの生態を研究しているNorbertら（2016）によれば，東ウサンバラ山塊に棲息するギンガオサイチョウは，タンザニアのほかの地域に比べて産卵シーズンが1〜2ヵ月も早く，ムシラの結実時期に合わせて産卵期が早まっている可能性を指摘している．アマニ自然保護区のガイドによると，ムシラの幹にはチャセンシダ科のオオタニワタリの仲間が多く着生していて，その着生痕にできる木洞がサイチョウの恰好の営巣場所になるという．アマニ自然保護区の小高い丘に登って樹高40mものムシラの樹海を見下ろすと，眼下にはギンガオサイチョウの群れが悠然と乱舞していた．この大きな鳥たちがせっせとその森をつくっていたのである．

図6-2　クロウメモドキ科の外来樹ムシラ*Maesopsis eminii*の枝にとまって果実を食べようとしているギンガオサイチョウ（アマニ自然保護区）．

ムシラの旺盛な繁殖力は，東ウサンバラ山塊の生態系にとって脅威になっていると多くの生態学者が警鐘を鳴らしてきた（Binggeli 1989; Hall 1995; Kessy 1998; Powell 2011）．しかし，自然林が盛んに伐採されてきたときに，このパイオニア樹が裸地化した急斜面をいち早く覆って豪雨から山地土壌を守ってきたという生態系への貢献はまったく評価されていない．アマニ自然保護区の研究者や管理官たちも，保護区では伐採できないのでこの樹木の増殖に頭を悩ましていると口では言っているが，最近になってムシラの評価は少し変わってきた．

3 ┈┈┈ 林産資源としての外来樹

　アマニ自然保護区はタンガ州ムヘザ県の北西部に位置し，ムヘザ市街地の周辺のなだらかな丘陵地にはキャッサバやトウモロコシの畑がひろがっている．東ウサンバラ山塊に向かって標高を上げていくとコショウ園が目立つようになってくる．県の農業普及員によると，近年の価格高騰を受けてコショウを栽培する農家が増えているのだという．山麓には民間企業が経営するチークなどのプランテーションがあり，その林を通り抜けると車道は深い森のなかに入っていく．森にはアフリカンマホガニー（*Khaya anthotheca*）などの高級樹木も散見される．自然保護区の入り口に集落（K村）があって，そこから Sigi 川に沿って登っていくとトラックの荷物を検査するゲートがある．このゲートは樹木の盗伐を監視するだけでなく，県の許可を得て材木を伐採・搬出するトラックから通行料を徴収している．ゲートを過ぎるといよいよ傾斜がきつくなり，しばらくつづら折りの坂が続く．急坂を登り切った先にアマニ自然保護区の事務所とツーリストのための宿泊施設がある．そこから上には遊歩道が整備されていて，自然保護区内を散策できるようになっている．車道は事務所を通り過ぎて保護区を貫くように続いていて，道沿いには保護林に囲まれた小さな集落が点在している．

　アマニ自然保護区には6つの森があり，そのなかには人間活動が完全に排除されている区画もあれば，長期にわたって植生の変遷を経過観察している森，アグロフォレストリーの試験地，また樹木の伐採が許可されているかつての植林地もある．先にも触れたように，Kwamkoro は1950〜70年代に在来樹を伐開したあとにムシラが植えられてきた森である．この森に隣接する村では，県の森林局と当該村の環境委員会の認可を得れば樹木の伐採が許される．ムヘザ県は，自然木（在来樹）の伐採・

販売には1本につき数十万シリングという桁外れに高い税金をかけるいっぽうで，ムシラのような外来樹は課税の対象から外し，伐採許可を取得するためのわずかな手数料だけで伐採を認可している．自然林を残して侵入植物の伐採を促そうとする単純な政策なのだが，これが生態系の維持や在来樹の保全にとってじつにうまく機能している．上述したゲートの係官は，そこを通過するトラックに積まれた木材の枚数を数え，県が発行した伐採許可証と照合したうえで，板材1枚につき500シリング（2019年当時のレートで約25円）の通行料を徴収している．

ムヘザ県の森林局に保管されていた木材の搬出記録（2017年12月〜2019年8月）によると，東ウサンバラ山塊からは毎月約6,000枚の板材が搬出されていて，ゲートで集める通行料は約300万シリング（約15万円）にもなる（小林 2021）．観光客の少ないアマニ自然保護区において，これは重要な収入源である．K村で調査をしていた小林（2021）によれば，持ち出されている木材の85％以上が伐採税のかからない外来樹で，その半分をムシラが占めているという．タンザニアでは，標高の高い場所で育つマツなどの針葉樹（ソフトウッド）をトタン家屋の屋根材として使っていて，近年の都市化によってソフトウッドの需要が急速に高まっていた．ムシラの木材はけっして上質ではないが，軽軟で加工しやすいため，タンガ州では屋根材としても使われていて，材木業者は非課税で需要の高いムシラを積極的に買い付けるようになっていった．生態系を崩す侵入植物として駆除の対象とされてきたムシラは，マイホームの建築ラッシュのなかで重要な森林資源とみなされるようになり，山村の貴重な現金収入源となっていたのである．

大木の洞で繁殖するサイチョウは人間活動の影響を受けやすく（北村 2009），その大群は大きな森が存在することの証しでもある．外来樹ムシラの森はギンガオサイチョウに食料と繁殖場所を提供するだけでなく，都市住民の暮らしを助け，林業関係者に収入をもたらし，さらに保護区の財政にも貢献しているのである（小林 2021）．地方自治体は外来樹を非課税にすることで侵入外来樹を商業樹へ転換することに成功した．地域住民は混交林からムシラだけを択伐する．保護区に外来樹を植林するのは禁止されているが，伐採によってできたギャップにはつねにサイチョウが種子をまき散らしてくれるので，この資源の枯渇を心配する必要はなさそうだ．アマニ研究所の職員は侵入植物としてのムシラの脅威を強調していたが，そこにはサイチョウと外来樹と人（住民，材木商，政府）のあいだに新たな関係ができあがっていることを，彼らも当然理解している．経済性を有した外来樹と在来樹の混交林は，森

林資源が劣化の一途をたどっている現代のアフリカにおいて，侵入植物を積極的に活用しながら森林環境を維持する新しい秩序のかたちを提示しているように思う．

3　外来樹の導入と商業林の拡大

1……植民地政府のもくろみ

　アマニ自然保護区がユニークなのは固有種の多さだけでなく，そのなかにアフリカ最大ともいわれる外来樹の樹木園が含まれていることである．ベルリン会議のあと，現在のタンザニア内陸部を支配下においたドイツ植民地政府は，1902年に東ウサンバラ山塊の山麓にアマニ生物・農業研究所を設置し（Schabel 1990），その東斜面の標高差と湿潤な気候を利用して世界各地から集めた900種もの植物を栽植した．アフリカの感染症，とくにマラリアや睡眠病はアフリカ内地開発の障壁となっていたため，治療薬の開発が待たれていたのである（栗原 2018）．この研究所が取り組んだマラリアの特効薬キニーネの研究は世界的にもよく知られている．太平洋戦争で日本軍がキニーネの原料となるキナノキ（*Cinchona* sp.）の主要な生産地であったインドネシアを占領したことで連合国へのキニーネの供給が絶たれ，合成キニーネの開発が急速に進んだ．その開発の基礎を築いたのがアマニ生物・農業研究所であった．同研究所はマラリアのほかにも，睡眠病，家畜のダニ熱などの研究もすすめ，インドセンダン（*Azadirachta indica*）の効能や，虫除けの薬として日本のクスノキ（*Cinnamomum* sp.）やユーカリ（*Eucalyptus* spp.），除虫菊（*Tanacetum cinerariifolium*）などの有効性を調べていった．

　ドイツ植民地政府は，世界各地からさまざまな有用植物（薬，果樹，香辛料，木材，化粧品，工芸，油料，観賞用など）を持ち込み，アマニの樹木園で環境への適合性や経済性について調べていった．そして，有用性・環境適合性が認められた樹木の植林を進めるようになった．こうした動きは第一次世界大戦後もイギリス植民地政府によって引き継がれた．第二次世界大戦前後には在来樹の植林も試みられたが，そうした試験的な植林によってアフリカ在来樹の生長の遅さが強く認識されるようになり，生長の早い外来樹を植えて自然林からの生産を補完するという方針が固められていった（Ngaga 2011）．そして，1940年代後半には針葉樹・広葉樹の植林計画が策定

され，タンザニアが独立する1961年までのあいだ，全国各地に植林地が設置されて外来樹が植えられていった．

　主要な植林樹種はパツラマツ（*Pinus patula*）を中心とするマツ類，メキシコイトスギ（*Cupressus lusitanica*），ユーカリ，モリシマ・アカシア（ブラックワトル），チーク（*Tectona grandis*）で，いずれもアマニ樹木園に導入された外来樹であった．現在，プランテーションで生産される木材の約8割をマツ類が占めている（Ngaga 2011）．生長の早いマツなどのソフトウッドは建築材として，ブラックワトルはタンニン採集を目的として全国の冷涼な山地に植えられていった．ユーカリは樹種によって建築材・電柱・家具材・薪炭材に使い分けられ，商業用だけでなく自給用としても広い環境に植林された．これらの樹種はあまり手をかけなくても幹がまっすぐに伸びるという林業向きの性質をもっていたが，それだけで植林地が急速に拡大したわけではない．植林地が形成されていくプロセスをタンザニア最大の植林地サオヒルを例に概観してみることにする．

2 ┈┈┈ サオヒル植林地

　サオヒルは東アーク山脈のウドッズングワ山塊の南西端に隣接している（図6-3）．その周囲に現存する小さな保護林を見るかぎり原植生は雲霧林であったと考えられるが，ドイツ植民地期には広大な面積が切り開かれて「はげ山」がひろがった．そこに外来樹を最初に持ち込んだのは，20世紀初めにタンザニアの南部高原で活発にキリスト教の布教活動を展開していたルーテル教会のドイツ人伝道師であった（Kangalawe 2018）．その後，第一次世界大戦によってドイツ人の入植は停滞したが，イギリス植民地政府は植林事業を継承し，環境の修復を名目にサオヒル地域の土地管理に介入していった．その背景には，紅茶・木材・除虫菊の生産拡大を見据えたイギリス政府の商業的なもくろみがあった．1935年にサオヒル内にも樹木園が設置され，アマニ樹木園から持ってきた外来樹を育てながら，有効な樹種の苗を周辺に植林していった．サオヒルにおける植林事業が軌道に乗ったことで，植民地政府は各地に森林保護区を設けるとともに，自然林を伐採して外来樹のプランテーションを造成していった（Zahabu et al. 2009）．

　タンザニアの初代大統領ジュリアス・ニエレレは植林プランテーションを産業振興の手段の1つと位置づけて，ウジャマー村政策によって強制的に接収した土地に

図6-3　サオヒルのユーカリ（*Eucalyptus* sp.）植林地

植林地を拡大していった．1970年代から1980年代前半は，相次ぐ干ばつに加えて，ウジャマー村政策の不調，東アフリカ共同体の崩壊（1977年），2回のオイルショック（1973/1974年，1978/1979年），ウガンダ戦争（1978-1979年）によってタンザニアの経済は疲弊していったが，世界銀行の2度にわたる支援（1976～1992年）によってサオヒルのプランテーションはなんとかもちこたえることができた．

　いっぽう世界では1980年前後から生物多様性保全のパラダイムが台頭し，貴重な遺伝資源が深刻な脅威にさらされているという主張が一部の主要なドナーを惹きつけ，タンザニアでも植林に向けられていた資金は環境保全へと流れていった（Kangalawe 2018）．タンザニアは1992年に生物多様性条約に調印し，同年に生物多様性のホットスポットとして東アーク山脈にウドゥズングワ国立公園が設立された．国立公園のすぐ隣にあるサオヒルにおいても総面積（約136,000ha）の2/3は植林地であるが，1/3は生物多様性保全や水源涵養の林として伐採されずに残された．植林から自然林の保全へとパラダイムが大きく変化するなか，経済活動が既存の植林地に向けられたことで自然林への負荷が軽減したことは間違いないだろう．

　サオヒルはタンザニアでも屈指の多雨地域であり，広大な植林地が雨を受け止め，

その一部はキハンシ川の主要な水源となっていて，年間を通じて安定的に豊富な水を河川に供給していた．そのおかげで下流に水力発電所がつくられたのだが，皮肉なことにこの豊富な水量のおかげでキハンシスプレーヒキガエルは絶滅に追いやられてしまったのである．

3······参加型森林管理のひろがり

生物多様性の保全に重点を置いた政策は，資源利用をめぐって住民の反発を買った．植民地期に多くの森林保護区を設けて地域住民から保有権や用益権を剥奪したことで，住民が持続的に林を利用・管理しようとするインセンティブをも奪っていたのである（Waiganjo and Ngugi 2001; Zahabu et al. 2009）．市場経済が浸透するなか，管理する者のいない林は盗伐などで著しく劣化していった（Misana et al. 1996）．住民が将来にわたってその地域の森林資源を活用できると考えれば，主体的に林の管理に参加して，自らその利用を規制しながら適正に管理するようになるというもくろみのもと，2000年代中頃に自然林の管理を住民に委ねるという参加型森林管理（Participatory Forest Management: PFM）という考え方が導入されるようになった．参加型森林管理には，森林周辺のコミュニティだけで自然林を管理する「コミュニティによる森林管理（Community based Forest Management: CBFM）」と，政府（県や中央政府）と周辺コミュニティの双方で自然林を管理する「共同森林管理（Joint Forest Management: JFM）」がある．短期的な個人の利益と長期的な共同体の利益のどちらを優先すべきかというつばぜり合いはつねにあるにせよ，これによって林の回復が認められている地域もある（Blomley et al. 2008）．

そのいっぽうで，私が観察したタンザニア南部の農村では，農村開発にコストシェアリングが求められるなかで，井戸建設費の村負担分を捻出するために村評議会はためらうことなく村が管理していた自然林での大規模な炭焼きを許可し，広大な自然林がまたたく間に裸地にされてしまった．林の管理は，その保有権を住民に戻せば住民が主体的に保全するというほど単純ではない．政府が林から人を追い出していた長い歳月に，社会経済の状況はもとより，林地が地域住民の資源であるという認識も大きく変わっていたのである．

PFMは自然林を保全するための最善策であると考えられていたため，そのシステムを人工林にも採用しようという動きが現れた．サオヒルのプランテーションでも

PFMが取り入れられたが，プランテーション林業におけるPFMは防火の見返りに周辺のコミュニティを経済的に支援するというトップダウンのアプローチであり，参加型の要素の一部を思想的ではなく，現実的な事情で利用したにすぎなかった（Kangalawe 2018）．ただし，ンジョンべ州の住民が主体的に運営している植林事業では全住民による野火監視システムが実践されていて，それは参加型森林管理とよぶにふさわしいものであった（近藤 2011b）．

4　　地域社会に内部化した外来樹

1 ⋯⋯⋯ キリスト教の布教と外来樹の拡散

アマニに持ち込まれた外来樹を地方で大規模に植林したのは植民地政府であったが，それに先だって各地にひろめたのは教会であった．

ベルリン会議のあと，1986年からタンザニアはドイツの間接統治下に入り，ドイツ系宣教会の活動が目立つようになっていったが，宣教師たちは植民地政府とは距離を置きながら帝国主義的ナショナリズムの道具となることを拒んでいた（小泉 2002）．1891年には，モラヴィアン宣教会とルーテル派ベルリン宣教会がタンザニアの南西部のマラウィ湖周辺で，1892年にはルーテル派ライプチッヒ宣教会が北東部のアルーシャ周辺でそれぞれ活動を開始するなど，1900年代初頭に向けて，宣教活動が全国的に展開していった．宣教師たちは各地に布教活動の拠点となる教会を建設していったが，半乾燥地域にはまっすぐな樹木が少なく，彼らは教会の敷地内にまっすぐに育つ早生樹を植えていった．その中心的な樹種がセンダン科やフトモモ科ユーカリ属の外来樹であった．

第二次世界大戦後，1950年代を中心にタンザニア各地で広範な植生調査が実施され，そのときの植物標本が今もタンガ州ルショト県のタンザニア森林研究所のハーバリウムに保管されている．それらを調べてみると，膨大な在来植物に混ざって外来樹の標本が散見される．アマニ樹木園に導入されたセンダン科の樹木には中南米や南アジアから持ち込まれた外来樹があり，各地の教会や病院の敷地，幹線道路沿いでサンプリングされている．例えば，*Cedrela odorata*（以下，セドレラ）は1940年代にはすでに中部のモロゴロ州に導入され，1960年頃にローマカトリック教会がウル

グル山南麓のKimbozaの森にチークとともに植林している（Morogoro Catchment Forest Office. 2002）．その後，セドレラはウルグル山麓で各家の庭先や畑の隅，道沿いに植えられて自家消費されるようになっていった．

　第2節で紹介したアマニ自然保護区内でも，標高の低い地域ではこのセドレラの山引き苗（自生した実生苗）を庭や畑で育てて木材を出荷している（小林 2021）．同じセンダン科の *Toona ciliate*（以下，トーナ）はセドレラよりも標高のやや高い地域にひろまった樹種で，これについては次節で詳述する．広い地域で植えられるようになったのはユーカリ属の樹木である．ユーカリも教会の建材，植林地に防風林や境界林として持ち込まれ，生長が早く，建材や薪炭材としても優れていたので，農家が家の周りに植えるようになった．ただ，ユーカリを植えると大量に地下水を吸い上げて作物の生育が悪くなると信じられていて（Mbuya 1994），植林は道沿いや土壌の浅い非可耕地に限られていた．

　標高の高い地域では，パツラマツやイトスギに混ざってアカシアの群落をよく見かける．これはブラックワトルとよばれ，オーストラリアからアマニ経由で持ち込まれた外来樹である．1949年にはサオヒルの近く（現在のンジョンベ州）にイギリス資本のタンガニイカ・ワトル会社の工場が建てられ，ブラックワトルの樹皮からタンニンを採集するための植林が始まった（近藤 2011a，2011b）．この会社はブラックワトルの種子を住民に配って植林を依頼したが，買い取り価格が低すぎたのか住民はそれに応じなかった．1970年代に入って，ウジャマー村政策によって集村化政策が実施されると，山野に散らばって住んでいた人たちが道路沿いのウジャマー村（「同朋の村」を意味する行政村）に移住させられた．もともとウジャマー村周辺に住んでいた地主は自分の土地が政府に接収されるのを恐れ，手当たり次第にブラックワトルの種子を播いて薪採り場として使っているように見せかけた．これによっていたるところにブラックワトルの群落がつくられていったのである（近藤 2011b）．

　ブラックワトルの生育は驚くほど早く，10年も経てば樹高10mを超える密林を形成した（図6-4）．林を切り開けば，その木材からは良質な薪炭がとれ，腐葉土などで養分が蓄積した伐採地では数年にわたって作物を育てることができた．旺盛に繁殖するブラックワトルであるが，標高の低い地域ではまったく生育せず，種子は火入れで熱せられないかぎり発芽しない「硬実」であるため野放図に拡散する恐れはなかった．住民は計画的にブラックワトルを植えて製炭と焼畑を繰り返すようになった．近藤（2011b）はこれを「造林焼畑」とよび，人工林を使った焼畑の内発的な展

図6-4 焼畑跡地に群落をつくるブラックワトル（*Acacia meansii*）の林（7年生）

開として詳しく報告している．外来樹が地域社会の生産システムに取り込まれた好
例である．

2 ⋯⋯⋯ 経済の自由化

　1985年10月にニエレレ政権は莫大な負債を抱えてアフリカ型社会主義に幕を下ろ
し，後任のムウィニ大統領は世界銀行やIMFが推す構造調整計画を受け入れて，資
本主義路線に舵を切った．国家によって擁護されていた各種組合は財政が破綻して
倒産し，地域経済は大混乱に陥るなかであらゆる物資の取引が自由化されていった．
木材もその例外ではなく，サオヒルのユーカリやパツラマツが中国へ大量に輸出さ
れた時期もあった（Zahabu et al. 2009）．2000年代に入ると参加型森林管理が導入され
た反動で保護林の伐採が急速に進んでいった．各地で盗伐も横行し，政府は自然林
の伐採規制を強化したが，泥縄式の政策では林の荒廃に歯止めをかけることはでき
なかった．高級家具に使う銘木がことごとく切り尽くされると，その矛先は政情が
安定しつつあったモザンビーク，広大なミオンボ林が残るザンビアやコンゴ民主共
和国へ向けられていった．タンザニア南部の国境の町には木材倉庫が軒を連ね，マ
メ科のカリンの仲間である *Pterocarpus angorensis* や，*Afzelia quanzensis* などの高級木材

が堆く積み上げられていた（図6-5）．周辺国から集められた木材はタンザニアのトラックに積み込まれ，ダルエスサラームの港から海外へ輸出されている（Chenga and Mgaza 2016, Milledge et al. 2007）．

2000年になって地方分権化が進められ，大きな自治体は分割されて小さな州や県が次つぎとつくられていった．新しい州庁や県庁の所在地ではインフラが整えられ，仕事を求めて多くの農民が村を離れて集まってきていた．わずか数年で，何もなかった田園にトタン屋根もまぶしい住宅街や商店，ホテル，バーが忽然と現れ，バスやオートバイが行き交う町が誕生することにもあまり驚かなくなった．住宅はレンガ造りで，屋根材と窓枠には高地から運ばれてくるマツ材などのソフトウッド（安価だが強度がない）が使われていた．屋根にトタンを打ち付け，ソフトウッドで仮の玄関扉をつくればとりあえず雨露をしのぐことができる．土間に敷いたゴザの上で寝起きしながら何年もかけてゆっくりと家具を買いそろえていくのだが，日雇いの収入では天然材の家具には到底手が出ない．都会に集まってきた多くの住民が求めているのは，人工林から切り出された安価なハードウッド製の家具であった．

材木商はその調達に苦慮し，農家が自家用の薪として育てていたユーカリ（*Eucalyptus camaldulensis, E. saligna*）の立木を買い取って製材していた．さらに，高原の道路沿いで紫色の美しい花を咲かせるジャカランダ（*Jacaranda caerulea*），マンゴー（*Mangifera indica*）

図6-5　トラックから下ろされるザンビア産の天然材木材（タンザニアとの国境）

やパラミツ（*Artocarpus heterophyllus*），アボカド（*Persea americana*）などの果樹の成木も木材用に伐採されていった．政策方針を社会主義からの資本主義に転換したことで，教育や医療は受益者負担となり，自給的な生活を送っていた地方の農村では現金の獲得に躍起になっていて，売れる物は何でも売ってしまうのが当然のように，植民地期の面影を残す情緒ある町並みから街路樹が剥ぎ取られて無機質な家屋がむき出しになっていった．

3 ⋯⋯⋯ 小農的林業

タンザニア政府は慣習的な土地保有を尊重しながら，1999年土地法と1999年村落土地法を定めて土地法制の改革に着手した（池野 2015）．ひと口に慣習的な土地保有といっても，その形態は地域や歴史によってさまざまである．植民地時代に収奪された土地やウジャマー村時代に接収または譲渡された土地の扱い，金銭によって貸借・売買された土地など，二重三重に保有権が存在していて，保有権者を特定するだけでも容易ではない．いっぽう，木を植えるという行為は，土地の保有権と強く関連づけられるので，保有者が曖昧な土地に樹木を植えることは諍いの火種になりかねない．諍いを避けるために，人びとはどうしても植林には消極的になりがちで，周囲のだれもが認める「自分の土地」や道沿いなどの境界の土地にしか樹木を植えることができないのである．2000年代に入って，個人の土地が村政府によって登記されるようになると，「自分の土地」に樹木を植えやすくなってきた．ただ，狭い農地から食料と現金収入の両方を得ている農家にとって，畑の多くを植林地で占めるわけにはいかない．家の周りや畑の隅に少しだけ木を植え，必要に応じて出荷するしかない．

アマニ地域のK村に暮らす農民は畑のなかに疎らにセドレラを植え，現金が必要になったときは近隣の世帯に声をかけて一緒に出荷することで仲買人が買い付けに来やすくしている（小林 2021）．各農家が小規模に植林して共同で出荷する小農的な生産システムは，まとまった収入こそ得られないが，植林地の環境を劇的に変えずに林から継続的に収入を得る方法であるといってよいだろう．流通が自由化され，ハードウッドの需要が高まったことで，農家は木材からも収入を得られるようになっていった．全国各地のユーカリ，アマニ地域のムシラ，ンジョンベ州のパツラマツやモリシマ・アカシア，モロゴロ州のセドレラやチークなどの植林は，いずれも農

家が地域の環境にあった外来樹を生業のなかに取り込んでいったもので，それは直接・間接的に自然林への負荷を軽減することにもつながっている．

5 トーナという外来樹

1 ········ 忘れられた外来樹

もう1種類，やはり20世紀初頭にアマニ地域に導入されて，タンザニアでわずかに植林されてきた外来樹を紹介しながらアフリカの生態環境の今後を展望してみたい．

タンザニア南部のソングウェ州に1つの外来樹がひっそりと生えている．この地域の生態環境や生業について調査してきた私はこの外来樹の存在こそ知っていたが，数も少なく増える様子もないのであまり気にとめていなかった．あるとき，村に作業小屋を建てることになり，町までマツの角材を買いに行くことになった．そのことを聞きつけた1人の村人が，自分が村で育てた木材を売りたいと言って角材のサンプルを持ってきた．村で「ムセンデレレ」とよばれている外来樹で，15年ほど前に家の庭に植えたものだという．木材の表面は少しささくれてはいたが，ピンクがかった赤色が美しく，重厚ではないが丈夫そうに見えた．長い材がとれ，加工しやすく，シロアリにも耐性があるので，トタン板の普及にともなって村内の屋根のフレームにはこの材が使われるようになっていた．実際に使ってみると，歪みも反りも少なく，軽軟で屋根のフレームには非常に適した木材であることがわかった．

「ムセンデレレ」の学名を調べるために植物標本をつくって現地の大学や森林研究所の林学者に見てもらい，それもセドレラ（*C. odorata*）であると同定してもらった．ところが，タンザニア樹木種子協会の元職員で植物分類のスペシャリストであるR氏は，標本からセドレラ特有のにおいがしないことを不思議に思ってさらに注意深く調べてくれた．その結果，それが *Toona ciliata*（以下，トーナ）という別の樹種であることをつきとめてくれた．かつてトーナの学名は *Cedrela tonna* とされていたが，1940年代に *Toona* 属が新たにつくられて *Cedrela* 属から離れたことでタンザニアにおける商業木のカテゴリーからもれ落ちてしまったのである（Chihongo 1999）．セドレラは南米の木，トーナは南アジアの木で，植物学的にも明確な違いがあるのだが，外観

が酷似しているために両種が同じ時期に持ち込まれたタンザニアでは混同されてしまったのであろう．トーナの材質はセドレラよりも優れているのだが過小評価されてきたのである．ただ，この2種が同所的に植えられているアマニ地域やモロゴロ州のウルグル山麓の農民や家具職人は，両者の違いを明確に認識して使い分けていた．正しく同定できたことで，私も文献や聞き取りから得られる情報と現物を正確に対応させることができるようになった．

　トーナとセドレラの見分け方を簡単に説明しておくと，この2種の樹形や葉の形状はよく似ているが，葉に触れてみると，ときには植物に近づいただけで，セドレラが放つ強い芳香に気がつく．セドレラの原産地である南米では，この材でつくった木箱にハバナ産の高級葉巻を入れ，材の芳香を葉巻に移して楽しむのだという．そのためセドレラは「シガー・ボックス・シダー」などという針葉樹のような別称ももっている．人にもよるのかもしれないが，この生葉が放つにおいはとてもかぐわしいとはいいがたく，日本のクサギ（*Clerodendrum trichotomum*）を彷彿とさせる鼻につくにおいをわざわざ葉巻に移して楽しもうという感覚は理解しづらい．嗅覚というのは地域や習慣によって異なるものだとつくづく感じるのだが，アフリカのヤギもこのにおいは好きではない．セドレラの葉をヤギに食べさせてみると，「ベベベベー」と悲鳴を上げる．村人は「ヤギは口に入れたものを吐き出せないので，まずいと思っても飲み込むしかない．だから，一度食べてまずかった葉っぱは二度と口にしないんだ」と言っていた．形状のよく似たトーナにはこのにおいがないので，ヤギはにおいで嗅ぎ分けてトーナの葉だけを食べる．そのため，ヤギのいる集落でこの2種類を区別せずに育てると，トーナだけが消えていくのである．

　外観でわかる明らかな違いは果実のサイズである．果実はいずれも蚕の繭のような流線型をしているが，セドレラは4×2 cm，トーナはそれよりもはるかに小さい2×1 cmで，その大きさから2種を簡単に識別できる．果実もしくは裂開したあとの堅い果皮が枝先や株元に残っていれば間違えることはないだろう．

　タンガ州ルショト県にあるタンザニア森林研究所でも現役の研究員はトーナを認識しておらず，その樹木園にはセドレラしか生えていなかったが，研究所が所管するハーバリウムには1950年代前後に採集されたトーナの標本がきれいに残されていた．研究員が電話であちこち問い合わせてくれて，アマニ自然保護区にトーナの古木が残っているとの情報をえた．さっそく保護区を訪ねてみると，ドイツ植民地政府が建てたアマニ生物・農業研究所の跡地にトーナの大木が悠然とたたずんでいた．

林業の専門家たちですら認知していなかったトーナであったが，アマニ自然保護区周辺に暮らす村人たちはその特性を正確に把握して，セドレラとうまく区別していた．

　ルショトのハーバリウムにはトーナの標本が8点保存されていた．標本の記載をみるとほとんどが1950年代前後に，いずれも古い教会や聖書学校のあった場所でサンプリングされている．その1つであるムベヤ州のチマラ教会を訪ねてみた．そこはドイツの植民地期に養豚場があったとされる場所で，第二次世界大戦後に聖書学校となり，今は教会と病院になっている．敷地内には胸高直径が1mを超えるトーナの大樹が並木をつくっていて，その最大のものは胸高直径が1.9mもあった（図6-6）．チマラを訪れた8月は枝先に裂開した果皮がまだ残っていて，確かにトーナであることが確認できた．教会の関係者によると，トーナの木材で作った机や椅子は今も病院や礼拝堂で使われていて，敷地の並木は切り株から再生した二代目と三代目の樹木だという．ハーバリウムの標本に記載されていた情報をもとにタンザニアにおけるトーナの分布を踏査してみると，標本がサンプリングされたすべての場所にトーナは現存していた．そこに地理的な連続性はなく，孤立した各分布域の中心にはかならず古い教会があった（図6-7）．トーナを各地に広めたのは教会関係者であることはまちがいなさそうだ．ムベヤ州の南と西側に隣接するソングウェ州では，1950

図6-6　チマラの教会に生えていたトーナ（*Toona ciliata*）の大木（胸高直径1.9m）

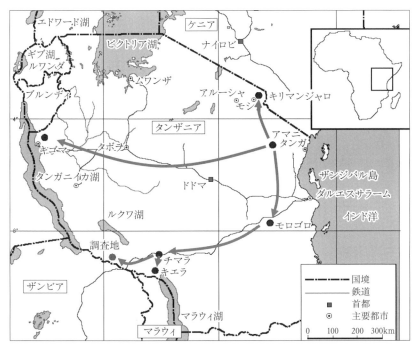

図6-7　タンザニアにおけるトーナの伝播ルート（1950年以前）

年頃にモラヴィアン教会の神父がトーナを村むらに植え，その種子を周囲の農村に配っていたと村の古老が語っていた．

　ソングウェ州ヴワワ県の中心地ヴワワの周辺には，ムベヤ州のルングウェ山由来と思われる火山灰が厚く滞積している．肥沃な土壌と豊富な雨に恵まれたこの地域は古くからコーヒーの産地として知られていて，各農家が家屋の周りにコーヒー樹を植えて丁寧に世話をすることで良質な豆を生産してきた．独立後のタンザニアにとってコーヒーは数少ない外貨獲得の手段であったため，こまめな管理を必要とするコーヒーの栽培地域ではウジャマー村への集住が免除されて散居形態を維持することができた．貴重な現金収入源を求めてヴワワ周辺には各地から多くの人が集まってコーヒーを育て山野はことごとく開墾されて薪や木材がなくなっていった．経済的に豊かなコーヒー農家は薪炭を購入するようになっているが，なかには畑の端にトーナを植え，樹高３ｍほどで低く切りそろえて畑への光遮蔽を少なくし，葉を舎飼い家畜の飼料に，枝を燃料に，幹を建材に利用する農家も現れた（図6-8）．外来

図6-8 畑の縁に植えたトーナの幹を3mほどの高さで切り，再生枝は薪として自家消費し，幹は木材として販売する．

樹をうまく地域社会に取り込むことで，失われた自然林が担っていた機能を補ってきたのである．

2 ⋯⋯⋯ 市場の反応

私の調査地ソングウェ州モンバ県の農村で手に入れたトーナの角材を持って，ダルエスサラーム最大の材木市場ケコ（Keko）を訪ねた．ベテランの材木商に角材を見せると，しばらく考えてから「これはムカンガジだな」と言って倉庫に保管されているモザンビーク産のストックを見せてくれた．ムカンガジ（mkangazi）とは，アフリカンマホガニーとして知られているセンダン科カヤ属の樹木（*Khaya anthotheca*）を指すスワヒリ語で，かつては東アフリカから中央アフリカの湿った場所に自生していた（Mbuya 1994）．中南米のマホガニー（*Swietenia* spp.）の伐採がワシントン条約によって厳しく規制されたことで，ムカンガジがその代替品として世界じゅうに流通したのである（Chihongo 1999）．赤い材質とリボン杢目が美しい家具材として高値で取引されたことで，今ではムカンガジも希少化している．材木商がトーナ材をそれと見間違えたのは外観や比重がよく似ているためであるが，文献で物理性を比較

してみても仕上がりの美しさや曲げ強度などの特徴も類似していて（Lemmens et al. 1995），次はトーナがムカンガジの代替品になるように思えた.

　いっぽう，20世紀中頃のモラヴィアン教会の活動もあって，ソングウェ州の村むらにはポツポツとトーナ樹が生えている. 州の中心地ヴワワで材木商を営む男性はトーナのことをよく知っていて，「あれは植林されたムカンガジだよ. とっても良い材でときどき農家が持ち込むが，入荷したらすぐに売れてしまう. 10年ほど前（2010年頃）にキエラ産の木材が大量に出回ったことがあったが，あれ以来入荷がないから切り尽くされたのかもしれない」と教えてくれた. キエラ（Kyela）とは，マラウィ湖の北岸に位置するムベヤ州キエラ県のことで，ルショトの森林研究所のハーバリウムにもキエラの標本が保管されていた. 後日，キエラを訪れてみると，車窓からトーナの立ち木は確認できなかったが，道路の拡幅工事のために切り倒された1本の大木を見つけた. 通りすがりの人に尋ねると，かつてはたくさん生えていたが，やはり10年ほど前に材木商がやってきてすべて持っていってしまったのだという. 現存するのは，ダルエスサラーム在住の不在地主が教会から買い取った林だけだという. どうやらトーナはときどき出回る良材として木材関係者のあいだではよく知られた存在のようだ.

　実際にトーナがどれほどの価格で取引されるのかをみるために，ソングウェ州の調査村で育てていた15年生と18年生のトーナ2本を買いとり，村内で木挽き製材した板を使って，町で家具を作って販売してみた. 村では1（インチ）×8（インチ）×7（フィート）サイズの板が1枚5,000TSh（タンザニアシリング：2018年当時の換金レートで250円）で売買されていて，その価格の6〜7割（3,000〜4,000TSh/板）を木挽き製材の労賃が占めていることがわかった（図6-9）. 丸太1本から板は5〜10枚とれるので，木1本から得られる収益は5,000〜20,000TShであった. ちなみに，町の製材所で電動丸ノコを使うと，1枚わずか300TShで製材できるので，丸太1本から木の所有者が得る収益は23,500〜47,000TShに跳ね上がる.

　ヴワワの町に工房を構える腕のいい家具職人にトーナ材を渡してソファ・セット（3人掛×1＋1人掛×2＋テーブル）とベッド（5×6フィート）を作ってもらった（図6-10）. 家具ができあがった1月は何かと出費が多くて大型家具などは売れない季節であるが，家具職人が「これはすぐに売れる」と言ったとおり，仕上げのニスを塗って工房の前で乾かしているとすぐに買い手が付き，ソファとベッドの代金378,000TShを即金で支払ってニスが乾くのを待たずに持って帰ったという. そこか

図6-9　櫓（やぐら）を組み，その上に丸太を乗せて大鋸でトーナの丸太を木挽き製材する．

ら150,000TShを家具職人に工賃として払った．このときは私が車で木材を町まで運んだが，材木商から得た情報をもとに丸太50〜70本分の板材を7tトラックで搬出するときの輸送費を試算し，板1枚を搬出するのにかかる輸送費が約1,000TShであると推定した．その他の諸経費を差し引いて残った120,000TShを木の提供者に支払った．当初の約束では丸太2本で20,000TShだったので，彼は目を白黒させて驚いていた．これには材木商の利益が若干少なく見積もっているので純益はもう少し低くなるかもしれないが，現金収入源のほとんどないこの村では破格の収入が見込めることがわかった．その噂はまたたく間に村じゅうにひろまり，トーナ植林への関心は一気に高まっていった．

　木材を町ですぐ現金に換えてしまうのではなく，この村の生活水準を向上させることも考えたかった．これまでの生活状況に関する調査結果をみると，この10年ほどのあいだに村の全戸が草葺きからトタン屋根に葺き替えている．これは村が経済的に豊かになったわけではなく，農牧民がウシの大群を引き連れて村の近くまで放牧に来るようになって屋根葺き用の草を食べ尽くしてしまったためである．トタン屋根・レンガ造りの家に住んではいるが，家財道具は少なく，ベッドを持っているのは小学校の教師や商店主を含む2割の世帯だけで，ほとんどの村人は土間にゴザを敷いて寝ている．地元産の木材で安くベッドを作ることができれば，湿気やほこり，吸血生物からも解放されて，居住性はすこぶる改善される．5年ごとの大統領選挙のたびに電柱が村に近づいてきて，2020年の選挙前にはとうとう村まで電線が

図6-10　町の家具工房でトーナ材の家具をつくる.

　ひかれた．各家庭に電灯が灯るのはもう少し先のことになりそうだが，村に製材所
や家具などの工房ができるのも夢ではなくなってきた．
　林産物が地域の経済や生活を変えられそうな時代がようやくやってきたのだが，残
念なことに村には肝心の林がなくなっていた．

3 ……… 植林の課題

　トーナは水はけのよい土壌を好み，干ばつにもよく耐えるが，川沿いなどで水環
境に恵まれればパツラマツやユーカリをはるかにしのぐ早さで生長する．タンザニ
アの標高300〜1,400mの広い範囲でトーナの巨木を確認していて，生育適温の幅も
広い．材質は軽軟で加工しやすく，強度があり，仕上がりも美しくて建材や家具に
向いている．このようにトーナは生産においても消費においても，いまのタンザニ
アの状況によくマッチした樹種であるが，これを積極的に育てようという動きはこ
れまでなかった．
　農家が樹木を育てようとする動機は市場の有無である．パツラマツなどの針葉樹
は，政府が大規模に植林しながら市場を確立していったことで多くの農家が安心し

て林業に参入することができた．また，アマニ地域やウルグル山麓では，森林保護区や教会の周辺で自生していたセドレラを農家が生活のなかで使い，その実用例に木材商人が反応してローカルな材木市場をつくっていった．その後は，農家がセドレラの生産を担って高まる木材需要に応えていったのである．ただ，国内向けの広葉樹林業は全国的にも前例がほとんどなく，こうした偶発的な動きでもないかぎり，経済的な見通しや育林技術などの情報が少ないなかで林業へのモチベーションを高めるのはむずかしい．

　先にも少し触れたが，トーナの植林がひろがらないのは家畜の飼い方とも深く関係している．トーナもセドレラと同様に翼のついた種子を風で飛散させる．タンザニアでは乾季終盤の10月頃に枝先で果実が裂開して完熟した種子を周囲にまき散らす．雨とともに村のあちこちで出芽するが，翌年に作物が収穫されて村内にウシやヤギが放されると，トーナの幼樹はきれいに食べ尽くされてしまう．苗の保護なしに村内でトーナを育てるのは容易でなく，チマラの教会で見た大木の並木は敷地内への家畜の侵入を防いでいたためだと考えられる．マラウィ湖畔のキエラ県やソングウェ州のヴワワ周辺においてトーナが育てられたのも，そこが古くからカカオやコーヒーの産地であったため家畜を放し飼いにする習慣がなかったことと関係している．アフリカでは家畜の放牧が植林の大きな妨げとなってきたのである．

　アフリカにおける複雑な土地利用も植林の弊害になっている．私が知る農村ではどこでも，樹木の所有権はその木を植えた人に帰属する．他の人はその木を勝手に切ることができないため，木の生えている周りの土地の実質的な用益権は木の所有者が有することになる．この暗黙の了解があるため，借りている土地や保有者が曖昧な土地には木を植えにくい．村のほとんどの土地には複数の保有者がいたり，クランで共有していたりするので，簡単には植林できないのである．タンザニア政府は，1999年に発布した村落土地法において，各人の慣習的な土地利用の権利を認めつつ，土地登記によって土地の保有権を正式に認めることを明文化した．私の調査地でも2004年から土地登記が始まったが，GPSも地図もないなかでの登記作業は難航した．ある土地とそれに隣接する土地の保有者がすべて現場により出され，全員立ち会いのもとで境界を定めて合意していく．境界線を文章で登記簿に書き残しながら細部は参加者の記憶に委ねられた．土地の広さは保有者の申告どおりに記されるが，農民たちは将来的に土地面積に応じて課税されないことを祈りつつ，少し広めに申告するようにしていた．登記簿に記載されないと永遠に保有権が抹消されて

しまうので，村のすべての土地が一気に登記された．土地私有化の是非はともかくとして，個人の保有権が定められたことで木を植えやすくなってきたと村人は言っていた．

6　　新しい生態系をつくる

　植林にはまだ多くの課題があるにせよ，タンザニアでは林業を地域経済に取り込もうとする兆しが各地でみられ，農村社会における林のあり方も少しずつ変化しているように思う．ただし，砂漠化や温暖化の問題は，草原が商業林に置き換われば解決するというものではなく，林が恒常的に維持されなければ意味がない．そのためには，経済の動きに翻弄されにくい，さまざまな機能を包み込んだ林の形成を目指していくことになるのだろう．生物多様性の保全の観点からすれば，林はバイオマスだけでなくその質も問われなければならない．この節では，生態環境を質的・量的に高い次元で維持するとはどういうことなのかを考えてみたい．

　この章の冒頭で述べた発電所建設の事例のように，自然から得られる膨大なエネルギーとその施設の建設に投じた莫大な経費の前に，ちっぽけなヒキガエルはあっけなく生態環境から引き剥がされてしまった．本来はヒキガエルを含む環境全体の保全が問題となっていたはずなのに，いつしか争点がヒキガエルの希少性にすりかえられて，とりあえず遺伝子を残すという合意で議論に幕が下ろされてしまった．このヒキガエルはアメリカのどこかの動物園で今も生命をつないでいて，いつの日か環境がもとに戻ればキハンシ川に放たれることになっているが，大きな経費を投じてこの滝の環境を修復しようとする日がくるとはとても思えない．絶滅危惧種の保全はもちろん重要であるが，この問題の本質は，人が自然を破壊しても「もとに戻せる」と考えているところにある．自然環境を哲学や美学の立場から論じてきたElliot（2008）は，美術品とその贋作に対する評価の違いを例にあげながら，自然の価値はその起源や成り立ちにあると主張して，自然を破壊しても人為によって復元できるという人間の傲慢さを牽制している．人が自然を復元できるということを疑わないのであれば，ひとまず遺伝子を残しておけばよいという妥協案がつくられてキハンシスプレーヒキガエルのような悲劇がこれからも繰り返されることになるのだろう．

現代アフリカがおかれている経済の状況や人口の動向をみれば，森林の開発を否定ばかりはしていられないが，そのやり方にはまだまだ改善の余地はあると思う．「人間は自然を復元できる」という傲りを捨てるだけでも，開発の目標だけに邁進するのではなく，環境の撹乱を小さくするために議論を尽くし，そのために高度な技術や多くの経費をつかうようになるかもしれない．また，人間の撹乱がつねに生物の多様性を減らしているかというとそうでもなく，日本の里山にみるように安定的な状態を人為的に保つことで多様な生物が棲息できる環境をつくることもある（伊谷 2014）．撹乱してしまった環境を不毛状態へ堕落させずに，生態的に豊かな状態へ引き上げようとする努力によって生態環境の利用と再生の均衡を保つことができる．逆に，生物の種類では劣るかもしれないが，自然の状態が長く保たれたからこそ維持できる環境ももちろんある．こうしたさまざまな状態が存在してこそ多様な生物を育めるのだが，私たちはその多様な状態をもうまく利用し維持することをめざすべきで，それが高い次元での環境保全であると私は考えている．

　都会における木材・薪炭材需要の高まりや都市―農村の経済格差の拡大という構図のなかで，農村の森林資源は否応なしに搾取されてきた．こうした物質の流れに逆らって豊かな生態系を維持するには，生態系にある程度は生産の効率性や経済性を取り入れる必要がある．この 1 世紀のあいだにアフリカ半乾燥地の環境に適合する外来樹がいくつも見いだされ，そのなかには各地の生態系に取り込まれて地域経済の一端を担うようになった樹木も少なくない．林業は長いスパンで考えなければならない生業であり，目の前の収益だけを優先するわけにはいかない．つねに変化し続けている生態や社会のなかで，特定の状況に特化しない，どんな状況にも対応できる多様なバンクとしての生態系の形成と維持を目指していくべきなのだろう．そうするともう一度，外来種の問題を考え直さなければならない．

　外来生物が在来生物の生存を脅かすという事態がよく問題視されるが，もちろんそれらはつねに競合しているわけではない．アメリカの生態学者 Janzen（1985）は，コスタリカの熱帯林において多種多様な生物種が共進化しないまま，多様な生物間で複雑に相互作用しながら 1 つの生態系をつくっていることを実証的に示している．環境が大きく変化している状況ではとくにわかりやすいのだが，自然状態の環境でも在来・外来を問わないさまざまな生物がふつうに入り混ざって一緒に生きている．地球の生態環境はつねに動いていて，生物も異なる環境のあいだを動き回っていることをみれば，生態系は根源的に混ざり合うことで成り立っていると考えてよいだ

ろう．在来種と激しく競合する外来種は個別に検討する必要があるが，外来種というだけでそのすべてを排除してしまうのではなく，むしろその種についての知識を深めながら，資源として取り込み蓄積していけるような生態系をつくっていかなければ，この巨大な消費社会と対峙しながら林を維持することはできない．

　樹木にかぎらず，外部からもたらされる技術や知識が地域の在来性と融合することでまったく新しいモノが創発され，それがアフリカの農村社会に新しい生活のかたちを生み出していく，と私は考えている．外から入ってきた樹種を実際に農村で育ててみることで，人びとはその植物がもつ特性を把握することができる．この演習林を兼ねた樹木園のような存在をとおして，農村社会は多様な生物資源が混交し累積していくことの意義を理解していくであろう．こうして生物的に豊かな環境を抱えた農村社会が，生態や社会の変化に応じて，彼らの樹木園から「新しい生態系」を創り出すことを期待している．

参 考・参 照 文 献

池野旬（2015）「タンザニアにおける土地政策の変遷——慣習的な土地権に着目して」『アジア経済研究所』1231-146．

伊谷樹一（2014）「生態環境」松田素二編『アフリカ社会を学ぶために』世界思想社．

伊谷樹一（2016）「アフリカで木を育てる」東京外国語大学アジア・アフリカ言語文化研究所『フィールドプラス』15：14-15．

内山陽子・小林慎太郎（2006）「タンザニア南西部ボジ県における炭焼きと土地利用の変化」『農林計画学会誌』25：321-326．

オコナー，M．R．（2018）「絶滅できない動物たち」大下英津子訳，ダイヤモンド社．

掛谷誠・伊谷樹一（2011）「アフリカ型農村開発の諸相」掛谷誠・伊谷樹一編著『アフリカ地域研究と農村開発』京都大学学術出版会，465-509頁．

神田靖範（2011）「半乾燥地における水田稲作の浸透プロセスと民族の共生」掛谷誠・伊谷樹一編著『アフリカ地域研究と農村開発』京都大学学術出版会，371-410頁．

北村俊平（2009）『サイチョウ——熱帯の森にタネをまく巨鳥』東海大学出版会．

栗原久定（2018）『ドイツ植民地研究』合同会社パブリブ．

小林淳平（2021）「タンザニア・アマニ地域における木材生産の動向——センダン科の早生樹の広がりに着目して」京都大学大学院アジア・アフリカ地域研究研究科，博士予備論文，102頁．

小泉真理（2002）「国家・教会・人々——タンザニアにおける信仰覚醒運動の展開」『アジア・アフリカ言語研究』64：198．

近藤史（2011a）「農村の発展と相互扶助システム——タンザニア南部ンジョンベ高原のキファニャ村

の事例から」掛谷誠・伊谷樹一編著『アフリカ地域研究と農村開発』京都大学学術出版会，61-90
頁．

近藤史（2011b）「タンザニア南部高地における在来農業の創造的展開と互助労働システム――谷地耕
作と焼畑をめぐって」松香堂書店，124頁．

田村賢治（2011）「マテンゴ高地における持続可能な地域開発の試み」掛谷誠・伊谷樹一編著『アフリ
カ地域研究と農村開発』京都大学学術出版会，348-367頁．

依田清胤・星野仏方（2014）「砂漠に広がる外来樹種メスキート」縄田浩志・篠田謙一編著『砂漠誌
――人間・動物・植物が水を分かち合う知恵』（国立科学博物館叢書15）東海大学出版，173-179頁．

吉川賢（2015）「メスキートの侵略戦略に対抗するための策略」『海外の森林と林業』92：54-57.

Binggeli, P. 1989. "The ecology of Maesopsis invasion and dynamics of the evergreen forest of the East Usambaras, and their implications for forest conservation and forest practices." In: Hamilton, A. C. and R. Bensted-Smith. (eds.) *Forest Conservation in the East Usambara Mountains, Tanzania.*" pp. 269-300. IUCN.

Binggeli, P. and Hamilton, A. C. 1993. "Biological invasion by Maesopsis eminii in the East Usambara forests, Tanzania." *Opera Bot* 121: 229-235.

Blomley, T., K. Pfliegner, J. Isango, E. Zahabu, A. Ahrends, and N. D. Burgess. 2008. "Seeing the Wood for the Trees: Towards an objective assessment of the Impact of Participatory Forest Management on Forest Condition in Tanzania." *Oryx* 42 (3): 380-391.

Burgess, N. D., T. M. Butynskid, N. J. Cordeiro, N. H. Doggart, J. Fjeldsa, K. M. Howell, F. B. Kilahama, S. P. Loader, J. C. Lovett, B. Mbilinyi, M. Menegon, D. C. Moyer, E. Nashanda, A. Perkin, F. Rovero, W. T. Stanley, S. N. Stuart. 2007. "The biological importance of the Eastern Arc Mountains of Tanzania and Kenya." *Biological Conservation* 134: 209-231.

Chenga, J. and A. Mgaza. 2016. "A preliminary review of Tanzania's domestic trade in timber. Timber trade Dynamics." *TRAFFIC Join report* 1-40.

Chihongo A. W. 1999. (Revised) J. M. Bryce. 1967. *The Commercial Timbers of Tanzania.* p. 293. Tanzania Forestry Research Institute. Morogoro.

Doody, K.Z., K. M. Howell, and E. Fanning. 2001. "Technical paper No. 52. Amani Nature Reserve: A biodiversity survey. East Usambara Conservation Area Management Programme. Frontier Tanzania." *Forestry and Beekeeping Division and Metsähallitus Consulting, Dar es Salaam, Tanzania and Vantaa, Finland* 112. 1939-2015.

Elliot, R. 2008. "Faking Nature. Inquiry." *An Interdisciplinary Journal of Philosophy* 25: 81-93.

Hall, J. B. 1995, "Maesopsis eminii and its status in the East Usambara Mountains, "East Usambara Catchment Forest Project"." *Technical Report* 13: 41.

Iddi, S. 1998. "Eastern Arc Mountains and their National and Global Importance." *Journal of East African Natural History* 87: 19-26.

Janzen, D. H. 1985. "On Ecological Fitting." *Oikos.* 43 (3): 308-310.

Jama, B. and A. Zeila, 2005. "Agroforestry in the drylands of eastern Africa: a call to action." *ICRAF Working Paper- No. 1.* Nairobi, World Agroforestry Centre, 29.

第 II 部
置き換える

Kajembe, G. C., J. Nduwamungu and E. J. Luoga. 2006. "The impact of community-based forest management and joint forest management on the forest resource base and local people's livelihoods: Case studies from Tanzania." *Commons Southern Africa Occasional Paper Series* 8: 1-17.

Kangalawe, H. 2018. *Plantation Forestry in Tanzania: A History of Sao Hill Forests*. South Africa: Stellenbosch University.

Kissy, J. F. 1998. "Conservation and Utilization of Natural Resources in the East Usambara Forest Reserves." *Conventional Views and Local Perspectives, the Tropical Resource Management Papers Series* 18. Wageningen Agricultural University.

Lemmens R. H. M. J., I. Soerianegara and W. C. Wong. 1995. *Plant Resources of South-East Asia. No 5 (2) Timber trees: Minor commercial timbers*. Leiden: Backhuys Publishers.

Lodhi, A. Y. 2013. "The Baluchi of East Africa: Dynamics of Assimilation and Integration." *Journal of the Middle East and Africa* 4: 127-134.

Mbuya L. P., H. P. Msanga, C. K. Ruffo, A. Birnie A, and B. Tengnas. 1994. *Useful trees and shrubs for Tanzania: identification, propagation and management for agricultural and pastoral communities*. Regional Soil Conservation Unit, Swedish International Development Authority. pp. 252-261.

Mdeel, O. J. T. K. Nielsen, C. Z. Kimambo, and J. Kihedu. 2018. "Assessment of hydropower resources in Tanzania. A review article. Renew. Energy Environ." *Sustain* 3 (4): 1-12.

Milledge, S.A.H., Gelvas, I. K. and Ahrends, A. 2007. *Forestry, Governance and National. Development: Lessons Learned from a Logging Boom in Southern Tanzania*. TRAFFIC East/Southern Africa /Tanzania Development Partners Group / Ministry of Natural Resources of Tourism, Dar es Salaam, Tanzania. pp. 252.

Misana, S., C. Mung'ong'o, and B. Mukamuri. 1996. "Miombo woodlands in the wider context: macro-economic and inter-sectoral influences." In: Campbell, B. (ed.) *The Miombo in transition: Wodlands and welfare in Africa*. pp.73-98. Bogor: CIFOR.

Morogoro Catchment Forest Office. 2002. *Management plan for Kimboza catchment forest reserve, Morogoro District, Morogoro Region 2004/5-2008/9*. pp. 55.

Ngaga, Y. M. 2011. "Forest Plantations and Woodlots in Tanzania. African Forest Forum 2011, Africa Forest Forum, Volume 1 (16)." RGoZ. 2012. *The Economics of Climate Change in Zanzibar: Assessing the Benefits of a Lower Carbon Development Pathway for Zanzibar, Technical Report (Final Version)*.

Norbert J C., J. T. Campbell and H. J Ndangalasi. 2016. "Diet of the Silvery-cheeked Hornbill Bycanistes brevis during the breeding season in the East Usambara Mountains, Tanzania." *Journal of African Ornithology* 87: 67-72.

Powell, B., J. Hall and T. Johns. 2011. "Forest cover, use and dietary intake in the East Usambara Mountains, Tanzania." *International Forestry Review* 13 (3): 305-317.

Schabel, H. G. 1990. "Tanganyika forestry under German colonial administration, 1891-1919." *Forest & Conservation History* 34 (3): 130-141. Oxford University Press.

Styles, B. T. and F. White. 1991. Meliaceae, "Flora of Tropical East Africa," The Royal Botanic Gardens/ KEW.

UNDP. 2012. Amani Nature Reserve. Equator Initiative. Environment and Energy Group.

Waiganjo, C. & Ngugi P. E. N. 2001. The Effects of Existing Land Tenure Systems on Land Use in Kenya Today. Paper presented at the International Conference on Spatial Information for Sustainable Development Nairobi, Kenya 2-5 October.

Zahabu, E., T. Eid, G. Kajembe, L. Mbwambo, C. Mongo, A. Sangeda, R. Malimbwi, J. Katani, J. Kashaigili, and E. Luoga. 2009. "Forestland Tenure Systems in Tanzania: An overview of Policy Changes in Relation to Forest Management, Department of Ecology and Natural Resource Management." *Norwegian University of Life Sciences*, ISSN 1891-2281, 1-24.

第 II 部
置き換える

つくる

平野　亮

第 7 章

「つくる」と「つかう」の循環をうみだす

タンザニアにおける籾殻コンロの開発実践をとおして

KEY WORDS

籾殻コンロ, 技術普及, 内部化, 仲介者, アクションリサーチ

1　　なぜ,「今, ここ」に「それ」がないのか

　東アフリカのタンザニアでは, 都市に暮らす裕福な家庭がガスや電気を燃料としているのを除けば, ほとんどの家庭は調理に薪や木炭などの木質バイオマス資源を利用している. 人口の増加によって燃料の消費は増え続けており, さらに農地の拡大にともなう林の減少が燃料価格の高騰をまねいて住民の生計を圧迫している. 燃料不足は国家レベルの深刻な課題となっている.

　他方, タンザニアではここ20年ほどのあいだに稲作水田がひろがり, トウモロコシやキャッサバなどのデンプン粉を熱湯で練って作る団子（タンザニアではウガリという）を主食としながら, 都市部では米飯も日常的な食事としてふつうに食卓にあがるようになった. 都市人口の増加にともなってコメの消費量が増えると, 農村では稲作が現金収入源として重要性を増し, 季節湿地や氾濫原の開発が進んで放牧地だった草原は稲作水田に転換されていった（山本 2013；神田 2011）. その裏側で, 水田のひろがりは大量の籾殻をうみだした. 幹線道路沿いに建てられた巨大な精米所兼倉庫から排出された膨大な籾殻は, 精米所のまわりに山積みされて新しい産業廃

図7-1 稲作地域の精米所の脇に積まれた籾殻の山

棄物となっている（図7-1）．

　「薪炭材は減っているが，籾殻は増えている．だったら籾殻を燃料にすればいいじゃないか」という単純な発想が私の研究の発端であった．

　籾殻はただ火をつけても燻ってもうもうと白煙は立ちのぼるだけで炎はでない．こういう燃え方をするため，タンザニアでは集落から離れた空き地でレンガを焼くのに使うくらいで（図7-2），積極的に利用されている話は聞かない．そして，いつの間にかどこかに持ち去られて籾殻の山は姿を消す．この燃えにくい有機物を燃料として使うために世界中で「籾殻コンロ」が試作されてきた（Belonio 2005; Vitali et al. 2013など）．籾殻コンロとは，その名のとおり，籾殻を燃やして調理に利用できるように特別に設計されたコンロのことである．これまでに籾殻を粉砕して固めた固形燃料を導入しようという動きはあったが，籾殻を加工せずにそのままコンロで燃やすという試みは聞いたことがなかった．この章では，タンザニアで籾殻コンロを試作し，それをひろめようとする過程でみえてきた作る者と使う者とのつながりについて論じる．

　はじめに断っておかなければならないが，私は籾殻コンロを製作するためにタンザニアへ行ったわけではない．もともとはタンザニアの地方都市部の零細鉄工業に

図7-2　籾殻でレンガを焼く

　関心があり，その現地調査に着手して間もないころ，ひょんなことからこの籾殻コンロの開発に関わることになった．当初は籾殻コンロの存在すら知らなかったのだが，インターネットで情報を集め，現地の職人たちと試行錯誤を重ね，フィリピンで開発されたコンロ（REAP online: bio_and_climate_3_3_1.htm）の模倣品を，タンザニアの町工場の技術と材料で作りあげることに成功した．試行錯誤と書いたが，「苦労の末」というほどでもなく，意外とあっけなくできあがった．普通に火をつけても燻るだけで火力のない籾殻が，このコンロのなかでは青い炎をあげて勢いよく燃え，町工場の職人たちを大いに驚かせた．彼らにおだてられ，試作品をいくつか作って稲作地帯に持っていくと，それらはたちまち飛ぶように売れた．

　だれにでも思いつきそうなアイデアで，製作にさして高度な技術も必要とせず，需要も実用性も燃料もある便利な道具が，なぜこれまで開発されてこなかったのだろうか．「なぜ，『今，ここ』に『それ』が（すでに）ないのか」．この未踏の地に分け入るような感覚が，籾殻コンロの開発に私を引き込んでいった．ただ，そこにはさまざまな障壁が潜んでいて，実際には技術だけの問題ではないということをそのときは気にかけていなかった．その後，コンロの改良と販売をとおして多種多様なニーズや事情があることを知り，それは「物が普及する」とはどういうことなのかと

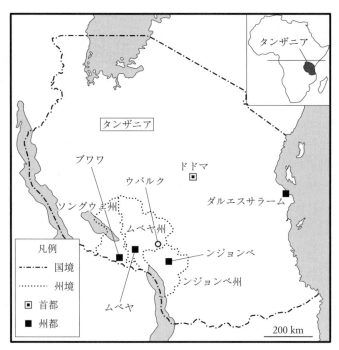

図7-3　調査地の地図

いう課題を考え始める機会となった.

　われわれは生態環境の変化にどのように対処できるのだろうか．そこに「技術」が大きな役割を果たすことはまちがいないが，「技術」だけを持ち込んでも——あるいは，その技術を「作る」「使う」ということに関して断片的な実証をいくら集めても——環境変化への対処を内発的・継続的に生みだすことはできない．重要なのは技術そのものの機能性ではなく，「作る」ことと「使う」ことを媒介して，その循環をいかに生みだしていくかということだ．

　この章では，私自身の実践経験を手がかりに，ある製品が普及する——すなわち，地域で作られて広く使われるようになる——過程について，その複雑なダイナミクスをどのように捉えて描きだせるかに挑んでみたい．

　フィールドワークは，タンザニア南西部のンジョンベ（Njombe）州，ムベヤ（Mbeya）州，ソングウェ（Songwe）州の3州において（図7-3），2016年9月〜2017年1月，同年3〜5月，同年8〜9月，2018年11月〜2019年3月に実施した.

2　籾殻コンロの概要

1……籾殻コンロとは

　籾殻は，約8割の有機成分（セルロース，ヘミセルロース，リグニン）と約2割の無機成分（うち95％がケイ酸）からなる（熊谷ほか 2004）．薪やおがくずのような木質燃料に比べると空隙が多く，エネルギーとなる有機成分の割合が低いために，ふつうに燃やそうとしても燻って独特な臭いの白煙が大量に発生するばかりで一向に炎はでない．

　籾殻を燃料として利用するには，加圧成型（ブリケット化）してエネルギー密度を高める方法（国際協力機構と株式会社トロムソ 2017）や，「ガス化燃焼」を利用する方法がある（Belonio 2005）．今日では世界中でさまざまな籾殻コンロが開発されているが，それらは基本的にはガス化燃焼技術を応用したものである．

　今回は，フィリピンで開発された「マヨン・ターボ・ストーブ」（図7-4）と，日本で開発された「ぬか釜」（図7-5）の2種類の籾殻コンロを，現地の環境に応じてそれ

図7-4　現地で試作したマヨン・ターボ・ストーブの模造品

図7-5　現地で試作したぬか釜の模造品

それ独自にアレンジして製作した.

2 ……… ガス化燃焼の原理

　木材を加熱すると熱せられた植物繊維が熱分解して可燃性ガス（水素，一酸化炭素，メタンなど）が発生する．この可燃性ガスが高温下で酸素と反応して熱や光を発するのが，いわゆる「ガス化燃焼」である．

　木材をふつうに燃やしたときに発生する可燃性ガスはすべてが酸素と反応するわけではなく，一部のガスは燃焼せずに残り，それが冷えて煙（すす）になる．燃焼炉内を高温（約600℃）に保ったまま，そこに空気を送り込めば可燃性ガスをすべて燃焼させることができる．ガス化燃焼は燃焼効率がよく，この原理はいわゆる「ロケットストーブ」にも応用されている．この燃焼のメカニズムを模式化したのが図7-6である．マヨン・ターボ・ストーブもぬか釜も，その内部は下から上に空気と可燃性ガスが抜ける煙突状の中空部分と，それをとり囲む籾殻という二重構造になっている．

　まず，燃焼炉上部の穴から焚きつけ用の紙片を少量落とし込む（図7-6のA）．その紙に点火すると，熱源に接する籾殻が熱分解して可燃性ガスが発生し始める．中心部では煙突効果によって上昇気流が生じ，下から吸い込まれた空気が高温下で可燃

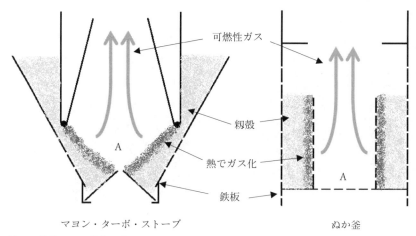

マヨン・ターボ・ストーブ　　　　　　　　　ぬか釜

図7-6　籾殻コンロの燃焼原理

性ガスと混合して燃焼する（Belonio 2005）．その熱が炭化した籾殻の外側にある籾殻を熱分解して可燃性ガスを発生させる．コンロ内で籾殻の熱分解と可燃性ガスの燃焼が繰り返され，すべての籾殻が分解するまで連続的に燃焼する．

3 ┄┄ マヨン・ターボ・ストーブ

　「マヨン・ターボ・ストーブ（Mayon Turbo Stove: 以下，MTS）」は，カナダに拠点を置くNGO団体REAPが，2002年からフィリピンにおいて現地の大学やNGOと共同で開発したものである（REAP online: bio_and_climate_3_3_1.htm）．もともとフィリピンをふくむ東南アジア諸国では，1950年ごろに開発された籾殻コンロが使われていて，それをベースにして燃焼が安定するように改良されたのがMTSである．

　MTSは，逆円錐台形の外筒と円柱形の内筒からなる（図7-4, 7-6）．外筒には補給用の籾殻を入れる．内筒を二重構造にすることで燃焼炉から水平方向に伝わる熱を遮断し，補給用の籾殻が底部に達する前に熱分解してしまうのを防いでいる．燃焼炉の上に取り付けた五徳（ごとく）に鍋を置いて調理する．籾殻が減ってくれば，外側から適宜補給することができる．点火には新聞紙などの紙類を利用する．燃焼炉内全体の温度を一気に高めてしばらく維持するのに多少のコツはいるが，首尾よく着火すれば薪や木炭と違って瞬時に強い火力を得ることができる．燃焼温度は800℃を超え，1ℓの水を10分弱で沸騰させることができた．

　コンロを使っていると燃焼炉の底部に熱分解が終わって黒く炭化した籾殻が溜まってくる．燃焼炉底部の籾殻の植物繊維がすべて分解すると可燃性ガスが発生しなくなるので，炭化籾殻を取り除き，そこに新しい籾殻を補給しなければならない．そのために燃焼炉の底には漏斗を伏せたような形をした可動式の弁が取り付けてあって，弁と連結したレバーを動かすことで弁が上下して側面と底面の隙間から炭化籾殻が下に滑り落ち，そのあとに新しい籾殻が上から滑り込むという仕組みになっている．5分に1度くらいの頻度でレバーを動かし，ときどき籾殻を補給することで連続した燃焼が可能となった．炭化籾殻を長く放置すると可燃ガスが発生しなくなって火が消えてしまう．逆にレバーを頻繁に動かしすぎてガス化中の籾殻（火種）まで落としてしまっても，炉内の温度が下がって火が消えてしまうため，レバーの操作には多少の慣れは必要である．また，籾殻が砕けていても，湿っていてもうまく燃えないことがあるので，籾殻の保存の仕方にも気をつけておかなければならない．

4 ……… ぬか釜

この研究で参考にしたもう一つのコンロは，京都市内の米穀店[1]が2004年に開発
したぬか釜である．戦前の日本には，鋳物でできた「ぬかくど」とよばれた籾殻コ
ンロが北陸・中部地方を中心に広く使われていたのだが，戦後にガスコンロや電気
炊飯器が普及したことで使われなくなった．「くど」は竈のことで，「ぬか」は北陸
地方の方言でいわゆる「糠（ぬか）」ではなく籾殻のことを指すので，ぬかくどは文
字通り籾殻コンロである．ぬか釜は，ぬかくどの燃焼原理を参考にして材質を鋳物
から薄い鉄板に変えることで，製造工程を簡素化した．ぬかくどもぬか釜も米飯専
用のコンロであり，羽釜とセットで使用する．タンザニアにも羽のような持ち手が
ついたスフリア（スワヒリ語, *sufuria*）とよばれるアルミ製の鍋がある．各家庭は，サ
イズが異なるスフリアをいくつかもっていて，炊飯をはじめすべての食事をスフリ
アで調理する．この研究で製作したぬか釜は，食堂でよく使う大きなスフリア（内
容積約18ℓ）がちょうど収まるように設計した（図7-5）．

ぬか釜は，鉄板を曲げて作った大きな円筒（外筒）を立て，その中にやはり鉄板
製の細くて短い円筒（内筒）を立てるという2重構造になっている（図7-5, 7-6右）．大
小2つの円筒と底の鉄板には，それぞれ絶妙の位置に絶妙の大きさの穴が開けられ
ている．穴の配置や大きさのわずかな違いによって燃え方が異なるので，それをう
まく調節した開発者の苦労が忍ばれる．籾殻を外筒と内筒の隙間に充填し，MTSと
同じように内筒内部（図7-6右のA）に火の着いた紙類を落とし込んで点火する．MTS
よりも燃焼炉（内筒）がひろく開放的なので，着火にはやはりコツがいる．MTSと
違って調理中に籾殻を補給することができないため，1回使うごとにコンロをひっ
くり返して炭化した籾殻を捨てて新しい籾殻と交換しなければならないが，火が着
いたら米飯が炊き上がるまで何もしなくてよい．外筒と内筒とスフリアのサイズを
調節することで，籾殻を補給しなくてもスフリア一杯の米飯を炊くことができる．私
が作ったぬか釜は1回で最大7kg（約47合）のコメを炊くことができた．炭化した籾
殻がゆっくりと燃焼して灰化していく過程で米飯はとろ火で蒸らされて，ふっくら
とおいしく炊き上がる．1回の燃焼時間は15〜20分ほどである．燃焼炉が大きい分
だけ火力が強く，10ℓの水を20分弱で沸騰させることができた．籾殻の状態が燃焼

---

(1)　「はちぼく屋」（https://8bokuya.com/）

の安定性を大きく左右するという特徴はMTSと同様である.

3 MTSの開発

1……… 開発の経緯

　アフリカの地方都市には，1人から数人の職人がいる小さな鉄工所が軒を連ねていて，路上にはみだした工房で仕事に打ちこむ職人の姿をよく見かける. それぞれ職人は鍛冶や溶接などの技術を身につけていて，農具，調理器具，家具，そして窓にはめ込む鉄格子や門扉にいたるまで，ありとあらゆる実用品をそこで製造・修理している.

　タンザニアでフィールドワークをはじめた当初，私はンジョンベ州の州都ンジョンベ市で零細鉄工業の実態について調査するつもりだった. ンジョンベ州はアフリカ大地溝帯に沿って形成された地塁山脈上にある. 周囲の山域では鉄鉱石が多く産することから，そこを居住地としてきたベナ（Bena）やパングワ（Pangwa）などの民族は古くから製鉄や鍛冶の技術に秀でた人びととして知られていた. また，標高が高くて冷涼なンジョンベ州には，20世紀の初期からキリスト教宣教師や白人入植者が住みつき（伊谷 2021），辺境の地でありながら植民地期から溶接などの電気を使った技術が浸透していた地域でもある.

　そのような背景があって，ンジョンベ市の周辺には水力発電用の水車を作る職人がいたり，西欧のNGOがもちこんだ井戸ポンプを改良する職人がいたりと，アフリカの地方都市における「ものづくり」を研究するにはうってつけの場所であった. 市内には小さな鉄工所が散在していて，私はその一つを経営する職人K氏に「弟子入り」し，職人たちから技術やものづくりの作法を教わりながら，鉄工所をめぐる人たちの生活の実態を調査していった.

　K氏は創造的な気質をもった職人であった. ンジョンベ市周辺では古くから林業がさかんで，市内に点在する製材所や木材加工所は毎日大量の「おがくず」を排出していた. K氏はこの廃棄物に目をつけ，「おがくずを燃料とする調理コンロ」を自ら開発した. それまでにも同種のコンロはあったのだが，それを改良して燃焼効率を格段に高めたのだ. K氏は若者の職業訓練にも熱心で，工房の周りには彼のもと

を巣立った職人たちが作業場を構えて仕事を助け合っていた．その他にも，国内外の開発実践者やNGO，研究者とも交流しながらアフリカ農村のエネルギー問題や環境問題にも精力的に取り組んでいた．

　私はンジョンベ市で住み込み調査を始めるのに先だって，他の日本人研究者と一緒にタンザニアの農村を広域に見て回った．そのときに，燃料調達に苦慮する住民がいる一方で，大量の籾殻が廃棄されている光景をたびたび目にした．そこで，K氏の「おがくずコンロ」に籾殻を詰め込んで火をつけてみたのだが，うまく燃えなかった．私がK氏に弟子入りした頃，同行していた日本人研究者が「籾殻用のコンロは作れないだろうか」とK氏にもちかけ，彼の工房で籾殻コンロが試作されることになった．

2⋯⋯⋯試作品づくり

　鉄工所の経営者となっていたK氏は，最近では工房で作業せず忙しそうにあちこちとびまわっていたが，仕事の合間をみて籾殻コンロをいろいろ試作しはじめた．私は，現地の職人が経験知を活かしながらアフリカの環境に適した製品を創作していくプロセスを目の当たりにできると期待していた．スクラップをつかって試作と試験を何度か繰り返したが，そのどれも籾殻を燃焼させることができず，試作は一時棚上げとなってしまった．

　私は少しでも協力できないかと思い，インターネットで情報を集めてみたのだが，そのとき初めて籾殻コンロがすでに海外で開発されていることを知った．そのなかでも情報が比較的多く得られたMTSについて，その写真や図をK氏に見せて，参考にしてみてはどうかと提案してみた．K氏もほかの職人たちもみな一様に関心を示し，あれやこれやとその構造や仕組みについて考えをぶつけあった．熱い議論は何度か交わされたが，彼らはいつも口を動かすばかりで一向に手を動かそうとはせず，だれも試作してみようとはしなかった．

　業を煮やした私は自分で作ってみることにした．当時の私はMTSの燃焼原理などまったくわかっておらず，現地で手に入る材料や道具を使って，インターネットの画像を頼りに見よう見まねで模造するしかなかった．主体的には動こうとしない職人たちも暇があれば手を貸してくれた．1ヵ月ほどの試行錯誤を経て，ようやく試作品1号機が完成した．1機あたりの材料費は15,000 Tsh（タンザニアシリング．約750

円）であった．

　原理もわからずに作ったわりには，籾殻はちゃんと燃えてくれた．職人たちはその青い炎を見て驚き，私を褒めちぎってくれた．「これは絶対に売れる！」と自信満々に断言してもくれた．ところが，私がいったん帰国して1ヵ月後に戻ってみると，彼らが太鼓判を押したその来たるべきヒット商品は，あろうことか工場の片隅のガラクタ置き場に埋もれて埃をかぶっていた．

　職人たちは普段，客から注文が来るのを工場で待っていて，注文がなければ仕事がないと嘆くばかりで，自分から注文を取りに行こうとはしない．材料が余っていると農具や調理具などの消耗品や生活必需品を量産して路上で売ることもあるが，新しい製品を作って売り込むようなことはしない．売れるかどうかわからない製品の開発や営業は職人の仕事ではないのだろう．アフリカにかぎらず，技術をもつことと新しい物を創りだすことは違う．新しい製品を開発するには，創造への意欲と動機，そしてなによりも経済的・時間的な余裕が必要なのだ．K氏がアフリカの現場に適した製品を作りだせた背景には，おそらくは外部との情報交換や経済的支援など，さまざまな後押しがあったのだろうと想像する．

　なにはともあれ，外来のアイデアと技術のブリコラージュによって籾殻コンロをつくることはできた．だが，「役に立ちそうな技術は自然にひろまる」などという淡い期待はすぐに裏切られた．MTS試作機の完成は，製品開発のスタートラインに過ぎなかった．

3⋯⋯⋯稲作地域ウバルク（Ubaruku）での試験販売

　なにを隠そう，冷涼なンジョンベ市周辺では稲作はまったくおこなわれておらず，籾殻も手に入らない．ということは，籾殻コンロを作ってもンジョンベ市では売れるはずもない．完成したのはいいが，はたして需要は本当にあるのか，そして実際に役に立つのか．それを知るためには，ニーズをもつ人びとを探し出して，実際に使ってもらわなければならない．そこで，稲作地帯として有名なムベヤ州ムバラリ県ウバルクを訪ねることにした（図7-3）．ウバルクはンジョンベ市から車で3時間ほどの距離にある古くからの稲作地帯で，イネの収穫シーズンには出稼ぎ労働者が往来するための直通バスも運行される．

　ウバルクを訪れた3月はちょうどイネの収穫期で，小さな田舎町は活気にあふれ

ていた．町はずれには巨大な精米所が乱立している．薄暗い倉庫には籾を詰め込ん
だ100kg袋が天井まで積み上げられ，その一番上で放し飼いされているフクロウが籾
を盗み食いしようとするネズミに睨みをきかせていた．倉庫に併設された精米機は
停電しないかぎり24時間動き続けている．裏庭には精米機から吹き出された籾殻が，
ビルの3，4階の高さまでうず高く積み上がっていた．この籾殻の処分について，精
米所のオーナーやマネージャーに話を聞いてみたが，彼らも籾殻の利用を模索して
みるもののうまくいかず，その処理には手を焼いていた．やっかい物に価格などな
く，欲しい者はマネージャーに一声かけて自由に好きなだけ持っていくことができ
る．さしあたっては，敷き藁の代わりに畜舎の床に敷き詰めたり，レンガに入れる
藁の代わりとして粘土に練り込んだり，あるいはレンガを焼くときの燃料として使
うのがもっとも積極的な使い道であるが，いずれも日々排出される量に比べれば取
るに足らない量である．

　ンジョンベで作ったMTSの試作品を精米所の前で実演し，周囲にいた従業員や籾
米を売りに来た住民たちの反応をうかがった．すると，もの珍しさに群がってきた
人たちは青い炎に驚嘆し，口々に「欲しい！」「いくらだ，俺に売ってくれ！」とい
う声があがって実演会はたちまち熱気に包まれた．

　これはいけるかもしれない．同行したンジョンベの職人も強い手応えを感じたよ
うで，いつもは寡黙な男が饒舌にコンロの説明を始めた．日を改めて試験販売に訪
れることにして，私たちは意気揚々とンジョンベの町工場に戻ってきた．すぐにMTS
を数台作ってウバルクを再訪すると，噂になっていたのか，持参したMTSはたちま
ち売り切れた．買ってくれたのは，精米所のマネージャーやそこの従業員，精米所
に出入りするコメの仲買人であった．試験的に1台あたり50,000 Tshで売り始めた
のだが，値引きされて結局40,000 Tsh（約2,000円）で売ることになった．それは材料
費，輸送費，私と職人のバス賃と昼飯代でほぼ消えてしまう額だった．購入者のひ
とりは，木炭がどんどん値上がりしていることへの不満をもらしていたが，籾殻が
燃えさかるのを見るなり「木炭よ，さようなら！」と言いはなった．市販されてい
る一般的な木炭用のコンロが10,000 Tshもしないことを思えばけっして安い買い物
ではないのだが，計10機のコンロを販売した（図7-7）．なお，試作の段階でMTSを
販売したのは，将来的にタンザニアの職人が作って販売することを想定して，だい
たいの価格を把握しておきたかったからである．

　3ヵ月後，コンロの使用状況を知るために購入してくれた人たちの家をまわって

図7-7　ウバルクでのMTSの試験販売の様子

　みた．すると，コンロを使っていると答えたのは2人だけで，それ以外はコンロを一度も使わないまま放っておいたり，1，2度試しただけで使えないと見かぎっていたりしていた．購入者たちは口ぐちに，操作が煩雑で面倒くさい，目を離すとすぐに火が消え，燻って煙が出るので嫌になった，と不満をもらした．なかには籾殻の入れる場所を間違っている人もいた．

　MTSを継続的に使用していると答えた購入者は，火力が強く短時間の調理に適しているのでほぼ毎日使っていて木炭の消費量が半減した，とその性能を高く評価していた．また，別の1人は，「4月から7月には水田地帯へ引っ越さなければならない．そのときにこのコンロが役に立つと思う」と言っていた．タンザニアの稲作産地はだいたい広大な湿原のなかにある．湿原は人が暮らすのには適していないので，集落が水田から十数kmも離れていることは珍しくない．出穂期以降の繁忙期は朝から夕方まで鳥追いや稲刈り・脱穀といった作業に追われるため，水田の傍らに出作り小屋を建ててそこで寝起きすることになる．湿原には林が少なく，出作り小屋の生活では収穫したコメはあるものの，調理用の燃料は慢性的に不足しているのである．コンロを買ったのに1度も使っていない不可解なケースは，すでに出作り小

屋で暮らし辛い季節が済んでいたためであって，籾殻コンロのニーズにも季節性があることを示していた．

4 ⋯⋯⋯ ブワワ（Vwawa）市街地でのモニタリング

ウバルクのほかでも，多様な消費者から意見を得るため，ムベヤ州に隣接するソングウェ州の町ブワワに暮らすR氏にMTSのモニターを依頼した．彼は病気の治療をかねて同じ州の農村から出稼ぎに来た農夫で，長屋に1室を借りて妻子と暮らしていた．

ブワワが位置する州南東部のニイハ（Nyiha）高原は有名なコーヒー産地ではあるが，冷涼なため稲作はおこなわれていない．ニイハ高原に降る豊富な雨は，西部のルクワ（Rukwa）地溝帯に流れ込んで底部に肥沃な沖積平野を形成した．20世紀終盤になって穀物の流通が活発化して米飯が日常食になっていくと，この盆地にも急速に商業稲作がひろまっていった．地溝帯で産する良質なコメは，周辺の地方都市はもとより，遠く離れたインド洋沿岸の商都ダルエスサラームでもブランド米として販売されるようになった．もちろんブワワの町にもいたるところに小さな精米所が建てられ，そこでも米飯が新たな日常食になるとともに，籾殻が新たな産業廃棄物として投棄されるようになっていった．

R氏にMTSを渡し，その半年後に訪ねてみると，彼の妻はそれをとても愛用して性能を絶賛した．彼女によると，以前は薪や木炭代に毎月50,000 Tshほどかかっていたが，MTSを使いはじめてからはほとんど購入しなくなったという．籾殻は近くの精米所で買わなければならないが，それでも1ヵ月にかかる燃料費は約5,000 Tshと，以前のおよそ10分の1になっていた．また，MTSは何度か破損したが，そのたびに近くの鉄工所で修理してもらっていた．調理の様子を見させてもらったが，妻が見せる火加減調整は手慣れたもので，燃焼を安定させる操作を完全にマスターしていた（図7-8）．

ンジョンベの職人たちに「ベタ褒め」されて以来，褒め言葉には眉に唾をつけて聞くようになっていた私であったが，実際にボロボロになるまで使い込まれたコンロと，それを使いこなすときの妻の得意げな表情は，MTSの実用性を示すまぎれもない証拠であった．R氏には役に立つかどうかもわからないものに大金をはたく経済的な余裕はなく，薪炭材に費やす燃料費が生計を圧迫するなかで，安い籾殻を使

図7-8　MTSをつかったウガリの調理風景

い続けてMTSを使いこなせるようになった．籾殻コンロは，経済的に余裕のない世帯には確実なニーズがあることを示していた．

4　　ぬか釜の開発

1 ……… 開発の経緯

　3回目のフィールドワークを終えて日本に戻っているあいだに，京都市内の米穀店でぬか釜という籾殻コンロが開発されていることを知った．シンプルな構造と簡便な使用方法はタンザニアでの製造と利用を考えればとても魅力的だった．開発者

の店主夫妻に話を聞くと，おいしいコメを探して新潟県を旅しているときに偶然「ぬかくど」と出会い，そのときの記憶を頼りに試作を繰り返し，数年後にようやくその改造品「ぬか釜」を完成したのだという．おいしいコメを売るので評判の店だが，「コンロを試作しているあいだは，毎晩炊きそこねたご飯を食べていましたよ」と笑いながら後日談を聞かせてくれた．そうした地道な苦労の甲斐あって，失敗なくおいしい米飯が炊き上がる炊飯器ができあがった．私の活動を説明すると，店主はぬか釜をタンザニアで模造することを快諾してくれた．

　タンザニアにおけるコメ流通の一大拠点であるムベヤ市に調査地を移し，今度は都市部の低所得者層にターゲットをしぼってタンザニア版「ぬか釜」の開発に取りかかった．

2......試作品づくり

　ンジョンベのK氏にムベヤ市の職人仲間を紹介してもらい，町の中心部にある鉄工所を使わせてもらえることになった．

　今回はぬか釜の現物をみているから簡単に作れると高をくくっていたが，これがなかなかどうしてうまくいかない．ぬか釜の現物とそっくり同じものを作っているのに，うまく燃えず途中で燻って火が消えてしまったり，1度目は燃えても2度目は燃えなかったりと，燃焼が安定しない．どうやら現地の籾殻が日本のものとは性質や状態が違っていて，それがうまく燃えない原因だと思われた．現地で手に入る籾殻は，精米機がよくないのか保存状態が悪いのか，割れていたり粉々になっていたり，またこの調査期間が12月から5月の雨季と重なっていたため，籾殻が湿っていることもしばしばあった．そのため，同じ試作品で何度試験しても結果が安定せず，いろいろ作り替えてみたものの，最終的な完成品でも着火率は8割ほどにとどまった．

　その程度の着火率で完成品といっていいのかどうかはわからないが，籾殻を継ぎ足して連続的に使用できないという弱点を補って余りある火力の強さと，炭を落とす必要もなく放っておけるという特徴は，タンザニアでの普及を考えたときにMTSよりも期待がもてた．その理由の一つにこんなことがあった．MTSを最初に見せたときは，ムベヤの職人たちもお決まりの「おべんちゃら」を言うぐらいの反応しか示さなかったが，ぬか釜の性能を見た職人の1人が自分の家で使うためにどこかで

廃材を調達し，見よう見まねでぬか釜を作ってきた．タンザニアで作る場合，ぬか釜製作にかかる費用は，MTSと同じ1機15,000 Tsh（約750円）程度であった．それは彼の数日分の日当に相当するもので，自腹を切っての自作はもはや「おべんちゃら」とは言えない．

3 ········ 食堂での実演販売

鉄工所から歩いて15分のところにムベヤ市最大のマーケットがあり，その裏手には十数軒の大規模な精米所が並んでいる．精米所を隔てる路地には籾殻があふれていて，ここでも自由に籾殻を持ち帰ることができたが，何の役にも立たない廃棄物にだれも見向きもしていなかった．ときおり，精米所のオーナーか役所に雇われたのであろう女性たちが大きな袋に籾殻を詰める姿を見かけた．何に使うのか尋ねてみたが，彼女たちは知らなかった．精米所のまわりにはマーケットで働く人たちのための食堂が何軒かあり，その食堂の一つに頼んでぬか釜を使ってもらうことにした．ただ，ぬか釜を渡しただけでは使ってくれないのは目に見えていた．案の定，数日後にはそのなかでニワトリを飼いはじめたので，結局私が毎日行って調理を手伝うことになった（図7-9）．

そこはタンザニアでよく見かける大衆食堂で，他の多くの食堂と同じように，ママと呼ばれる女性主人と数人の従業員がいて，判で押したように同じメニューが，同じ味付

図7-9　ムベヤ市内の食堂の前で「ぬか釜」の実演をする筆者

け，分量，値段で提供されている．それはムベヤ州にかぎらず，タンザニアの広い地域で驚くほど一致している．トウモロコシの粉を熱湯で練った団子状の「ウガリ」か米飯かを選び，おかずに牛肉か鶏肉か魚（ティラピア）のどれかを注文すると，トマト・スープの椀と，インゲンマメの煮豆，ヒユか白菜の炒めものがプレートに添えられて出てくる．牛肉やインゲンマメの料理は長時間じっくり煮込む必要があり，燃料にはもっぱら木炭が使われる．

火力が強いぬか釜でウガリや野菜炒めを調理したあと，前日のうちに煮こんでおいた豆料理を残り火で温めなおせばファストフードのできあがりである．この食堂のママはぬか釜を気に入ってくれて，強火の調理はほぼ私が担当するようになった．次第に私がいないときでも，ぬか釜を使ってもらえるようになったが，着火するときは少し苦戦しているようだった．

ぬか釜を使う場合，燃え尽きるたびに灰を捨てて籾殻を補給し，新たに火をつけなければならないので，籾殻の調達方法や保管場所，灰の処理方法についても考慮する必要がある．その食堂ではすぐ近くで籾殻が手に入り，灰を捨てられるゴミ捨て場も近くにあった．そのような便利な立地であっても，毎回ぬか釜をセットしなおすのは，慣れるまでは手間に感じるようだった．

普段は，チャイ（紅茶）や炊飯，ウガリ，煮こみ料理用の湯を最初にまとめて沸かし，その後，火のついた木炭を複数のコンロにとりわけ，それぞれの料理を同時に調理する．木炭は火種を分散させることができ，弱火で料理を長時間保温できるなどの利点がある．さらに，灰もほとんど残らないうえに，木炭がなくなれば電話一本で炭売りがすぐに届けてくれる．

木炭が地域社会の生活リズムにしっかりと組み込まれているのに比べると，籾殻コンロでは燃料代こそかからないが，籾殻の調達や乾燥などは自分でやる必要があり，それは新たな負担となる．さまざまな仕事を同時並行的にこなさなければならない食堂の調理場においては，籾殻コンロの操作だけに集中するわけにはいかない．また，調理場の環境やルーティーン化している調理作業も組みかえる必要があろう．そう考えると，外部者が「実用性」を正しく理解するためには，使う側のアクションリサーチも必要になると思えた．

もう一つ予想外だったのは，食堂のママが鍋の外面にすす（煤）がついて黒ずむのをひどく嫌うという点だった．これは，ほかの食堂の従業員や主婦にもたびたび指摘されたことだが，籾殻コンロは不完全燃焼したときに煤けて鍋の底や側面が薄

黒く汚れてしまうことがある．外食産業の心得なのか，LPガスの普及にともなう「煤汚れ」に対する感覚の変化なのか，都会の女性たちが使う鍋はどれもピカピカに輝いていた．薪での調理が一般的な農村の真っ黒な鍋とは明らかに感覚にずれがある．そして，それは彼女たちにとって燃料代の節約よりも憂慮すべきことなのかもしれない．都会での籾殻コンロの普及を考えるとき，「煤汚れ」は思わぬ陥穽であった．

4 ……… マーケットでの試験販売

食堂での実演と並行して，精米所の近辺や中央マーケットで燃焼のデモンストレーションと模擬販売をしてみた．最初は人通りの多い場所で通行人を相手に実演したのだが，ターゲットとしたい主婦や食堂のママたちは一瞥しただけで通りすぎ，露天で食べ物や野菜を売る女性たちもまったく興味を示してくれない．もの珍しさに足を止めて集まってくるのは男性ばかりだった．タンザニアの男性にはポジティブな人が多いのか，「これが普及したら籾殻に値がついてしまう．それまでに倉庫いっぱいに籾殻をとっておかなければ！」「このコンロは火力も強いし長時間燃えるぞ！」などと言って私の気持ちをくすぐりつつ，人集めにも協力してくれた．しかし，「買う」とはなかなか言ってくれなかった．

場所を変えて，精米所の近辺でコメや野菜を売る女性たちにターゲットをしぼることにした．ぬか釜を使ってもらった食堂はそこから100mも離れていないし，毎日ぬか釜を担いでマーケットを練り歩いているのだから，その噂はすでに口コミでひろまっていると密かに期待していた．しかし，実際に声をかけてみると，ぬか釜の情報はまったくと言っていいほど拡散していなかった．同様のことをウバルクやブワワでも経験した．「タンザニア社会では口コミですぐに情報がひろまる」と聞いていたが，その期待は裏切られた．

女性たちにぬか釜の性能について説明すると，興味を示してはくれるものの，財布のひもは固く，まったく売れない日が続いた．ある日，値引き交渉に屈して，10,000 Tsh（約500円）に値下げすることでようやく買い手がついた．すると，「値引きした」という噂はたちまち周囲にひろまって，われもわれもと購入者がつぎつぎ現れ，小さなブームが到来した．露天商が密集していた半径10mほどのエリアだけで16機のコンロが売れた．だが，口コミもそれ以上はひろがらず，ブームもすぐに収束して

しまった.

　その後，ぬか釜の購入者を探し出して使い勝手を聞いてみた．会うことができた12人のうち，毎日使っていると答えた人が2人，毎日ではないがときどき使っていると答えた人が5人，まだ使っていないと答えた人が3人，他人に譲った/転売したという人が2人という結果だった．聞き取りだけでは本当にコンロを使っているのか疑わしい回答もあったのだが，購入者の1人はその性能を絶賛して，2機目を購入してくれた．ひとりでもそのような購入者がいたことは，たしかな実用性があることを裏づけていたが，一様でない反応にさらなる調査の必要性を感じた.

5　　「使う側」と「作る側」をつなぐ「仲介者」の役割

　今回，実践的な研究のなかで，タンザニアの資機材・技術を使って籾殻を完全燃焼できるコンロをつくることに成功した．籾殻だけで燃料不足を解消できるわけではないが，一つの農業廃棄物を資源化する道筋を提示することはできた．籾殻コンロの実演や実用に対する住民の反応から，薪炭材の代替燃料にニーズがあることも確かめられた．ムベヤの鉄工所でぬか釜を実演したあと，職人の1人が自分の家で使うために籾殻コンロを自作してきた．また，ムベヤ市の食堂街では，試しにぬか釜を買った人が，後日もう一つ買っていった．こうした反応は，籾殻コンロはタンザニアの調理にも適用し，精米所さえ近くにあれば実用的な調理器具であることを示している.

　このアクションリサーチは，籾殻コンロの製作と販売をとおして，新しい資源の活用や技術開発に対する人びとの反応を知る機会となった．一連のコンロ開発の動きは，タンザニアにおける燃料不足を背景にした，籾殻を燃料とするコンロの製作という外部者の発想に始まる（図7-10）．鉄工所の職人は自分たちが製造販売している「おがくずコンロ」を改良して試作を繰り返していたが，籾殻をうまく燃焼させることができずにいた．棚上げ状態の企画は結局私が引き取ることになり，職人から工作技術を学びながら，インターネットが提供する技術を模倣して，地方都市の環境で籾殻コンロを作り上げた．その試作品を住民に仕事や生活の場で使ってもらいながら，どのような人たちがどのような課題を抱え，コンロにどのような機能を求めているのかを調べた．そのフィードバックをもとにコンロの改良やモデルチェ

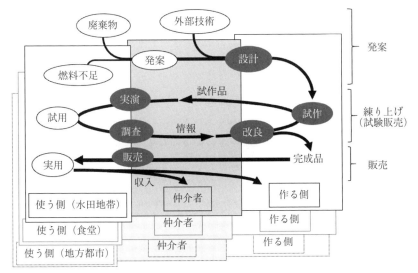

図7-10 「使う側」と「作る側」をつなぐ「仲介者」の役割

ンジを繰り返して籾殻コンロの性能を人びとが求めるかたちに近づけていった.

　当初，私は籾殻コンロの製作だけを手伝うつもりであったが，完成したコンロを鉄工所に飾っておいていても仕方がないので，籾殻が廃棄される現場で実際に使ってもらって，あるいは買ってもらって，使用者の意見や感想を聞くことにした．自分が手がけた製作から販売までの過程を振り返ってみると，コンロの製作よりも，使用者と職人をつなぐ仲介の仕事に多くの時間を割いていた（図7-10）．それまで私は，地域が必要としているモノがその地域で創り出されないのは「作る側」の事情によると考えていた．都市部のインフォーマル経済のなかで日銭を稼いで生きる鉄工所の職人には，製品開発に専念できる時間的な余裕はない．また，普段は鉄工所にいて仕事が来るのを待っている彼らに，周辺地域に暮らす人たちがいま何を求めているかなど知るよしもない．しかし，設計から販売までを自分で手がけてみてわかったのは，最終的な製品を作り出すのは職人であっても，創作のイメージを膨らませていたのは職人としての私ではなかった．地域に必要なモノを発掘してそれを技術的に解決しようとする試みには，発想のヒントとなる外部者の視点が必要である．その後，ヒントをもらった地域の技術者（内部者）はこのイメージを試作品として具現化し，使う側とのやり取りを重ねて製品が練り上げられていく．こうしてみていく

と，技術開発で設計を担っているのは，外部者の発想を職人に伝え，使用者の情報を職人に伝える「仲介者」である．また，仲介者は外部技術の伝導者でもあり，彼らがいなければ新しい技術も入ってこないし，技術が地域に内部化するブリコラージュも起こらないのである．

　この研究で注目したのは，販売を前提とした，「作る側」と「使う側」の技術的なやり取りであった．これまで存在しなかった製品について話し合う上で現物（試作品）は欠かせない．できるだけ多くの人に使ってもらってその感想を聞きたいのだが，無料で配ったのでは使ってくれないのは目に見えていた．そこで，不具合があれば返金・交換するつもりで，試作の段階から籾殻コンロを販売していった．現物を前にした意見交換は具体的で，現金を支払った消費者の苦情には重みがあった．対話を繰り返すことでコンロの性能は改善されていった．しかし，機能が向上したからといって売れ行きが伸びたわけではなかった．

　使い慣れたコンロや燃料を新しいものに置き換えるには，それなりの動機が必要である．値段の安さやランニングコストの削減は買い換えの大きな動機となるであろうが，もちろんそれだけでもない．人びとと籾殻コンロの使い勝手や価格について語り合うなかで，コンロを利用する環境が地域によって大きく異なっていることがわかってきた．コンロの機能や価格と同時に，地域あるいは職種によって調理が暮らしのなかにどのように位置づけられているのかを知っておく必要がある．

　稲作地ウバルクではMTSの燃焼を実演するだけで試作品が飛ぶように売れた．実演を見学していた人たちは籾殻が青い炎を上げて燃えるのを見ると，けっして安くはない代金をその場で支払ってコンロを買っていった．そこにはタンザニアの稲作地帯に共通する事情があるようだ（加藤 2011）．ウバルクは稲作で栄えた町で，籾殻コンロを買った人たちも水田の経営者や精米所の関係者であった．タンザニアの大規模な稲作地帯では，鳥追い，収穫，脱穀などの農作業に出稼ぎ労働者を雇う地域が多く，ウバルクでもイネが出穂期を迎える頃には出稼ぎ労働者用の臨時バスが運行されるなどして多くの人たちが集まってくる．水田経営者たちは，急増する労働者の生活環境を整えることで農作業をサポートする．地平線の彼方まで続く広大な水田地帯に林はなく，遠方から取り寄せる薪炭材には多くの手間とコストがかかっているのである．水田経営者には「籾殻が燃料になる」というだけで籾殻コンロは購買欲がかりたてられたにちがいない．経営者たちが籾殻コンロを買ったにもかかわらず試運転すらしなかったのは，購入したのがイネの収穫が終わったあとで，ほ

とんどの出稼ぎ労働者がすでに引き上げたあとだったのと，経営者たち自身はガスや電気を使うので籾殻コンロの燃え方には興味がなかったためだろう．

　翌年，私は調査地をソングウェ州のブワワに移したので，出作り小屋での実用性を確かめる調査はまだできていないが，季節ごとに多くの人が移動する社会では，調理のかたちも季節によって変化することを知った．「出作り小屋用コンロ」あるいは「水田コンロ」などと名付けていたら，稲作農村にはより浸透しやすかったかもしれない．

　ムベヤ州はタンザニア屈指の穀倉地帯で，その中心都市ムベヤは古くから全国に穀物を集配する拠点となってきた．その下町には小規模な商店や工務店，町工場などが密集し，日中は人と車の往来で騒然とすらしている．人が集まる場所にはもちろん食堂もたくさんあって，いたるところに小さな食堂街がある．昼食時にはどの食堂でも大きなスフリアで大量のコメが炊かれる．ムベヤ市では，食堂のママたちを対象にぬか釜の商業的な実用性について調査した．ママたちは「籾殻が燃える」という技術的な革新に驚いてもくれなかったし，なんの関心も示さなかった．食堂から生活の糧を得ている彼女たちには，コンロの代金やランニングコストだけでなく，使いやすさ，調理場との適合性，ルーティーンの改変にかかる労力の方が気になるようだった．ママたちは，普段から隣り近所の食堂と同じ料理を同じように提供しようと努めている．料理の味付けや量はもとより，皿の色形からテーブルの配置まで，食堂はどこもよく似ている．煤でスフリアが汚れてしまうことを嫌うのも，狭いエリアでぬか釜の小さなブームが起こったことも，隣り近所との同質性を意識しているのだと考えてよい．機能性や値段だけでなく，近所のなかで自分が異物化してしまうことへの心理的な抵抗感も「乗り換えコスト」となっているのだろう．そのコストをいとわないほどの切迫したニーズがなければ，ママたちはぬか釜を使おうとはしない．彼女たちは，ぬか釜の機能や値段を気にしているようで，じつはそれ以上にコンロへの周囲の評価も気にしていることが，実際にぬか釜を売ってみてよくわかった．新しい商品を販売しようとするならば，個人ではなく，職種や地縁でつながる集団を対象にした方が効率的である．

　ムベヤ市での試験販売では，ターゲットとした食堂のママたちの財布の紐は固く，材料費を下回るほど安くしないとコンロは売れず，周囲の人もその評判を口コミで伝え聞いてからようやく買ってくれた．経済的にみれば，日雇いの出稼ぎ労働者世帯は都会のなかでもっとも厳しい生活を送る人たちである．日々の燃料にもこと欠

くR氏にMTSを使ってもらうと，すぐに使い方をマスターして日常の調理具として活用するようになっていった．彼らが，燃料費がほとんどかからない籾殻コンロをもっとも必要としていることは間違いないのだが，材料費を下回るまで値段を下げたとしても，多くの出稼ぎ労働者層にはなかなか手が出ないかもしれない．低価格化が籾殻コンロの最大の課題といってよいだろう．

　モノが普及するというのは，他所から輸入された革新的な技術が人々の生活を一様に変えてしまう，あるいは，ニーズが所与としてあってそれにピタリとはまる技術が生み出される，というような一方向的で単純な図式に収まるものではない．「作る側」と「使う側」の双方向のコミュニケーションによって，技術というハードと人びとのニーズや能力，慣習というソフトが，その循環をとおして相互に影響をおよぼし合いながら，ひとつの「技術」が練り上げられていく．やがてそれは地域の暮らしや文化のなかに溶けこんでゆく．それが普及の基本的なあり方ではないだろうか．「使う側」の情報や外部の技術を「作る側」に伝え，作られた製品を「使う側」に紹介する仲介者がいなければこの循環は始まらない．このアクションリサーチでは，私は製作を担うだけでなく仲介役をも自覚的に演じた．その過程では，技術（製品）が現地の製作環境や使用環境に適合するようにかたちを変えていっただけでなく，作る側や使う側もまた技術に適合するようにその考えや慣習を変えていった．そして，作る側と使う側を仲介した私自身も，「もの」を介した非言語的なコミュニケーションを通じて，人びとの「建前」の向こう側にある「本音」を垣間見ることができた．ここに仲介者のもっとも重要な役割がある．先にも述べたとおり，「使う側」と「作る側」にはそれぞれ多様な事情があるのだが，仲介者はこの循環から双方の「本音」を感じ取り，技術に反映させていかなければならない．交渉をとおして，私は仲介者の仕事を網羅的に把握することができた．使用者の苦情を聞きながら職人とのあいだを往復する仕事は楽ではない．最初は収入もないなかで，私がやらなければすべてが停止してしまうことを実感した．現地では，モノの開発を推進していく仲介者が完全に欠落していたのである．言い換えれば，仲介の仕事の意義が正しく評価され，製品開発に初期投資するような経済の仕組みは，地域の内発的な技術開発を後押しするのだろう．

　最後に補足として，フィールドワークのなかでこんなことがあった．毎年8月8日の「農民の日」に向けて，各州の州都で「ナネナネ」という農業技術の展示会が催される．最新の技術や地域の工夫などの展示・実演を見るために各地から多くの

農民が集まって大いに賑わう．ムベヤ市で調査をしているとき，ちょうどナネナネが開催されていたので私も会場を覗いてみたのだが，そこにMTSにそっくりの籾殻コンロがいくつか出展されていたので驚いた．それを作ったのはもと小学校の教師で，私と同じようにインターネットで得た情報をもとにコンロを開発していると話していた．レバーをたびたび操作しなければならないのでMTSは使用者の受けがよくないという苦労の経験まで私と同じだった．籾殻コンロの開発と普及はけっして荒唐無稽な話ではなく，内発的な展開を担う仲介役は存在していた．彼が住民の多様な「本音」に耳を傾け，集団へ根気強くアプローチすれば，仲介役を兼ねた「作る側」と「使う側」との籾殻コンロを介した対話が始まるのも遠い話ではないのかもしれない．

参 考・参 照 文 献

伊谷樹一（2021）「環境と人をつなぐ水力」伊谷樹一，荒木美奈子，黒崎竜悟編著『地域水力を考える』昭和堂，17-60頁．

加藤太（2011）「氾濫原の土地利用をめぐる民族の対立と協調——キロンベロ谷の事例」掛谷誠・伊谷樹一編著『アフリカ地域研究と農村開発』京都大学学術出版会，91-119頁．

神田靖範（2011）「半乾燥地における水田稲作の浸透プロセスと民族の共生」掛谷誠・伊谷樹一編著『アフリカ地域研究と農村開発』京都大学学術出版会，371-410頁．

熊谷聡・林信行・坂木剛・中田正夫・柴田昌男（2004）「加圧熱水2段階昇温による籾殻中セルロース，ヘミセルロースの成分分離と糖化」『日本エネルギー学会誌』83：776-781．

国際協力機構・株式会社トロムソ（2017）「タンザニア国 もみ殻を原料とした固形燃料製造 装置の普及・実証事業 業務完了報告書」http://open_jicareport.jica.go.jp/pdf/12287819.pdf（2021/1/1）．

山本佳奈（2013）『残された小さな森——タンザニア 季節湿地をめぐる住民の対立』昭和堂．

Belonio, A. T. 2005. *Rice husk gas stove handbook*. Iloilo City, Philippines: Central Philippine University. http://bioenergylists.org/stovesdoc/Belonio/Belonio_gasifier.pdf （2022/1/1）.

REAP-Canada. "Welcome to Resource Efficient Agricultural Production - REAP – Canada." www.reap-canada.com/bio_and_climate_3_3_1.htm （2022/1/1）.

Vitali, F., S. Parmigiani, M. Vaccari and C. Collivignarelli. 2013. "Agricultural waste as household fuel: Techno-economic assessment of a new rice-husk cookstove for developing countries." *Waste Management* 33 （12）: 2762-2770.

浅 田 静 香

第 **8** 章

食文化を支える再生可能燃料

ウガンダ・首都カンパラにおけるバナナの調理方法と
バイオマス・ブリケットの活用から

KEY WORDS

ブリケット, 調理用燃料, マトケ, 地産地消型エネルギー, 資源循環

1 バナナの文化的価値と木質燃料への高い依存

　東アフリカのウガンダ共和国（以下ウガンダ）は，バナナの国（Country of Banana）とよばれるほどバナナ（*Musa* spp.）が多く栽培・消費されている．とりわけ南部地域には深緑色のバナナ畑が広がり，住宅地でも庭先などにわずかなスペースがあれば，バナナが栽培されている（図8-1）．

　ウガンダ中部地域は，1912年にイギリス保護領となるまでブガンダ王国が栄え，王都は現在の首都カンパラにあった．ブガンダ王国およびそこに居住する民族ガンダを対象とした民族誌的書物に，Ｊ・ロスコーが1911年に発表した"The Baganda: An Account of Their Native Custom and Beliefs"があり，そこには，ガンダの人びとが蒸して潰したバナナ料理を日常食としている生活が描かれている（Roscoe 1911: 435-436）．この料理はガンダ語でマトケ・アマニーゲ（*matooke amanyige*）とよばれ（以下では「マトケ」と表記する），ロスコーの報告から1世紀以上経った今でも，首都カンパラを含むウガンダ中部地域ではもっとも一般的なバナナ料理であり，昔ながらの方法で調理されたマトケが日常的に食べられている．

図8-1　家庭の庭先で栽培していたバナナの収穫

ガンダはウガンダ最大の民族で，カンパラの生活スタイルにもガンダの影響が色濃くあらわれている．公用語の英語に加え，カンパラではガンダ語が日常的に使用されている．バナナは多く消費されるだけでなく，日本におけるイネのように，ガンダにとって特別な文化的価値を有する作物であり，それは現代のカンパラ市民のあいだでも共有されている．ガンダの村落で生態人類学的な調査をしている佐藤（2011, 2016）は，ガンダ社会には「バナナ文化複合」とよべるようなバナナ栽培を基盤とする生業システムや農耕文化が成立しており，人とバナナとのあいだには複雑で密接な関係が潜在すると指摘している．

　バナナは収穫したあとに長く貯蔵できないが，年間をとおして収穫可能であるため，カンパラ市民は1年中マトケを食べている．ローカルレストランでは，ひとつの定食で複数のデンプン料理を一緒に盛って食べることができるが，そこにマトケは欠かせない．家で客人をもてなすときや，催事，冠婚葬祭などの場では必ず大量のマトケが振る舞われる（図8-2）．ガンダ語には，日本語で「ご飯（食事）」を意味する「エメレ（*emmere*）」という言葉があるが，文脈によってはマトケを指すこともある（佐藤 2011）．

　最近は，米飯や安価なトウモロコシ粉の練り団子などを主食として日常的に食べる世帯も増えているが，依然としてマトケは人気があって文化的な価値も高い．マトケの調理には必ず木質燃料が使われ，都市では木炭が使用されてきた．統計局による最近の世帯調査では，カンパラでも約8割の世帯が木炭を主要な調理用燃料として使用している（UBOS 2018）．カンパラだけではなく，アフリカの他の都市も同

図8-2　結婚式の前日に大量に調理されるバナナの大鍋

様に木炭への依存は強く，森林の減少は深刻な環境問題となっている．各国政府は，持続可能な資源の利用が世界的に求められるなかで，ガスなどの現代的なエネルギーを都市に普及することで森林への負荷を軽減しようとしていった（Schlag and Zuzarte 2008; Owen et al. 2013）．

　ウガンダでは2000年代に入ってから薪炭材の代替となるバイオマス・ブリケットが，首都カンパラとその周辺で盛んに生産されるようになった．2013年にウガンダのエネルギー・鉱物資源開発省が発表した『バイオマス・エネルギー戦略』（MEMD 2013）では，薪炭材の効率的な消費や，バイオマス・ブリケットなどの代替燃料の利用を促進することで，バイオマス資源を積極的に活用していく方針を打ち出している．本章は，世界でも珍しいバナナを主食とする大都市カンパラにおいて，バナナという食材の特性と，調理方法，そして燃料の関係に注目しながら，バイオマス・ブリケットが都市に根付いていった文化的・社会的要因と，多様な調理用燃料の活用によるエネルギーの地産地消について，多角的に議論してみたい．

　2012年10月〜2018年３月の断続的な約22ヵ月間，私はカンパラに滞在し，マトケを中心とする都市の食文化と調理方法について参与観察するとともに，バイオマス・

ブリケットの生産方法および消費形態について聞き取りを中心とした現地調査を実施した。調査は，ウガンダ人の調査助手による通訳も交えながら，英語およびガンダ語でおこなった．

2 　 主食作物と燃料消費の動向

　ウガンダは総面積約24万km²の内陸国である．南東にはその内水面積がウガンダ全体の18％を占めるヴィクトリア湖がある．カンパラはヴィクトリア湖の北西岸に位置している（図8-3）．カンパラは標高が約1,000mと高く，赤道直下であっても年間を通じた平均最高気温は27℃，平均最低気温は17℃，3～5月が大雨季，10～12月が小雨季，年間降水量は約1,200mmである（UBOS 2019）．

　2014年に実施された国勢調査によると，ウガンダの人口は約3,500万人であり，うちカンパラの人口は約150万人であった．カンパラの人口密度は約9,200人／km²で，

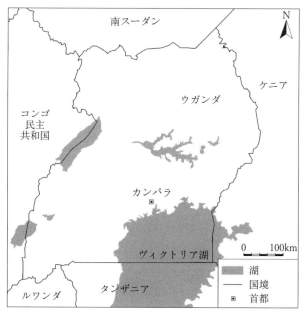

図8-3　ウガンダの地図

図8-4　人口が密集するカンパラ市街地

ウガンダの全都市人口の24％がカンパラに居住している（UBOS 2016）．カンパラは，他の東アフリカ諸国の都市と比較しても人口の増加速度が速く，市街地には家屋が密集し（図8-4），道路はつねに渋滞していて移動もままならない．

　ウガンダでは，バナナをはじめとする多くの根栽類や穀物が栽培され，それぞれが地域ごとあるいは季節ごとの重要なカロリー源となっている．統計局の資料によると，2018年にもっとも多く栽培されたデンプン作物は料理用バナナ（345万トン）であり，次いでキャッサバ（282万トン），トウモロコシ（277万トン），サツマイモ（196万トン）であった（UBOS 2019）．デンプン作物としてバナナがもっとも多く生産されているのは，ウガンダ農業の大きな特徴である（藤本・石川 2016）．ウガンダには数多くのバナナの品種があるが（佐藤 2011），カンパラの住人は各地から運ばれてくる多種多様なバナナを，料理用（マトケ［*matooke*］），酒造用（ンビッデ［*mbidde*］），生食用（ボゴヤ［*bogoya*］やスカリディジ［*sukaali ndiizi*］など），軽食用（ゴンジャ［*gonja*］）に大別している．そのなかでも流通量の多いのが料理に供するマトケである．なお，「マトケ」には，バナナの蒸し料理を指す場合と，マトケ料理に向いた品種群を指す場合がある．

　マトケの調理にはもっぱら薪炭材が使われる．ウガンダ統計局は2016年度に国民生活に関する全国調査を実施した．その結果をみると，都市部では66.4％の世帯が

木炭を主要な調理用燃料としており，カンパラではその割合がさらに高く79.4％を占めていた（UBOS 2018）．1989年に実施した同じ調査では，カンパラの割合が63％であり（Ministry of Energy 1990），都市では人口が急増したこの30年間に木炭使用の傾向がさらに進行していたことがわかる．一方，現在のカンパラで薪を使用する世帯は0.6％にすぎなかった（UBOS 2018）．カンパラで使用されている調理用燃料には薪炭材のほかに，ガス（LPGなど），灯油，電気などがある．こういう現代的な燃源を使用しているのはサラリーマンなどの安定した収入をもつ世帯であるが，それでも燃料の中心は木炭であり，他の燃料は補助的な利用にすぎない．彼らが木炭を手放せないのは，木炭特有の火もちのよさもさることながら，経済的な理由も大きいだろう．木炭は1穀物袋（約200ℓ）あたり7万〜10万ウガンダ・シリング（以下，シリング：2018年時点で1円＝約30シリング）で販売されていて，世帯サイズや使用頻度にもよるが，他の熱源と併用すれば，1袋を1ヵ月間ほど使うことができるようだ．熱源ごとにカロリーを測定・比較したことがないので正確なことは言えないが，カンパラで暮らしていたときの庶民感覚から言えば，LPG（6 kgサイズのシリンダーのガス充填が5万〜10万シリング），灯油（1ℓあたり2,000シリング），電気はどれもかなり割高な感じで，急いで湯を沸かしたいときにだけ使う燃源である．

　新しい燃源が現れても都市部では木炭の需要は安定して高く，慢性的な供給量の不足によって木炭の価格はつねに値上がりしている．ウガンダ統計局が発表している2005〜2016年間にカンパラ市内のマーケットにおける木炭価格の推移をみると，2005年から2011年までの6年間に価格は3.5倍に跳ね上がり，その後は2016年まで1 kgあたり700シリング前後で推移していた（UBOS 2011, 2015, 2017）．2017年にはさらに前年の30％も価格が高騰した（Musoke 2017）．価格上昇の最大の原因は需給バランスの変化で，それまでカンパラに木炭を供給してきた近郊のルウェロ県やナカソンゴラ県だけでは需要をまかないきれなくなり，供給地を北部のグル県や北西部のウエスト・ナイル地方にまで拡大していて（Abimanyi 2011; Tenywa 2011など），供給地が遠隔化したことで運搬費が木炭価格に上乗せされているのであろう．木炭価格の高騰は，カンパラに暮らす人びとの生計を直撃している．

3 料理とマトケの調理方法

　カンパラでよく食べられるデンプン食はバナナ料理，米飯，トウモロコシ粉の練り団子の3種類であるが，バナナは蒸し，コメは炊き，トウモロコシ粉は湯で練ったのちにバナナの葉に包んで蒸す（ウガンダではトウモロコシ粉の練り団子を，スワヒリ語由来の英語でポショ［posho］またはガンダ語でカウンガ［*kawunga*］とよんでいる）．モロコシ粉とキャッサバ粉の練り団子はカロ（*karo*）とよばれる．その他，キャッサバやサツマイモ，ジャガイモなどの根栽類や，カボチャのようなデンプン質の果菜類も蒸したり茹でたりして食べる．1食につき2種類以上のデンプン食物を調理することも珍しくない（図8-5（a）（b））．1食あたりの価格はトウモロコシ粉やコメの方がバナナよりも安いため，近頃では都市でマトケを毎日食べられるのは安定した収入がある世帯だけになってきた．わたしが寄宿していた家族は固定した収入源をもっていなかったので，調査期間中に試験的にマトケを調理してもらうと，「マトケは

図8-5　カンパラの食事と軽食
（a）バナナやポショ，コメなどさまざまなでんぷん食物（左）と，ラッカセイベースのエンヴァが入ったルウォンボ（右）．（b）インゲンマメのエンヴァがかかったポショ．（c）バナナとジャガイモが入ったトマトベースのカトゴ．（d）白いチャイ（右）とそのお茶請け（エスコーティ）となるオムレツとチャパティ（左）．

しばらく食べていなかった」,「毎日のようにマトケが食べられてうれしい」と喜ばれた.

　副食として, インゲンマメや牛肉, 鶏肉, 魚 (ナイルパーチ, ティラピアや小魚) などのタンパク源をメインの具材にしたトマトベースまたはラッカセイベースのシチューがデンプン料理に添えられる. これらのシチュー状のおかずは, ガンダ語でエンヴァ (*enva*) または英語で「ソース」とよばれる. エンヴァは煮込むか, デンプン料理と一緒に蒸して作られる. その他, 青菜やキャベツを炒めたものをおかずとして食べることもある. 青物野菜としては, ガンダ語でドド (*doodo* [学名:*Amaranthus dubius*]) やブガ (*bugga* [学名:*Amaranthus graecizans*]) とよばれるヒユ科ヒユ属の葉菜, ナカティ (*nnakati* [学名:*Solanum aethiopicum*]) というナス科の葉菜をよく食べる.

　バナナやジャガイモ, キャッサバといった根栽類を肉やマメのエンヴァと一緒に煮込んだ料理をカトゴ (*katogo*) という (図8-5 (c)). カトゴは朝食または昼食として食べることが多い. 飴色に炒めたタマネギをベースにした炊き込みご飯ピラウ (*pilau*) は, インド洋岸のイスラーム世界の料理であるが, ウガンダでも人気がある. ピラウの具には牛肉のほかにジャガイモなども用いられる. カトゴやピラウは, デンプン料理とおかずが一体となった軽食 (ガンダ語でエビョクリャ [*ebyokulya*], またはオブンプウァンチプウァチ [*obumpwankipwaki*]) に近い料理である.

　多種類のデンプン料理とおかずが配膳された食事をチトーベロ (*kitoobero*) とよび, 催事など特別な場で出される. 客はマトケをはじめ, 米飯やキャッサバ, ジャガイモ, ポショなど, 複数のデンプン料理をひとつの皿に盛って炭水化物のバリエーションを楽しむ. こういう食習慣は, ウガンダがさまざまな農耕文化圏の要衝であったことと関係があるのかもしれない. もちろん, 地元の食文化を代表するマトケがチトーベロの主役である. 1人前ずつエンヴァの材料をバナナの葉で包んで蒸したルウォンボ (*luwombo*) も, マトケとともに冠婚葬祭の場では必ず振る舞われる定番の料理である (図8-5 (a)).

　ウガンダでは紅茶がよく飲まれるが, 朝食では砂糖をたくさん入れた紅茶と一緒に軽食や菓子 (ウガンダではこれを「エスコーティ [*eskoti*]」とよんでいる) を食べる習慣がある. 紅茶 (チャイ:*caayi*) は, 湯で淹れたものを「黒いチャイ」, 牛乳で淹れたものは「白いチャイ」という. エスコーティとして, ゴンジャ (軽食用の焼きバナナ) やビンダジ (揚げパン), 食パン, 揚げキャッサバ, チャパティ, サモサなどを食べる (図8-5 (d)). みじん切りにしたトマト・タマネギ・ピーマンが入った薄焼

きオムレツをスパニッシュ・オムレツといい，家庭でもよく作る．ゴンジャや揚げキャッサバ，チャパティ，サモサ，ビンダジは露店やキオスクで早朝から販売しているので，わざわざ家で作るよりそれらを購入することの方が多い．スパニッシュ・オムレツをチャパティで包んだ食べ物を「ロレックス」とよび，露店で販売される人気メニューのひとつである．

マトケの調理には長い時間と手間がかかる．以下では，その独特な調理方法を紹介しておこう．全工程を簡単に示すと，まず青いバナナの果皮をナイフで厚く剥き，果肉をバナナの葉に包んで強火で蒸す．果肉に火が通って柔らかくなったら葉に包んだまま果肉を潰し，そのあとは弱火で長時間にわたって蒸したら完成である．おいしいマトケを作るコツのひとつは，果皮を果肉ごと厚く剥くことである（図8-6(a)）．これは，マトケが黒ずむのを防ぐために，果肉と果皮の間にある維管束（スジの部分）とその周辺部分を取り除いているのである．マトケの料理人は果肉の周辺部分を惜しげもなくそぎ落としていく．この工程の前後で重さを測ってみると，そぎ落とされた部分は果実全体のじつに45.6%（最小37%，最大48%，n＝25）も占めていて，調理される果肉はバナナ全体の半分にすぎないことがわかった．

果皮を剥いた果肉を葉で二重にくるみ，偽茎から取った紐（繊維）で十字に縛る（図8-6(b)）．この包みをガンダ語でムウンボ（*muwumbo*）という．大鍋にバナナの偽茎や葉柄，繊維を入れて上げ底にし，水を注ぎ，その上にムウンボを置く．ムウンボの上に乗せた蓋付きの鍋でコメを炊いたり，副食のソースを調理したり，キャッサバやサツマイモを蒸したりすることもある（図8-6(c)）．食材を鍋に入れ終わったら，少し大きめの鍋で蓋をして火にかける．

最初は強火で1〜2時間にわたって加熱する（図8-6(d)）．このときの加熱をガンダ語でクトコサ（*oku-tokosa*）という．クトコサ中は，火力が弱まらないように注意する．ムウンボを包んだバナナの葉の色が深緑色になったら，果肉に火が通った合図である．いったん鍋を火から下ろし，ムウンボを草で編んだ笊に取り出す．笊の横に置いた桶の水で手を冷やしながら熱いムウンボを素早く圧し潰していく．潰し残しがないように，両手を添えて丁寧に潰す（図8-6(e)）．この状態でも食べられるのだが，再び鍋に戻して弱火でじっくり蒸しなおすことで，マトケには独特の食感と風味が加味されていく（図8-6(f)）．ムウンボを潰したあとに蒸すことをクボーベザ（*oku-boobeza*）といい，最初の強火の加熱と区別されている．ムウンボを1時間以上クボーベザすると包んでいたバナナの葉の色が茶色に変わり，より深い黄色のマ

（a）果皮をむく

（b）バナナの葉で包む（ムウンボを作る）

（c）ムウンボの上に米飯用の蓋つき鍋を重ねて，バナナの紐で固定する

（d）火にかける（クトコサ）

（e）圧し潰す

（f）再度火にかける（クボーベザ）

図8-6　マトケ調理の手順

図8-7 木炭に灰をかけて火力を弱める
この日は改良コンロを用いて調理した.

トケができあがる.クボーベザする時間が厳密に決まっているわけではなく,私が
調理を観察したときは,最短で53分間,最長で2時間25分間,平均で1時間30分間
蒸し直していた(n＝10).

　クボーベザするときには,長時間にわたって蒸すのに充分な量の燃料をコンロに
追加しておく.薪を使う場合は太い丸太を入れることで火力を弱め,木炭やブリケ
ットを使う場合は灰をかけて酸素の供給を抑えて強火にならないように火力を調節
する(図8-7).このときの火力の調節が,マトケの味に大きく影響するのだという.
現地の人びとがおいしいとするマトケは,鮮やかな黄金色をしていて,なめらかな
舌ざわりでありながら,ほどよい粘り気と弾力のある食感が心地よく,かすかなバ
ナナの甘みが口のなかにひろがる.マッシュポテトまたはスイートポテトのような,
引きちぎることなく,手やスプーンですくっても食べられる硬さである.ムウンボ
を包んでいたバナナの葉を開いたときに,蒸気と一緒にふわっとバナナ特有の甘い
香りが立ちのぼる.潰し残した塊がなく,食べ終わるまで温かさが持続するマトケ
が好まれる.

　マトケは食べる直前までとろ火で保温しておいて,あつあつの状態で配膳する.冒

頭に記述したロスコーの書物によると，20世紀初頭からこの食べ方は変わっていない（Roscoe 1911: 436）．バナナは一度冷めると固くなってしまうから保温し続ける必要があると彼らは言う．冷えたデンプン料理をガンダ語でエゴル（*eggwolu*）とよび，とくにマトケのエゴルは温め直してももとの柔らかい状態には戻らないので，次の食事まで残しておきたいときは，弱火のコンロでムウンボごと蒸し続けておく必要がある．

4　　燃源の使い分け

カンパラの料理，とりわけマトケの調理と燃源のあいだには密接な関係がある．家庭の調理に数種類の燃源を使う2つの世帯を対象に，7日間にわたって料理と燃源を記録した（表8-1）．表中では，それぞれの食事の調理に使用された燃源について，木炭を▲，LPGを□，電気（電子レンジ）を▽で示し，マトケには下線を引いた．結果をみると，調査対象とした世帯Pr，世帯Jsのいずれでも，朝食，昼食，夕食の調理で燃源を使い分けていた．

世帯Prは，成人男性3人，成人女性2人，子ども2人で構成されており，木炭用のコンロ，LPGコンロ，電子レンジという3種類の加熱調理器具を所有していた．記録した7日のあいだに，朝食時には毎日LPGまたは電子レンジで紅茶用の牛乳を沸かしていた．昼食にはカトゴやピラウ，ポショ，キャッサバ，サツマイモを調理し，すべての日に木炭を使用した．夕食の調理にも毎日木炭を使い，マトケは7日のうち6日作っていた（表8-1 (a)）．

世帯Jsは，成人男性1人，成人女性2人で構成され，木炭用のコンロ，薪用のかまど，LPGコンロという3種類の加熱調理器具を所有していた．朝食時には毎日，紅茶用に湯または牛乳を沸かし，7日のうち4日はLPGを用いてカトゴを調理していた．昼食時には，カロを3日，サツマイモを2日，ジャガイモ（フライドポテト）を1日，マトケを1日調理し，カロとジャガイモを調理するとき以外は木炭を使っていた．夕食時には毎日，木炭でマトケを調理した（表8-1 (b)）．

両世帯とも，朝の紅茶や短時間で調理できるカトゴやカロ，強い火力が必要なフライドポテトの調理にLPGを使い，マトケをはじめとする蒸し料理や，エンヴァなどの煮込み料理には木炭を使っていた．LPGを使用する料理は軽食が多い．一方，木

表8-1　世帯Prと世帯Jsにおける調理品と使用した燃源

(a) 世帯Pr（7日間：2013年7月10日〜16日）

日付	曜日	朝食		昼食		夕食	
		燃源	調理品	燃源	調理品	燃源	調理品
7月10日	水	□	ミルクティー	▲	サツマイモ，インゲンマメのソース	▲	マトケ，鶏肉のソース
7月11日	木	▽	ミルクティー	▲	マトケ，魚のソース	−	−
7月12日	金	□	ミルクティー	▲	バナナとインゲンマメのカトゴ	▲	ムゴヨ*，インゲンマメのソース
7月13日	土	▽	ミルクティー	▲	ポショ，インゲンマメのソース	▲	マトケ，牛肉のソース
7月14日	日	□	ミルクティー	▲	茹でキャッサバ，キャベツ炒め	▲	マトケ，ラッカセイのソース，キャベツ炒め
7月15日	月	□	ミルクティー	▲	ピラウ	▲	マトケ，牛肉のソース
7月16日	火	□	ミルクティー	▲	キャッサバ，インゲンマメのソース	▲	マトケ，鶏肉のスープ

(b) 世帯Js（7日間：2013年7月8日〜14日）

日付	曜日	朝食		昼食		夕食	
		燃源	調理品	燃源	調理品	燃源	調理品
7月8日	月	□	紅茶	▲	カロ，鶏肉のソース	▲	マトケ，サツマイモ，ラッカセイのソース
7月9日	火	□	紅茶，バナナとインゲンマメのカトゴ	□ ▲	カロ インゲンマメのソース	▲	マトケ，米飯，ササゲのソース
7月10日	水	□	紅茶，バナナとインゲンマメのカトゴ	▲	サツマイモ，インゲンマメのソース	▲	マトケ，米飯，魚のソース
7月11日	木	□	紅茶，バナナとササゲのカトゴ	□	フライドポテト	▲	マトケ，米飯，ラッカセイのソース
7月12日	金	□	紅茶，バナナとラッカセイのカトゴ	▲	カロ，インゲンマメのソース	▲	マトケ，米飯，豚肉のソース
7月13日	土	□	紅茶	▲	サツマイモ，インゲンマメのソース	▲	マトケ，米飯，牛肉のソース
7月14日	日	□	ミルクティー	▲	マトケ，米飯，牛肉のソース，青菜炒め	▲	マトケ，米飯，牛肉のソース

▲ 木炭，□ LPG，▽ 電気（電子レンジ）
* 茹でて潰したサツマイモとインゲンマメを混ぜたデンプン料理

炭を使うのは，ガンダ語で「エメレ（ご飯）」とよばれる，時間と手間をかけて作る料理である．世帯Prの家政婦は，エメレを「デンプン料理とおかずの組み合わせた献立（バナナ，コメ，ポショ，キャッサバなどの炭水化物と，野菜やインゲンマメ，肉や魚の入ったシチューの組み合わせ）だ」と説明した．カトゴやピラウは軽食寄りの料理と考えられており，夕食で食べることはなかった．カトゴは朝食に食べることがよくあった．世帯Jsでは，世帯主のいる日曜日（7月14日）の昼食のみマトケを調理し，他の日の昼食は軽食で済ませていた．

　カンパラでLPGコンロや電子レンジを日常的に使用しているのは中・高所得世帯にかぎられている[1]．LPGを使用するには，燃料とは別にコンロ（最安値でも9万シリング）とシリンダー（最小サイズの6 kgのもので5万〜10万シリング）を購入しなければならない．電子レンジは安くても20万シリングはする．2018／2019年度の1人あたりのGDPが13万シリングにみたないウガンダにおいて（UBOS 2019），こうした現代的な燃源はたとえ大都市であっても一部の裕福な家庭でしか使えないのが現状である．

　現在カンパラでは木炭がもっとも一般的な調理用燃料となっていて，その供給体制についても触れておきたい．都市には薪を採集できる林はほとんどないが，木炭の小売店は住宅街の至る所に点在していて，だれでも簡単に手に入れることができる．販売する単位もさまざまで，200リットル近い大きな穀物袋でも購入できるが，1,000シリング分の少量で売っていて，家に木炭を保管するわずかなスペースすらない世帯でも毎日必要な量だけ少しずつ買うことができる．都市部では長屋の狭い一室に暮らす家族も多く，家屋が密集している場所では，薪用の三つ石のかまどを置くスペースすらなく，まして白煙やすす（煤）が出る薪の使用ははばかられる．その点，木炭であれば，2,000シリングほどで買える小型のコンロで調理できて白煙も出ない（浅田 2017）．カンパラにおいて木炭が普及・定着しているのは，食文化や経済事情とともに，超稠密という住宅事情も関係している．

（1）　アフリカ開発銀行によると，1日あたりの消費金額が2米ドル未満の世帯を低所得世帯，2米ドル以上20米ドル未満の世帯を中所得者世帯（そのうち，2〜4米ドルを流動的な中所得世帯，4〜10米ドルを下位中所得世帯，10〜20米ドルを上位中所得世帯），20米ドル以上の世帯を高所得世帯と定義している（Kingombe 2014）．

5 新たな燃料であるブリケット

　マトケを中心とした食文化では木炭が重要な役割を果たしているが，近年その代替品としてバイオマス・ブリケットが生産されるようになってきた．ブリケットは，木炭くずや作物残差などを圧縮した燃料で（Eriksson and Prior 1990; EEP 2013），広義に石炭くずなど化石燃料由来のものも含むが，この章では，植物由来のバイオマス・ブリケットに焦点をあてる．また，生産段階に炭化の工程を挟む炭化ブリケット（carbonized briquette）と，炭化の工程を挟まない未炭化ブリケット（uncarbonized briquette）がある（EEP 2013）が，ここではカンパラでおもに生産されている植物由来の炭化ブリケット（以下，単に「ブリケット」と表記する）を扱う．

　ウガンダのブリケットは，英語でそのままブリケット（briquette/buliketi）とよぶことが多いが，ガンダ語で木炭を意味するアマンダ（amanda），外来の木炭を意味するアマンダ・マズング（amanda 'mazungu），改良された木炭を意味するアマンダ・アガワンガラ（amanda agawangala）などともよばれている．英語のブリケットという語はフランス語で「小さいレンガ」を意味するbriqueに由来する．バイオマス・ブリケットの歴史は，化石燃料由来のブリケットに比べて新しいといわれているが，正確な発祥は不明である．19世紀前半に第一次世界大戦や世界恐慌の影響で燃料価格が高騰すると，欧米諸国のあいだでおがくずなどからブリケットが生産されるようになった（Eriksson and Prior 1990）．日本でも，ブリケットの一種である練炭や豆炭，炭団が，燃料不足が深刻化する戦時中から，石油が普及する1960年代までの長い間使用されていた[2]．現在，東アフリカで生産されているブリケットは，材料に木炭くずや作物残渣，おがくずや端材などの農林業廃棄物がおもに使われている（EEP 2013）．

　ウガンダで生産されるブリケットは，圧縮に用いられる方法・機械によって形状が異なる．すべての工程を手作業でおこなった場合は球形のブリケットができる．スクリュー式圧縮機やピストン式圧縮機で作ったブリケットは円柱型，型枠式圧縮機を使ったものは蜂の巣型ブリケット（honeycomb briquette）となる（図8-8）．

　ブリケットは，木炭用の小さなコンロで使用する．カンパラの一般家庭では，2,000シリングほどの安い素焼きのコンロが広く使用されていて，飲食店や大人数の家族がいる家庭では5,000シリング以上の鉄製のコンロも使われる．近年，保温性に優れ

---

(2)　豆炭は石炭を主原料とし，副原料のひとつとして木炭が使用される．

図8-8 さまざまな形状のブリケット
(a)手作業で圧縮成型された球形のもの. (b)蜂の巣型ブリケット. (c)スクリュー式電動圧縮機で成形された円柱型ブリケット. (d)ローラー式電動圧縮機で圧縮されたビスケット型ブリケット.

た素焼きコンロに鉄製の枠を取り付けて衝撃にも耐えられるようにした改良コンロ（improved stove または energy-saving stove［省エネコンロ］とよばれる）が販売されるようになった（図8-7）. 改良コンロは, 消費燃料を削減できるうえ寿命が長く, ブリケットと合わせて生産, 販売する企業が多い. 改良コンロは1万5,000〜3万シリングの価格で販売されていて, ローカルマーケットでは同様のコンロが7,000シリング程度でも売られている.

炭化ブリケットの基本的な生産工程は, (1) 原料の乾燥, (2) 炭化と粉砕, (3) つなぎの調合, (4) 成型, (5) 天日乾燥の5つである. 生産者によって, 材料やつなぎの種類や配分, 炭化の方法, 粉砕や圧縮する方法に違いがみられる. 天候によって異なるが, 材料の乾燥から完成まで1〜3週間を要し, 各生産者はそれぞれの工程を数日ずつずらして進めることで, 限られたスペースをうまく使いながら間断なくブリケットを生産している. ブリケットはすべての工程を手作業でおこなうことも可能だが, 送風量を調整できる炭化専用のドラム缶や成型用の圧縮機を用いて, 効率的な生産を目指すようになってきている.

ブリケットのおもな原料はバナナなどの食物残渣（果皮や芋の皮とそれに付着するデンプン）である．ガンダ語では，農作物の表皮をビクタ（*bikuta*）という．根栽類の消費が多いカンパラでは，各家庭や飲食店などの台所・厨房から毎日多量のビクタが排出される．ブリケットの生産者は，各家庭から出るビクタを集めたり，カンパラ近郊の畜産農家に販売する目的でビクタを収集している業者から購入したりしている．

　ブリケットのつなぎには，湯で溶いたキャッサバの粉や粘土を使用している．カンパラでは，キャッサバ粉を団子料理カロに使うため，ローカルマーケットやキオスクなどで1kgあたり2,000シリング前後で入手できる．ブリケットを大量生産する企業では，砂糖を精製する際に出るモラセス（廃糖蜜）をつなぎとして使用することもある．

　ここでは，カンパラ市内に住む40代の女性Dm氏の作業を例に，ブリケットを手作りするときの工程を解説する．彼女は2007年から自宅の庭先でブリケットを作って販売している．

　(1) 原料の乾燥：庭に敷いた麻袋の上にビクタを広げて天日で乾燥する．Dm氏が使う原料（ビクタ）はバナナの果皮や葉，偽茎の繊維，インゲンマメのさや，サトウキビの稈の表皮，キャッサバの芋の表皮などである．乾きにくいパイナップルやジャックフルーツなどの果皮は避け，雨季にはジャガイモの皮も使わないようにしていた．天候にもよるが，天日乾燥には3日から1週間を要する．

　(2) 炭化と粉砕：乾燥したビクタをマウンド状に積み上げ，その中心部に火種を入れて全体を焦がしていく．このときビクタが完全燃焼して灰になってしまわないように，ときどき棒でかき混ぜて炎が上がらないようにする．全体が黒く焦げたら炭を棒で叩いて細かく砕く．粒状の炭に水を少しずつ振りかけて火を消すが，このとき必要以上に濡らしてしまわないように注意する．消火後，指で炭の塊を潰しながら，未炭化の粒を取り除いていく．これは成型時に，尖った有機物が手に刺さるのを防ぐためである．取り除かれた粒は，時間のあるときに石などで砕いて後日再利用する．その後，数日かけて粒炭を乾燥する．

　(3) つなぎの調合：湯にキャッサバ粉を入れて溶かし，水を加えながら火にかけて糊（のり）状にする．糊ができたら火から下ろして粗熱を取る．

　(4) 成型：粒炭に木炭くずを混ぜ合わせ，そこにキャッサバ粉で作ったつなぎの糊をかけて全体を混ぜ合わせる．ほどよい硬さになったら両手で団子状に丸めて成

図8-9 手で丸めてブリケットを成型

　型する．ブリケットは緻密なほど火もちがよいので，圧をかけながら丸く固めていく（図8-9）．

　（5）天日乾燥：麻袋を敷いてその上に丸めたブリケットを広げて天日に干す．天気にもよるが2〜5日で乾燥する．乾燥後のブリケットの水分含有率は25％ほどである．

　Dm氏はブリケットを1 kg（11〜12個）あたり1,000シリングで販売している．2013年には個人でブリケットを生産，販売していたが，その後，手動圧縮機を導入して生産量を増やし，同じ地区に居住する他のブリケット生産者と共同で出荷するようになった．調査対象としたブリケット生産者の多くが，手作業で生産を始め，徐々に圧縮機や炭化専用の排煙塔つきドラム缶を導入して生産規模を拡大している．生産者はそれぞれの自宅や作業場をはじめ，ローカルマーケットやスーパーでブリケットを販売している．

6 燃源の選択とマトケの調理

　4節で先述したとおり，カンパラの家庭では，いくつかの燃源を料理によって使い分けている．ここでは，燃源の特性がマトケの調理にどのような影響を与えるのかをみるために，木炭・薪・ブリケット・LPGという4種類の燃源を使ってマトケを作ってもらい，調理にかかった時間や食材の温度変化を比較してみた．食材の温度変化は，携帯型の熱電対温度計（マザーツール社製MT-306）のセンサーを食材（果肉）に差して温度変化を計測した．詳細は別稿（浅田 2021）を参照されたいが，ここではその要点を簡潔に説明しておく．

　当然のことながらLPGは点火と同時に着火するが，木炭・薪・ブリケットは燃料全体に火が着くまでに十数分かかった．どの燃源でも，鍋を火にかけてから10分ほどで湯が沸き，それにともなってバナナ（果肉）の内部温度も急激に上昇し，その後約20分（着火後約30分）で96℃に達して安定した．最初に生バナナを一気に高温で熱する（蒸す）ことをクトコサというが，これは細胞同士をつないでいたペクチンという多糖類を熱分解することで細胞を離れやすくして，バナナを柔らかくしているのである．充分にクトコサしたバナナを鍋から取り出して圧し潰す．バナナが冷めるとペクチンがもとの状態に戻って再び硬くなってしまうので，熱いうちに潰して細胞をバラバラにしているのである（Gafuma et al. 2018）．主婦たちが手を水で冷やしながらも急いで熱いバナナを潰すのはそのためである．

　一度冷めて固くなってしまったマトケは，温め直しても柔らかくならない．これは潰したバナナに含まれるデンプン（アミロースとアミロペクチン）が冷めることで強く結合（老化）してしまうためと考えられている（Gafuma et al. 2018）．バナナのデンプンに多く含まれるアミロペクチンは，トウモロコシやジャガイモよりも長い鎖状のものの割合が高いため，加熱後の冷却によってデンプンの老化が急速に進むという特徴がある（Zhang and Hamaker 2012）．柔らかいマトケを食べるには，高温多湿な状態を食べるまで保っておかなければならない．バナナの葉に包んだままとろ火で蒸し続けるクボーベザは，マトケを煮崩れさせずにおいしいまま保っておく最適な方法なのである．さらにクボーベザで長時間加熱することによって，マトケは鮮やかな黄金色を呈し，バナナの中のデンプンの糊化が進むためか，粘りと甘みが増していく．つややかな黄色はおいしいマトケの指標として食欲を誘う．

　昼食にマトケをすべて食べることもあれば，昼に調理したマトケの残りをとって

おいて夕食に食べることもよくあって，その場合は何時間もクボーベザすることになる．マトケを調理したときの燃料代を試算したところ，薪は2,500シリング，木炭は1,700シリング，ブリケットは2,000シリング，そしてLPGは5,600シリングであった．これはマトケをつくるためだけに消費した燃料代であるが，薪，木炭，ブリケットは燃え残った燃料で熟成・保温（クボーベザ）できるのに対し，LPGは保温のために長時間にわたって燃料を消費し続けなければならない．調理時間には差がないが，調理，熟成，保温に多くの燃料代がかかるLPGは，マトケなどの蒸し料理には向いていない．

　LPGは瞬時に着火できるので，朝の忙しい時間帯に紅茶を沸かすときや，短時間だけ加熱する料理に向いている．電気や灯油コンロでも同じことがいえる．一方，木炭やブリケットは着火までに長い時間がかかる．木炭の扱いに慣れた主婦が着火に要した時間を計ってみると，木炭で平均18分，ブリケットで平均19分かかった．調理・保温にかける時間はまちまちであるが，1回の調理に消費する燃料はいつもだいたい木炭が1.7kg，ブリケットが2.0kgであった．

　マトケのような蒸し料理をはじめ，煮たり炊いたりする料理が多いカンパラでは，弱くても長く燃え続ける木炭のような熱源が調理に適していて，経済的でもあるので需要が高い．ブリケットも，火の通り方や調理時間，燃料代，燃料の消費量において，木炭と差がなかった．他の研究では，水の沸騰とインゲンマメの加熱調理において，ブリケットを使用した方が木炭を使用したときよりも調理時間が短く，燃料の消費量も少なかったという報告もある（Brenda et al. 2017）．性能面においても，木炭を代替できるブリケットが流通しているのである．

　実際にブリケットがどのように消費されているのか調べるため，ブリケットを日常的に購入している2世帯に，料理と燃源を2017年1月の2週間にわたって記録してもらった（表8-2）．表8-1と同様に，木炭を▲，ブリケットを●，薪を×，灯油を◇，バイオガスを☆と記号化して各料理の横に記載し，マトケには下線を引いた．

　世帯Shは30代の女性が世帯主で，文具店を経営し，店の奥にある部屋で成人女性2人と子ども2人で暮らしている．家庭には木炭・ブリケット用コンロ，灯油コンロ，電気コンロをそれぞれ1台ずつ所有している．

　Sh氏の記録によると，結婚式に行って調理をしなかった1日を除く13日間のうち，朝食に紅茶用の湯または牛乳を沸かした日が11日あり，それに灯油を使った日が7日，木炭かブリケットあるいはその両方を使った日が4日あった．牛の内臓とジャ

ガイモのカトゴを調理した日は木炭を使い，トウモロコシ粉のポリッジ（湯でトウモ
ロコシ粉を溶き，砂糖で甘くした粥）を調理した日は木炭とブリケットを混ぜて使用し
ていた．昼食は，木炭のみを使用した日が2日，ブリケットのみを使用した日が1
日，木炭とブリケットを混ぜて使用した日が10日あった．夕食は，木炭のみを使用
した日が2日，ブリケットのみが1日，木炭とブリケットを混ぜた日が9日，木炭
くずを使用した日が1日あった．夕食にブリケットのみを使用した1月16日は，昼
食にブリケットと木炭を用いて調理したキャッサバとインゲンマメのカトゴを，昼
食のあともずっとブリケットを用いて保温していた．同様に1月18日も，木炭とブ
リケットを用いてカトゴを調理し，そのあと木炭くずで保温していた．1月19日は
昼食も夕食もマトケを食べているが，それらは別々に調理されていた．他の日も昼
食で調理したものを残すことなくすべて食べたため，保温することがなかった．

　デンプン食は，昼食と夕食を合わせてカトゴが6回，マトケが10回，米飯（ピラ
ウを含む）が7回，ポショが1回，茹でキャッサバが1回で，煮込み料理や蒸し料理
が多い．世帯Shでは，朝食用の紅茶の湯または牛乳を沸かすのに灯油をよく使って
いたが，時間のかかる昼食や夕食の調理に灯油を使うことはなく，もっぱら木炭か
ブリケットを使っていた．そして，木炭とブリケットは単体で使うより，圧倒的に
混ぜて使うことの方が多かった（表8-2（a））．

　次は，多種類の燃源を使用している世帯Knの事例である．Kn氏は80歳代の男性
が世帯主で，家族構成は成人男性2人，成人女性5人，14歳以下の子どもが1人で
ある．家屋の周辺に屋敷畑や家畜小屋，鶏舎，植林地を保有しており，屋敷畑では
料理用バナナを栽培している．ブリケットを使い始めた2012年当初は，調理よりも
鶏舎の暖房に使用していた．ブリケット以外には，家畜小屋で排出される牛糞を利
用したバイオガス（家畜の糞尿や生ごみなどの有機物を発酵させて得られるガス），植林
地より手に入る薪，LPGを調理に使用している．

　この世帯では，朝食は紅茶用に湯または牛乳を沸かし，昼食に1日のメインにな
る食事を作り，夕食は紅茶で済ませていた．14日のうち6日は，朝食の紅茶と一緒
にオムレツやカトゴ，茹でた軽食用バナナ（ゴンジャ）を食べていた．その調理には
バイオガスを使っていた．夕食の紅茶用または飲水用の湯は，すべてバイオガスで
沸かしていた．昼食の調理では，1種類のみの燃源を使用することはなく，料理に
よって1品の調理のなかでも燃源を替えることがあった．たとえば，マトケの調理
12回のうち6回は薪からブリケットに切り替えていた．また，マトケの調理にバイ

表8-2 世帯Knと世帯Shによる調理品と燃料の使い分け（13日間）

(a) 世帯Sh（14日間：2017年1月6日～1月19日）

日付	曜日	朝食		昼食		夕食	
		燃源	調理品	燃源	調理品	燃源	調理品
1月6日	金	●	紅茶	●	米飯，インゲンマメのソース	●▲	<u>マトケ，ラッカセイの</u>ソース
1月7日	土	▲	牛の内臓とジャガイモのカトゴ	▲	<u>マトケ，インゲンマメのソース</u>	▲	米飯，牛肉のソース
1月8日	日			（結婚式参加のため調理なし）			
1月9日	月	◇	紅茶	▲	米飯，魚のソース	▲	紅茶，水
1月10日	火	▲	紅茶	●▲	<u>マトケ，</u>魚のソース	●▲	<u>マトケ，</u>牛肉のソース
1月11日	水	●▲	ミルクティー	●▲	茹でキャッサバ，インゲンマメのソース	●▲	<u>マトケ，ラッカセイの</u>ソース
1月12日	木	●▲	ミルクティー	●▲	<u>マトケ，インゲンマメのソース</u>	●▲	ピラウ（米飯），魚のソース
1月13日	金	◇	紅茶	●▲	キャッサバとインゲンマメのカトゴ	●▲	米飯，インゲンマメのソース
1月14日	土	◇	ミルクティー	●▲	米飯，魚のソース	●▲	<u>マトケ，</u>ラッカセイのソース
1月15日	日	◇	紅茶	●▲	ポショ，インゲンマメのソース	●▲	<u>マトケ，</u>牛肉のソース
1月16日	月	◇	ミルクティー	●▲	キャッサバとインゲンマメのカトゴ	●	キャッサバとインゲンマメのカトゴ
1月17日	火	◇	紅茶	●▲	バナナとラッカセイのカトゴ	●▲	米飯，魚のソース
1月18日	水	◇	紅茶	●▲	キャッサバとインゲンマメのカトゴ	▲*	キャッサバとインゲンマメのカトゴ
1月19日	木	●▲	トウモロコシ粉のポリッジ	●▲	<u>マトケ，ラッカセイの</u>ソース	●▲	<u>マトケ，</u>魚のソース

▲ 木炭，● ブリケット，◇灯油
* 木炭くずを使用

(b) 世帯 Kn（14日間：2017年1月6日〜1月19日）

日付	曜日	朝食 燃源	朝食 調理品	昼食 燃源	昼食 調理品	夕食 燃源	夕食 調理品
1月6日	金	☆	紅茶, カトゴ, オムレツ	×→● / × / ☆	<u>マトケ</u> / ラッカセイのソース / ポショ, キャベツ炒め	☆	紅茶, 水
1月7日	土	☆	紅茶, オムレツ	× / ● / ☆	<u>マトケ, ポショ</u> / インゲンマメのソース / 青菜炒め, キャベツ炒め	☆	紅茶, 水
1月8日	日	☆	紅茶, オムレツ	×→● / ×	<u>マトケ, 牛肉のソース</u> / 米飯, キャベツ炒め	☆	紅茶, 水
1月9日	月	☆	紅茶	×→● / ☆	<u>マトケ</u> / ポショ, インゲンマメのソース	☆	紅茶
1月10日	火	☆	紅茶	× / ☆	<u>マトケ</u> / ポショ, インゲンマメのソース	☆	紅茶, 水
1月11日	水	☆	紅茶, ミルクティー, 水	☆ / ×	ポショ / ラッカセイのソース	☆	紅茶, 水
1月12日	木	☆	紅茶	× / ☆ / ●	<u>マトケ</u> / ポショ / インゲンマメのソース	☆	紅茶, 水
1月13日	金	☆	紅茶, ミルクティー, オムレツ	× / ☆ / ●	<u>マトケ</u> / ポショ / インゲンマメのソース	☆	紅茶
1月14日	土	☆	紅茶, ミルクティー	× / ☆→× / ☆	<u>マトケ ポショ</u> / 米飯, インゲンマメのソース	—	—
1月15日	日	☆	ミルクティー, ゴンジャ	×→● / ☆→× / ☆	<u>マトケ</u> / ラッカセイのソース / 米飯, 牛肉のソース, ササゲのソース	☆	紅茶
1月16日	月	☆	ミルクティー, 紅茶, オムレツ	×→● / ☆	<u>マトケ</u> / ポショ, キャベツ炒め, インゲンマメのソース	☆	紅茶
1月17日	火	☆	ミルクティー	×→● / × / ☆	<u>マトケ</u> / ラッカセイのソース / ポショ, キャベツ炒め	☆	紅茶
1月18日	水	☆ / ×	紅茶 / <u>マトケ</u>	☆	米飯, インゲンマメのソース	☆	紅茶, 水
1月19日	木	☆	紅茶	× / ☆	<u>マトケ</u> / ポショ, ササゲのソース	—	—

● ブリケット, × 薪, ☆ バイオガス

オガスを使うことは一度もなかった（表8-2 (b)）．

　いずれの世帯も，ガス（LPG，バイオガス）や灯油は紅茶や軽食のような短時間の調理だけに使用し，主要な食事の調理には薪や木炭，ブリケットを使用していた．世帯Knにおいてマトケの調理の途中で薪からブリケットへ燃料を切り替えている事例は，本章の前半で示したように，マトケの2段階の蒸し工程において，薪の強い火力でバナナを柔らかくした（クトコサ）のち，ブリケットでゆっくりと長時間加熱してマトケを保温しつつ熟成する（クボーベザ）という調理が実践されていた．薪や木炭にブリケットを混ぜていくことで，強火から弱火へスムーズに移行することができる．各家庭には，その台所にある調理道具と燃料を駆使しながら，マトケを経済的においしく作るノウハウが育まれている．これはガスや電気ではできない芸当である．ブリケットは，消費エネルギーを最小化する技術として，蒸しバナナの食文化に組み入れられたのである．

　ブリケットは長時間にわたって燃えることから，木質燃料の消費を抑える家計にやさしい燃料と宣伝されている．先に示したデータでは，木炭とブリケットの着火時間に大差はなかったが，一般的にはブリケットは着火がやや難しいとされている．Sh氏は，木炭とブリケットを混ぜてコンロにくべておけば，木炭に着いた火がブリケットに燃え移るので，着火しにくいというブリケットへの欠点を克服できていた．薪からブリケットへ変更するときも，薪の消し炭をブリケットのコンロへ入れることで，スムーズに熱源を切り替えることができる．ブリケットの燃焼特性をよく知ることで，この新しい燃料を従来の調理工程にうまく取り入れていったのである．

7　バナナ食文化を支える調理用燃料

　マトケは，ウガンダ南部地域の主食として古くから食べられてきた料理である．バナナの葉に包んで蒸すだけの単純な調理に思われがちだが，じつは微妙な火加減によって味が大きく変わるデリケートな料理なのである．蒸す工程は前半のクトコサと後半のクボーベザに分かれており，その間に「熱いまま果肉を圧し潰す」という工程が挟まれている．クトコサは生のバナナを蒸して柔らかくする工程で，短時間で沸点に達する強い火力が求められる．高温の状態を1〜2時間保つことで果肉の細胞を強く結びつけていたペクチンが分解してバナナは柔らかくなる．冷めてペク

チンが再び硬くならないうちに，果肉を潰して細胞をバラバラにすることで，舌ざわりのよい柔らかさを維持することができる．ウガンダの料理用バナナの硬さと調理方法の関係を調べた研究では，バナナは長く加熱するほど柔らかくなり，また蒸すだけよりも，蒸してから潰した方が柔らかくなると指摘している（Gafuma et al. 2018）．

　バナナを潰した後にも時間をかけて蒸す（クボーベザ）．この2度目の蒸しがマトケの味の決め手になると考えられており，時間が許すかぎりじっくりとクボーベザすることで，黄金色をした風味豊かなマトケができあがる．昼に作っておいたマトケを，とろ火でゆっくりと蒸しあげると，夕飯にはおいしいマトケを食べることができる．ところが，クボーベザ中に火が消えてマトケが冷めると固くなってしまう．一度固まったマトケは温めなおしてももとには戻らず，せっかくの料理が台無しになってしまう．おいしいマトケを味わうためには，バナナを柔らかくする強い熱源と，マトケを冷めないように長時間にわたって蒸し続ける安定した熱源が必要なのである．

　カンパラ市民は，家庭にLPGや灯油，電気などの加熱調理器具を備えていても，その使用は朝食など軽食の調理に限定されていて，時間のかかるマトケの調理にこれらを使うことはない．発した熱量だけコストがかかる現代的な燃料は，マトケの調理にはコストパフォーマンスが悪すぎるのである．他方，薪炭材は森林の減少にともなって価格が高騰していて，東アフリカ高地で育まれたバナナ食文化の継承に暗い影を落としている．

　それでも大都市カンパラには，バナナを満載したトラックが毎日ひっきりなしにやってくる．マトケにかぎって言えば，持ち込まれるバナナ重量の半分は果皮とともに剥ぎ取られて廃棄されていたのである．単一の有機物を大量に排出するカンパラは，言い換えれば，有機物の一大供給地であって，最近はこの廃棄物からバイオマス由来のブリケットが生産されるようになった．カンパラのブリケット生産者のなかには簡単な機材を使って大量生産を目指す企業・団体もいるが，最初はすべて手作業によるブリケット生産に着手する．都市の住民は燃料が作り出される光景を目の当たりにすることで，燃料を消費するだけだった都会が，燃料を生産する場所にもなりうることを実感するのである．

　カンパラの人びとは蒸し料理や煮込み料理が中心の食生活のなかで，ブリケットを燃料として組み込んでいった．着火しづらいというブリケットの短所は，木炭と

混ぜて使用することで克服し，木炭だけよりも長く安定的に燃焼する燃料セットを生み出した．また，強い火力を必要とするクトコサでは薪，長く安定した火力が必要なクボーベザではブリケットと燃料を使い分けることで，安くて失敗の少ない調理方法を確立してきた．こうした動きは，薪炭材が他のエネルギー源へ移行する兆候を示しているわけではなく，住民自身が，地域の食文化，日々の献立，経済状態，居住空間など，調理場を取り巻くあらゆる環境を勘案しながら，エネルギー源の選択肢を増やしてきた結果なのである．それは，消費する資源を分散させることにもつながっている．

ウガンダの中・南部からタンザニア北部までの東西にのびる高地帯には，その地域特有のバナナである東アフリカ高地系品種群（AAA-EA）やプランテン（AAB）を中心とした，料理用バナナを主食とする食文化が形成されている（小松ら 2006）．品種や料理の多様性，調理の繊細さ，味覚の共通性，食べ方の作法，バナナにまつわる物質文化など，どれをとっても地域社会とバナナとの歴史的な深い関連性を感じさせる（国際農林業協働協会 2010）．東アフリカ高地のバナナ食文化を代表する料理マトケにいたっては，燃料の種類までもがおいしさを左右する要素と認識されている．しかし，人口密度が急速に増加しているウガンダでは，周辺国以上に木質燃料の不足や価格の高騰が深刻化していて，だれもが思うようにマトケを作れなくなってきていた．そうしたなかで現れたのが新しい燃料ブリケットであった．

ブリケットは都市内部で発生する食物残渣から作られる燃料である．こうした動きは，それまで地方から供給される木質燃料に強く依存する体制から，わずかとはいえ，都市のゴミ問題やエネルギーの地産地消へと向かう第一歩であるといってよい．従来，農村部で生産されたブリケットは，消費地である都市部への輸送コストが燃料価格に上乗せされるため価格を低く抑えることができず，薪炭材を代替する燃料としての魅力がないといわれてきた（Eriksson and Prior 1990; EEP 2013）．根栽類のような生デンプンを輸送するときには，果皮・表皮と外周部が可食部を衝撃から守るための「包装紙」の役割を果たしている．こうしたビクタをブリケットに加工できれば，根栽類は燃料付きの食材ということになる．調理されるまでビクタはバナナの一部なので，ビクタの輸送コストを考える必要はない．都市でブリケットを作れば，輸送にかかっていたコストはブリケット生産者に還元することができるのである．廃棄物の収集や分別の難しさが燃料リサイクルの課題とされるなかで，ブリケット生産はカンパラならではの物質循環を背景にしながら，地域に根をおろした

産業になろうとしている．木炭の高騰が進むなか，都市内部でブリケットを生産することで，木炭との価格差が少なくできている点でも，カンパラで生産・消費されるブリケットの意義は大きい．

　近年では，米飯や安価なポショが頻繁に食べられてはいるが，カンパラ市民にとってはマトケが毎日でも食べたい料理なのである．飲食店では必ずマトケがメニューにあり，冠婚葬祭や宗教的行事などといった催事では必ずマトケが振る舞われ，その社会的・文化的価値は依然として高い．ガスや電気の調理器具をもっている家庭でも，マトケの調理には必ず木炭やブリケットを使っている．ブリケットを取り入れたカンパラの食文化は，世界に先駆けて，都市における有機物の循環的な利用を住民レベルで実現しようとしているのである．

参 考・参 照 文 献

浅田静香（2017）「調理用エネルギー源の選択における食文化の影響——ウガンダ・カンパラ首都圏における調理方法と木炭の需要」『生活学論叢』31：1-14.

浅田静香（2021）「ウガンダ・カンパラにおける食文化の維持と新しい調理用燃料の導入——料理用バナナの調理方法に着目して」『農耕の技術と文化』30：159-177.

小松かおり・北西功一・丸尾聡・塙狼星（2006）「バナナ栽培文化のアジア・アフリカ地域間比較——品種多様性をめぐって」『アジア・アフリカ地域研究』6（1）：77-119.

佐藤靖明（2011）『ウガンダ・バナナの民の生活世界——エスノサイエンスの視座から』松香堂.

佐藤靖明（2016）「バナナを基盤とする農耕社会の柔軟性——ウガンダ中部，ガンダの事例から」重田眞義・伊谷樹一編『争わないための生業実践——生態資源と人びとの関わり』京都大学学術出版会，151-180頁.

藤本武・石川博樹（2016）「アフリカの作物——成り立ちと特色」石川博樹・小松かおり・藤本武編『食と農のアフリカ史——現代の基層に迫る』昭和堂，53-78頁.

国際農林業協働協会編（2010）『アフリカの料理用バナナ』国際農林業協働協会.

Abimanyi, John, K. 2011. "What Made the Prices of Charcoal Soar?" *Daily Monitor*. October: 26.

Brenda, Mahoro Gloria, Emmanuel Eniru Innocent, Omuna Daniel, and Yusuf Abdulfatah Abdu. 2017. "Performance of Biomass Briquettes as an Alternative Energy Source Compared to Wood Charcoal in Uganda." *International Journal of Scientific Engineering and Science* 1（6）: 55-60.

EEP (Energy and Environment Partnership). 2013. *Analysing Briquette Markets in Tanzania, Kenya and Uganda*. Gauteng: EEP Southern and East Africa.

Eriksson S. and M. Prior. 1990. *The Briquetting of Agricultural Wastes for Fuel*. Rome: Food and Agriculture Organization of the United Nations.

Gafuma, Samuel., G. W. Byarugaba-Bazirake, and Ediriisa Mugampoza. 2018. "Textural Hardness of Selected Ugandan Banana Cultivars under Different Processing Treatments." *Journal of Food Research* 7 (5): 98-111.

Kingombe, Christian. 2014. *Africa's Rising Middle Class amid Plenty and Extreme Poverty*. Maastricht: European Centre for Development Policy Management.

Ministry of Energy. 1990. *Household Energy Planning Program Final Report. vol. II*. Kampala: Ministry of Energy, Government of Uganda.

MEMD (Ministry of Energy and Mineral Development). 2013. *Biomass Energy Strategy (BEST) Uganda*. Kampala: MEMD, Government of Uganda.

Musoke, Ronald. 2017. "Charcoal Users Feel Price Heat: Scarcity and 30% Price Hike Cause Burning Problem for Experts." *The Independent*. October: 13-19.

Owen, Matthew, Robert van der Plas, and Steve Sepp. 2013. "Can There be Energy Policy in Sub-Saharan Africa without Biomass?" *Energy for Sustainable Development* 17 (2): 146-152.

Roscoe, John. 1911. *The Baganda: An Account of Their Native Customs and Beliefs*. London: Macmillan.

Schlag, Nicolai, and Fiona Zuzarte. 2008. *Market Barriers to Clean Cooking Fuels in Sub-Saharan Africa: A Review of Literature*. Stockholm: Stockholm Environment Institute.

Tenywa, Gerald. 2011. "Kampala Charcoal Prices Soar." New Vision. September: 4.

UBOS (Uganda Bureau of Statistics). 2011. *2011 Statistical Abstract*. Kampala: UBOS.

UBOS. 2015. *2015 Statistical Abstract*. Kampala: UBOS.

UBOS. 2016. *National Population and Housing Census 2014 Main Report*. Kampala: UBOS.

UBOS. 2017. *2017 Statistical Abstract*. Kampala: UBOS.

UBOS. 2018. *Uganda National Household Survey 2016/2017 Report*. Kampala: UBOS.

UBOS. 2019. *2019 Statistical Abstract*. Kampala: UBOS.

Zhang, Pingyi and Bruce R. Hamaker. 2012. "Banana Starch Structure and Digestibility." *Carbohydrate Polymers* 87 (2): 1552-1558.

多 良 竜 太 郎

第 **9** 章

消えない炭と林の関係

KEY WORDS

タンザニア, 木炭, 伏せ焼き, 調理方法, 食習慣, 生態環境, ミオンボ林

1 木炭をめぐる矛盾

2015年9月，私は初めてのアフリカ渡航がかなって，タンザニアのジュリアス・ニエレレ国際空港からタクシーでダルエスサラーム市街地へ向かっていた．渋滞で動かない車列を縫って物売りが歩き回り，歩道には色鮮やかな服を着た人たちが野菜や果物，雑貨などを売っていた．街路樹の下には強い日差しを避けながらくつろいでいる人たちがいて，その横にはドラム缶で作ったコンロに木炭を入れてトウモロコシや肉を焼く屋台があった．街を行き交う人たちや物売りの日常的な雑踏が，私には生き生きとした情景として強く印象に残った．

その翌朝早くに住宅街を散歩していると，軒先や路上に陣取った女性たちが七輪で紅茶を沸かし，マンダジという揚げパンやチャパティという薄焼きのクレープを作って売っていた．きのう目にした屋台と同じように，調理には木炭が使われていた．エネルギー源が多様化しているタンザニアの大都市でも木炭がもっとも重要な調理用の燃料なのである（FAO 2017）．木炭消費の動向は経済成長と連動している．2003年以降の世界的な原油・鉱物資源価格の高騰をうけてアフリカ経済は上向きに

転じた．また，地方分権化の流れのなかで大都市だけでなく地方都市にも人が集まるようになり，市街地には住宅が密集していった（近藤 2016）．住宅街の家屋はほとんどがトタン葺きで，調理場は中庭や狭い軒下，屋内にあるため，白煙が立ち上る薪は使えない．最近では電気コンロや電子レンジ，LPG（プロパンガス）も普及しはじめているが，一般家庭ではまだほとんど使われていない．安価で，入手しやすく，煙の出ない木炭が，主要な調理燃料である．そのため，都市人口の増加はそのまま木炭消費の増加につながっているのである．

都市の人口増加や経済成長にともなって物価は上昇するものの，農産物の価格は相対的に低く抑えられ（伊谷・多良 2020），都市と農村の経済格差は拡大していった．地方には安定した収入源が少なく，家族に学校教育や医療サービスを受けさせようとすれば，出稼ぎに行くか，自然の資源を売って収入を得なければならない（例えば，伊谷 2016a：3）．そのため山林が多く残る地域では，初期投資がほとんどいらない炭焼きがもっとも手軽な現金稼得の手段となっていった．

しかし，多くの人が炭焼き業に参入してきたことで，山林の荒廃，土壌の侵食や疲弊，森林資源の減少による燃料不足が深刻化し，各地で河川の水位が低下するようになっていった（伊谷 2016b：14）．国内の系統電力はその多くを水力発電に依存しているため，河川水位の低下は発電量を減少させ，都市では停電が常態化していった．タンザニア政府は電力を安定的に供給するために水源涵養林の重要性を唱えてきた（黒崎・近藤 2016）が歯止めはかかっていない．年間15万 ha もの森林を減少させている炭焼き（Msuya et al. 2011）は森林破壊の元凶とみなされ，2006年に製炭を禁止する条令を出して炭焼きを取り締まるようになった．しかし，木炭の代替エネルギーを提供しないまま木炭供給だけを遮断しようとしても都市住民は受け入れることができない．規制によって都市部での木炭の取引価格が上昇し，農村部ではかえって炭焼きが盛んになっていった．

人は穀物やイモ類などを主食としているが，そこからエネルギーを得るためにはデンプンを加熱，糊化して糖化しなければ体内に吸収することができない．すなわち，調理燃料を入手できないということは食料を確保できないことと同じといっても過言ではない．森林保全を目的として炭焼きを禁止することは，農村部の人びとが現金収入を得られずに生活が困窮するだけでなく，都市住民も安定的に調理熱源を入手できなくなることを意味している．タンザニアのエネルギー政策は，都市部の調理燃料が木炭に依存している反面，都市部へ安定的に電力を供給するために炭

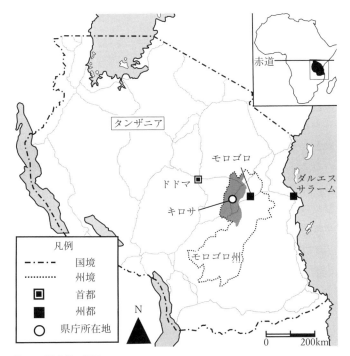

図9-1　調査地の位置

焼きを禁止するという矛盾をはらんでいるのである．

　このような矛盾から脱却するには，炭焼きの継続を前提としながら，どのように
して山林を維持するかを考える必要がある．そのためにはまず，長年にわたって炭
焼きがおこなわれてきた地域を対象にして，これまであまり着目されてこなかった
タンザニアにおける木炭の生産と利用の実態を明らかにする必要がある．そこで本
章では，都市近郊の農村でみられる炭焼きを事例にして，製炭技術，タンザニアで
求められる木炭の特徴，食文化と木炭の関係，生態環境におよぼす炭焼きの影響に
ついて，生態・社会・文化の各観点から分析し，それぞれの関連性に焦点をあてな
がら，今後の炭焼きのあり方について考えてみたい．

　本章で扱うデータは，2015年9月から2020年3月までタンザニアのモロゴロ
（Morogoro）州キロサ（Kilosa）県の調査地（図9-1）で断続的に実施した計17ヵ月間の
現地調査で得たものである．聞き取りにはタンザニアの公用語であるスワヒリ語を
用いた．また，第2節で扱うデータは，2021年2月から3月にかけて，菊炭（後述）

の生産で知られる大阪府豊能郡能勢町において，菊炭師K氏の炭焼きを参与観察して得たものである．

調査地概要

キロサ県の県庁所在地であるキロサ市街地は，州都のモロゴロ市から西へおよそ80 km，主座都市ダルエスサラームの西およそ280kmに位置している（図9-1）．県内に広がるムコンドア川がつくった沖積平野は国内有数の肥沃な農耕地（Kimaro 2014）として知られ，かつてはサイザル麻のプランテーションで栄えていたが，今では，トウモロコシ畑や放牧地としてタンザニアの食料自給を支えている．キロサ市街地の後背山地で生産された木炭は，キロサ県内だけでなく，モロゴロ市やダルエスサラームなどの大都市にも出荷されている．

キロサ市街地から北東へ2 kmほどのところに小さな集落があり，そこが本章の調査地X集落である．集落の後背には村有林がひろがり，そこで炭焼きがおこなわれている．この村有林はマメ科ジャケツイバラ亜科の樹種が優占するミオンボ林である．ミオンボ林は高さ10〜15mほどの樹木がまばらに生える疎開林で，太陽光が林内にまで差し込み，明るくて見晴らしのよい林床には草丈の高いイネ科の草が生えている．

X集落には26世帯が暮らしていて，そのうち25世帯が炭焼きをおもな現金稼得源としている．タンザニアの木炭生産者には2つのタイプがあり，1つは中山間地に暮らしながら年間をとおして炭焼きをする人たち（以下，専業職人），もう1つは，普段は町やその周辺の農村に住みながら，現金が必要になったときや農閑期だけ不定期に炭焼きをする人たち（以下，不在職人）である（Msuya et al. 2011）．X集落の村有林では，専業職人と，キロサ市街地からやってくる不在職人が混ざって炭焼きをしている．専業職人たちは，集落の目の前を流れるムコンドア川沿いの畑で作物を育て，その余剰分をキロサ市街地の市場で販売することもあるが，基本的には自分たちで消費している．タンザニア中央部を水源とする長大なムコンドア川では，広大な地域から集まった雨水が濁流となって急な渓谷を一気に流れくだり，土砂とともに毎年1〜2月ごろにキロサ平野に放たれる．この土砂が肥沃さの源ではあるが，しばしば大規模な洪水を引き起こして農業に甚大な被害をもたらす．豊かさと災害が背中合わせの集落の生活において唯一安定しているのが木炭生産で，不安定な生計

を支える重要な現金収入源となっている．X集落では30年以上にわたって炭焼きが
おこなわれてきた．

2　木炭について ······································ **日本の事例から**

　タンザニアの木炭事情を説明する前に，木炭とその生産方法について，日本の事
例をもとに紹介しておく．

1 ········ **市販されている木炭**

　日本では，1960年代まで年間約200万 t を超える木炭が生産され調理燃料として一
般家庭で広く使われていた（岸本 1984：7）．燃料革命で調理燃料の主役の座をプロパ
ンガスに譲ってから，木炭が一般家庭の調理燃料として日常的に使われることはな
くなった．ただし，今日でも焼き魚や焼き鳥，茶の湯，バーベキューには木炭が使
われる．料亭ではウバメガシなどのカシ類を原料にした備長炭が使われる．備長炭
は火付きこそよくないが，一度着火すると途中で消えることがなく，うちわであお
ぐだけで温度を絶妙に調整できる（岸本 1984：23）．茶道ではクヌギを原料にした茶
の湯炭が使われている．茶の湯炭の断面には細かな割れ目が放射状に入り，菊の花
のように見えることから菊炭（きくすみ）ともよばれる（木質炭化学会編 2007：28）．茶
の湯炭は，たんに釜の湯を沸かして保温するための燃料としてだけでなく，花のよ
うに赤く燃える見た目の美しさや香り，燃え尽きたあとの灰の美しさを楽しむもの
でもある．さらにバーベキューには，日用量販店で販売される安価な東南アジア産
のマングローブ炭が使われる．マングローブ炭は硬く，燃焼性がよい（木質炭化学会
編 2007：57）．備長炭のように緻密すぎないので，使い勝手がよい．そのほか，日本
では，消臭剤や除湿剤，工業用の諸原料として，さまざまな場面で，木炭が用途に
あわせて使い分けられている．

2 ········ **木炭と炭化のメカニズム**

　日常生活のなかで広く使われてきた木炭はいったいどのような物質なのだろうか．

木炭の原料は，セルロース，ヘミセルロース，リグニンなどの多糖類を主成分とする木材である．私たちは木炭を作ることを「木炭を焼く」と表現するが，「焼く（燃焼）」とは熱と光をともなう物質の酸化現象（木質炭化学会編 2007：200）であり，木材を文字通り焼いてしまうと水と二酸化炭素が発生するだけで木炭はできない．木炭を作るには，木材を酸素供給が不十分な状態で不完全燃焼させなければならない．熱せられた木材は熱分解がすすみ（齊藤 2013），炭素の含有量が高まっていく．この工程を炭化という．炭化が完了して残った炭素の固まりが木炭である．木材の45〜50％を占めるセルロースは，およそ275℃ではげしく熱分解をはじめ，木材1gあたり150〜200calの分解熱を発するようになる（岸本・杉浦 1980：155）．この状態になると木材は自ら発する分解熱によって熱分解がすすんでいく．この現象を「自発炭化」という．すべての炭焼きにこの自発炭化が利用されていて，とくに窯を作って熱効率を高めたのが築窯製炭法である（柳沼 2003：6）.

　ここでは，茶の湯炭として有名な大阪府能勢町の菊炭の炭焼きを例に，炭化の仕組みを簡単に解説しておく．菊炭の炭焼きでは，粘土，石，レンガで作ったドーム型の窯を使う（図9-2上）．窯の正面には，大人が地面を這ってようやく通り抜けられるほどの小さな窯口がある．窯内の背面上部には排煙口があり，煙を外へ逃がす煙道とつながっている（図9-2下）.

　同じ長さに切り揃えたクヌギ材を地面に垂直に立てながら，窯奥から順番に窯口に向かって隙間なくならべていく（図9-3）．その際，木材内の水分が抜けやすいように必ず木材の元口を下，末口を上に向けて立てていく．窯の側面や窯口近くでは外気が入って灰化（木材が燃焼して灰になること）しやすいため，あえてよくない炭材をならべておく．さらに炭材と天井の間に「上げ木（あげき）」という枝を寝かせて詰め込んでいく（図9-3下）．図9-2の窯ではおよそ3,000本の上げ木を詰めた．炭材と上げ木を詰め終えるとカシやアベマキなどの太い丸太を窯口付近にひとまとめにしてならべる（図9-3上）．これは窯口の燃焼材の火によって炭材が燃焼しないようにするためのもので，「障壁」（恩村一村逸品研究所編 1998：62）とよばれている.

　窯口で燃焼材に火を付けると，その熱が窯の上部に溜まって窯内の温度が徐々に上がっていく．上げ木が熱せられると水蒸気を多く含んだ煙が出てくる．この煙を窯の外に出さないように，窯の中で水蒸気をゆるやかに対流させながら炭材を乾燥させていく（岸本・杉浦 1980：62）．これを「蒸し焼き」という．上げ木が十分に熱せられると，目や喉を刺激する黄色味をおびた白煙が出はじめるので石板で煙道口

図9-2 大阪府豊能郡能勢町の炭窯. 全体像(上)と煙道口から立ちのぼる煙(下)

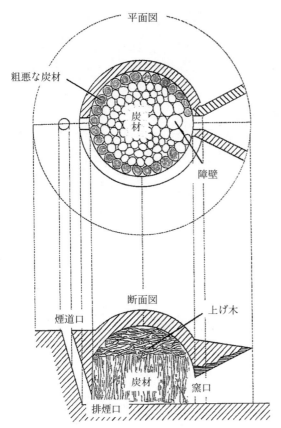

平面図

粗悪な炭材

炭材

障壁

断面図

煙道口

上げ木

炭材

窯口

排煙口

図9-3　炭窯の内部構造と炭材と上げ木の配置の様子
出所)岸本(1998：72)をもとに筆者が一部改変

を狭める(図9-2下).この煙が上げ木の自発炭化がはじまった兆候だとK氏は言う.自発炭化がはじまるとすぐに窯口を耐火レンガで塞ぎ,土と灰を水で練ったものを使って隙間を塞ぐ.煙のにおい・色,煙道口に設置した温度計をたよりに炭化の進捗具合を感じながら,窯口と煙道口の開閉を微調整して窯の温度を上げていく.煙が青味をおびて,紫色になり,透明になると炭材の大部分は炭化しているが,温度が上がりにくい窯底だけはまだ炭化していない.K氏は窯口の隙間を広げて酸素を供給し,窯内に溜まった可燃ガスを燃焼させて一気に温度を上昇させる.この作業は「ねらし」とよばれる日本特有の製炭技術

である(木質炭化学会編 2007：150).K氏は,「ねらしは菊炭の出来ばえを左右するきわめて重要な作業であるが,適切なときに止めなければ炭が燃焼して収量が減少する」と語る.彼は煙道口から出てくるわずかな煙の匂いでねらしの完了を判断し,窯口と煙道口を完全に密閉して消火する.そして,木炭がゆっくりと冷めていくのを5日ほど待ち,80℃を超える窯のなかから完成した菊炭を一本ずつ丁寧に取り出していく.

3……炭焼き方法の分類

炭焼きの方法は,「築窯製炭法」と「伏せ焼き法」に大別できる(岸本 1998：19).ここでは,それぞれの方法を簡単に解説しておく.

先述したように築窯製炭法は,粘土,石,ブロックで作った炭窯で炭を焼く方法である(木質炭化学会編 2007：115).炭窯は固定されていて,木炭を焼くときは炭材を伐採地から窯まで運ばなければならない.窯の規模にもよるが,日本では一度に1000本近い炭材を焼くこともある.水分を多く含み,総重量が数 t にもなる炭材を人力で運搬することはできないので,さまざまな運搬手段が用いられてきた.先進国では集材機や大型車が使われる.マングローブ炭の生産が盛んなインドネシアやタイなどの東南アジア島嶼部では,船を使って炭材を沿岸部に建てた炭窯まで運んでいる(例えば,村井 2007；渕上 2016).つまり築窯製炭法では,伐採した木材を窯まで運搬する手段が欠かせないのである.

日本の築窯製炭法は,ねらし後の木炭の消火の仕方によってさらに 2 つに分かれる(岸本 1998：37).1 つは炭窯の窯口と煙道口を石や粘土で密閉し,窯内を無酸素状態にして木炭を消火する方法で(岸本 1998：38),これで作った木炭は「黒炭」とよばれる.先に述べた菊炭はこの黒炭に含まれる.もう 1 つは,ねらしによって真っ赤になった炭材を炭窯から外に取り出し,それに灰と砂をまぜたものを表面にかけて消火する方法である(岸本 1998：38).この方法で作った木炭は「白炭」とよばれ,黒炭に比べて一般的に硬質で燃焼特性も異なっている.先に述べた備長炭は白炭に含まれる.

「伏せ焼き法」は地面に積み上げた木材を草と土で覆う一回限りの窯(以下,伏せ焼き窯)を使って炭化する原初的な方法である(木質炭化学会編 2007：152).伏せ焼きは樹木を伐採する斧,土を掘るショベル,草を刈り取る鎌さえあれば木炭が焼ける資金いらずの方法である.英語でアース・マウンド・キルン(earth mound kiln),フランス語でムゥル(meule),スワヒリ語でタヌリ(tanuri)とよばれ,世界各国で広く使われてきた.樹木の伐採地に伏せ焼き窯を設けるため,重い木材を遠くまで運搬する必要がない.

さらに伏せ焼きには,木材を草や土で覆ってから炭化する堆積製炭法と,はじめは木材を覆わずに一部を燃焼させ,その後に草や土で覆って炭化する無蓋製炭法の2 種類がある(岸本 1998：116).さらに堆積製炭法は,炭材の積み方で垂直型と水平

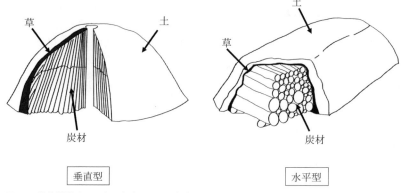

図9-4　堆積製炭法の垂直型(左)と水平型(右)の内部構造
出所)垂直型：Brown(2009)をもとに筆者が一部改変
　　　水平型：木質炭化学会編(2007：39)をもとに筆者が一部改変

図9-5　文献にみる世界各地の伏せ焼き窯のタイプ

型に分かれる（Schenkel, et al. 1998）．垂直型は，地面に1本の柱を立て，その柱に沿わせるように炭材を立てて円錐形に積んでいく（図9-4左）．これに対して水平型は，同じ長さに切り揃えた炭材を地面と水平に寝かせて直方体になるように積んでいく（図9-4右）．炭焼きに関する文献や資料（「参考・参照文献」の＊参照）によると，伏せ

焼きはかつて世界の広い地域で使われていた（図9-5）が，今日ではアフリカでしか
みられなくなった．アフリカで使われる伏せ焼きの多くは堆積製炭法である．世界
各地の伏せ焼きをタイプごとにプロットしてみると，西アフリカには垂直型が，東
アフリカには水平型が分布していた．

3　タンザニアにおける「よい炭」とは？

1……専業職人が目指す木炭の特徴

　日本では用途に合わせて燃焼特性の異なる木炭が使い分けられているが，タンザ
ニアではどのように使われているのだろうか．タンザニアで木炭の調査をしている
と，事業職人や消費者との会話のなかで「よい炭（*mkaa bora*）」という表現をよく耳
にした．値段ではなく，品質の良否を意味している「良い炭」は具体的にはどのよ
うな木炭を指しているのだろうか．その認識を理解するために，日本で市販されて
いる3種類の木炭（菊炭，マングローブ炭，備長炭）をタンザニアへ持っていって，調
査村に住む3人の専業職人に別べつにみせて感想を聞いてみた（図9-6）．

　この結果，どの職人も，木炭の形状と触感から，亀裂が多い菊炭は軽く，短時間
で燃え尽きるが火力は強いという．いっぽう備長炭は緻密で重く，燃焼時間は長い
が火力が弱いと判断していた．木炭の重量感（見た目に対する重さ）や緻密さ（亀裂や
光沢）からその木炭の燃え方を予測していて，それは私たち日本人の感覚と似てい

菊炭

マングローブ炭

備長炭

図9-6　聞き取り調査に使用した日本で市販されている3種類の木炭

るように思えたが，彼らはどちらが「よい炭」かということにははっきりとは言及
しなかった．

　ほかにも，彼らは菊炭の亀裂から火の粉や火花の飛散を連想した．舞い上がった
火の粉は服を焦がして穴をあけることもあるため，亀裂の多い木炭は好まれないの
だという．さらに，クヌギから作る菊炭には厚い樹皮がそのまま残っていて，茶の
湯炭としては，この樹皮がなければ価値がない．しかし，彼らは菊炭の樹皮を見て，
「この炭は途中で消えてしまうのでよくない」と言った．樹皮から灰を連想し，灰が
火力を弱めると推察したのである．この灰と燃焼の関係についてはあとで詳述する．

　加えて専業職人たちは，形態的な特徴から菊炭は主食の調理に，備長炭は副食の
調理に適するだろうと予想した．菊炭の強い火力と備長炭の長い燃焼を評価しなが
らも，ある程度緻密で樹皮のないマングローブ炭がよいと言っていた．彼らがなぜ
そのように判断したか，その手がかりを食習慣と調理方法からみていくことにする．

2 ········ 調査地の食習慣と調理方法

　調査地では，朝食は砂糖がたっぷり入った紅茶と軽食，昼食や夕食は主食のトウ
モロコシ粉を熱湯で練ったウガリ（*ugali*）とよばれる団子か米飯を，葉菜の煮付け，
そして植物性・動物性タンパク質の食材をトマトやココナッツミルクで煮込んだ副
食と一緒に食べる．主食のウガリと米飯は強い火力で手早く調理し，副食はとろ火
でじっくりと煮込む．とくにマメ類や肉魚は何時間も下茹や素揚げしたあとにトマ

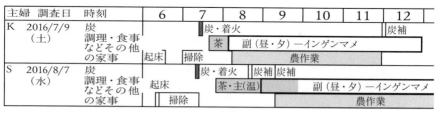

図9-8　木炭利用と家事に着目した主婦の1日の行動記録

トやココナッツミルクでさらに煮込んでいく．調査集落に住むM氏の家では，1年間に昼食と夕食の副食で使われた食材の割合は，マメ類と肉魚で全体のおよそ60％を占めていた（図9-7）．すなわち，週に4日は煮込み料理が食べられていて，長くとろ火の状態を維持できる燃料が不可欠であることがわかる．

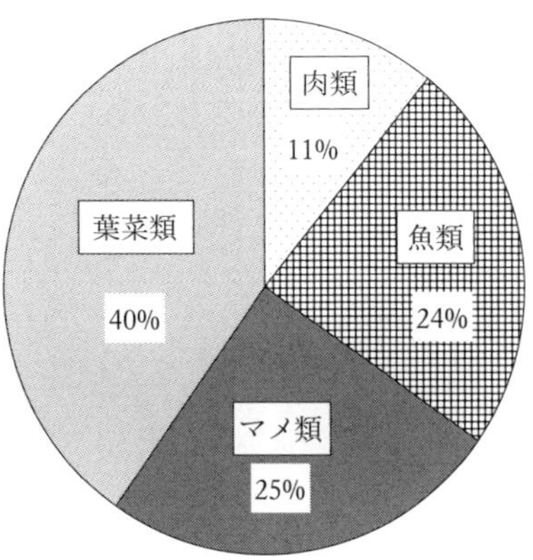

図9-7　M氏の世帯が1年間（2018年4月〜2019年4月）の昼食と夕食に副食として用いた食材の割合（％）

3 ⋯⋯⋯ 主婦の1日の生活と調理風景

タンザニアの家庭ではおもに女性が炊事を担当することが多く，当然のことながらコンロを上手に扱うのも彼女たちである．ふつう，木炭に火を付けたら途中で消すことはせず，火力を調節しながら就寝するまで使い続ける．そこで，主婦がどのように炭火を使っているかを知るために，1日の家事を調査した．調査集落に暮らすK氏（40代女性）とキロサ市街地に暮らすS氏（40代女性）を対象に，彼女たちの1日の行動をそれぞれ3日間にわたって詳細に観察した．図9-8には，それぞれインゲンマメを調理した日を事例として紹介している．

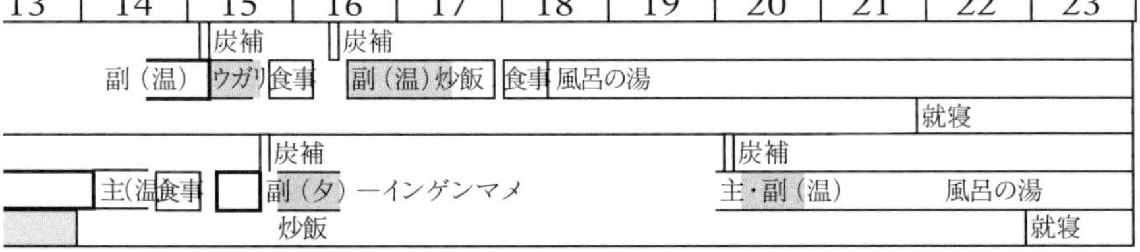

4 ⋯⋯ K氏の事例

X集落のK氏は，川沿いの畑で作物を育てながら炭焼きをしている．自分たちが作った木炭のうち，良質の木炭は売り，細かく砕けたくず炭や樹皮炭などをおもに自分たちの調理に使っている．

K氏は朝6時30分に起床し，まず家の周りを掃き掃除した．その後，七輪に木炭を詰めて火をつけ，水と茶葉が入ったアルミニウム鍋を火にかけて朝食の準備をはじめる．紅茶を十分煮出すと，昼食と夕食に食べるインゲンマメを茹ではじめる．朝食のあと，インゲンマメの鍋を七輪にかけたまま，畑に出かける．4時間ほど農作業をして正午に帰宅したのち，七輪に少量の木炭を追加して，そのままインゲンマメを茹で続ける．14時30分にココナッツミルクとトマトを加えてさらに1時間ほど煮込む．インゲンマメの調理が終わると七輪に木炭を足し火力を強くしてから，ウガリの調理に取りかかる．そして，16時近くになってようやく昼食をとる．その後，夕食の準備をはじめる．再び七輪に木炭を足し火力を強めてから炊飯をはじめる．米飯が炊きあがったら昼に調理したインゲンマメを温め直して，18時過ぎに夕食をとる．夕食後，七輪に残っている火で風呂用の湯を温め，ぬるま湯で行水をして，22時ごろ就寝する．

5 ⋯⋯ S氏の事例

キロサ市街地に暮らすS氏も農家で，近くの畑でおもに自給用の作物を育てている．彼女は毎朝，自宅近くの商店や市場で1ℓのペンキ缶に詰めて売られている木炭（およそ1kg）を500タンザニア・シリング（約25円：2016年）で購入し，その日の調理にあてる．

彼女は朝6時過ぎに起床し，まず自宅前を掃き掃除した．七輪に木炭を詰めて火をつけると，水と茶葉が入ったアルミニウム鍋を火にかける．紅茶を煮出したら，昨晩の米飯の残りを温め直して朝食にする．七輪に木炭を追加して，昼食と夕食の副食となるインゲンマメを水から茹ではじめる．インゲンマメを火にかけたまま，9時30分ごろ畑に向かう．5時間ほど農作業をして14時に帰宅すると，一旦インゲンマメの鍋を火からおろし，昨晩の米飯の残りを再び温め直して食べる．その後，30分ほどインゲンマメを煮込んで副食を作り終える．七輪に木炭を足して，火力を強

くしてから炊飯をはじめ，16時30分に遅めの昼食をとる．20時過ぎに七輪に木炭を追加し，火力を強めてから再びコメを炊く．インゲンマメの副食を温め直し，21時に夕食をとる．七輪の残り火で湯を温めて行水し，23時に床についた．

　2人の事例でもわかるように，朝早く七輪の木炭に火をつけると，その火を夜まで絶やさず使い続ける．彼女たちは，強い火力が必要なときは木炭を足し，弱火にしたいときは七輪から燃えている木炭を取り出して，火力を調節していた．朝食の紅茶から就寝前の風呂の湯まで，1日をとおして木炭を無駄なく使っていることがわかる．さらに，K氏とS氏はいずれも，朝食をとったあと，副食を火にかけたまま畑仕事に出かけている．彼女たちがほかの家事（掃除，食器洗い，ゴミ捨て，洗濯，買い物など）に従事しているあいだも，つねに副食は七輪の上でことこと煮込まれている．ほかの仕事や家事をしているあいだに料理ができあがっていくことは，忙しい主婦にとって都合がよい．このスタイルが成り立つためには，七輪の中の火が途中で消えずに，ゆっくりと長く燃え続けていて，木炭を加えるとただちに強火になってくれなければならない．また，この強い火を使って1日に2回，昼と夜に主食を調理しているのである．

　緻密な備長炭は長く燃えるが瞬時に火力を強めるのは難しい．いっぽう，菊炭は火力調整がさほど難しくなさそうだが，樹皮から灰が多く出るので放っておくと火が消えてしまうおそれがある．以上をふまえると，前節で専業職人たちがマングローブ炭をよい炭だと言ったのは，樹皮がなく，適度に緻密で長く燃えそうに見えたからであろう．

4　　タンザニアの炭焼き方法「伏せ焼き」

　本節では，アフリカで一般的な炭焼きの方法である伏せ焼き法について，その手順を詳述し，炭化のプロセスと独自の技術について解説する．タンザニアの伏せ焼きは堆積製炭法の水平型である．調査村で炭焼きがもっとも上手だと評される専業職人のA氏（30代男性）を事例にとりあげる．なお，伏せ焼き窯のサイズは地域や環境によって大きく異なるが，ここで紹介する窯はこの地域の平均的な大きさである．

1 ········ 炭焼きの手順

炭材の運搬

1つの伏せ焼き窯で焼く，木材（長さおよそ90cm）はおよそ200本で，その総重量は2t近い．木材を窯まで運搬する築窯製炭法とは異なり，伐採地に窯を作る伏せ焼きでは，重い木材を遠くまで運ぶ必要がない．車道や河川がかぎられていて，木材の運搬を人力に頼らざるを得ないアフリカの状況で，運搬にかかる労力の軽減はもっとも優先されなければならない事項なのである．とくに面積あたりのバイオマスが小さい熱帯乾燥疎開林（ミオンボ林）では広範囲から木材を集める必要がある．そのため木材を移動させるよりも窯を移動させた方が効率がよい．もちろん木炭は長い距離を運ばなければならないが，水分が抜けて圧倒的に軽くなった木炭は搬出にかかる労力が格段に小さくなっている．木材運搬にかかる重労働が，アフリカで伏せ焼き法が続けられてきた最大の理由といってよい．

伏せ焼き窯の土台づくり

伏せ焼きは窯の土台づくりからはじまる．まず，地面に窯の基盤となる長方形の穴を掘る．観察した窯の1つを例にあげると，穴のサイズは縦4.3m，横1.4m，深さ0.3mで，縦方向にゆるやかな傾斜がつけられていた．この傾斜は，窯底部を空気が通り抜けやすくするためで（恩方一村逸品研究所編 1998：138），傾斜の下方が吸気口（焚き口），上方が排気口となる．穴の底を平らにならし，2本の敷木（レール）を長辺と平行にならべ（図9-9左上），吸気口（傾斜の下方）側に2本の杭（ストッパー）を垂直に打ち立てて（図9-9右上），2本の敷木を渡すように木材をならべていく．敷木は木材と地面とのあいだに空気が通る隙間を設けるために，また杭は積み上げていく木材が崩れ落ちないようにするためのものである．

炭材の調達

土台を作り終えると，周囲の樹木を伐採して炭材と燃材を準備する．A氏は幹の胸高直径[1]が20cmくらいの樹木を10本ほど株元から切り倒した．木は太い幹の部分だけでなく，直径5cm以上の幹と枝はすべて長さおよそ90cmの丸太に切りそろえ

---

(1) 胸の高さ（約130cm）に当たる樹幹の直径．

図9-9 伏せ焼き窯をつくる工程

た．幹が太くて枝のよく張った木を切り倒すことで，さまざまな太さの炭材を取ることができる．

炭材の積み上げ

　伏せ焼きではすべての木材が木炭になるわけではなく，若干は未炭化のまま残るものもある．未炭化の木材は次回の炭焼きに残しておいて，ストッパーに沿わせて積んでいく（図9-9右上）．2本のストッパーのあいだは焚き口となるので，そこに燃えやすい未炭化材があると火をつけやすい．次に直径5～7cmの細い木材を敷木の上に隙間なく数層（下層）にわたって敷きつめていく．下層を積み終わると，その上に直径25cmほどの太い木材を1層（中層）ならべる．中層の上に，握りこぶしほどの太さの木材を数段積み重ねる（上層）．すべての木材を積み終えると，伏せ焼き窯の骨格が完成する（図9-9左下）．

草と土による被覆

　周囲から草丈2mほどのイネ科の草を集めてきて，積み上げた木材を覆う．図9-9右下の写真のときは，草の重量だけで94kg，木材を覆う草の厚みは50cmにもなった．草の厚さにむらができないように隙間なく均一に覆い，それに周囲の表土を被せると，蒲鉾の形をした縦5m，横2.65m，高さ0.9mの伏せ焼き窯が完成した．窯の吸気側と排気側にそれぞれ握りこぶしほどの大きさの穴をあけて，焚き口と排煙口を設ける．焚き口と排煙口は敷木のあいだにできた隙間でつながり，伏せ焼き窯底部を空気が流れる構造になっている．

点火，炭化，木炭の取り出し

　焚き口に熾火を入れると，やがて木材の一部（前回の未炭化材）に火が燃え移って窯内の温度が上昇しはじめる．点火して1日経つと，目や喉を刺激する黄色味をおびた白煙が排煙口からもくもくと立ちのぼる．焚き口に近い中層・上層の自発炭化のはじまりである．下層の火は，窯底の通気道をつたって焚き口から排煙口に向か

排煙口

伏せ焼き窯を崩す

木炭を取り出す

炭化したイネ科の草

上層の木材

中層の太い木材

伏せ焼き窯の断面

取り出した木炭

図9-10　伏せ焼き窯から木炭を取り出す

って燃え移っていく．木材は炭化するともろくなるので，中層・上層の炭化が終わると伏せ焼き窯を覆う土の重さに耐えられずに木炭の中央部分が折れ，窯の表面が陥没する．これが窯から木炭を取り出すタイミングの目安である．窯を崩しながら木炭をかき出し，それに周囲の土をかけて空気を遮断しながら冷却する（図9-10左上，右上，左下）．伏せ焼き窯を崩し進めると，断面から突然炎が吹き出す（図9-11）．ここが中層・上層の木材が炭化している最前線である．A氏はその状態を10分ほど放置した後，大量の樹木の生葉を

図9-11　伏せ焼き窯の断面から炎があがる

使って炎が立ちのぼる断面をふさぎ，その上から土を被せて窯を修復した．1つの窯でおこなう炭焼き工程では，上部の陥没，木炭の掘り出し，窯の修復という一連の作業を何度か繰りかえすことになる．

木炭の選別

　土を一晩被せて冷却した木炭を掘りだすと（図9-10右下），木炭に付いている樹皮を丁寧に剥がし，袋に入れて集落まで持ち帰る．木質部だけの木炭を穀物袋に詰め込み，自転車で町まで売りに行くか，集落まで買い付けにやってきた仲買人に売る．仲買人が集めた木炭は，キロサ市街地をはじめ，モロゴロ市やダルエスサラームの市場で販売される．木質部から取り外した炭化した樹皮や細かく砕けた木炭は，専業職人たちの自宅で調理燃料として使われる．

2 ……… 炭化のメカニズムと伏せ焼き窯の構造

　伏せ焼きで木炭が焼けるメカニズムを明らかにするために，窯内部の構造と着火後の温度変化について調べた．伏せ焼き窯の上部に熱電対温度センサーを４つ，図9-12のように深さ50cmの位置に125cmの間隔で設置し，窯内の温度をデータロガー式デジタル温度計（FUSO-309）で連続的に記録した．温度の計測は点火時に開始し，センサーが取り付けられている場所の炭化が完了して木炭が取り出されるまで継続した．焚き口から排煙口へ炭化が進み，木炭が掘り出されるのにともなって，センサーも１から４の順に取り外していった．

　点火したのち，リグニンの分解がはじまる約300℃にまで上昇するのに要した日数は，焚き口から遠くなるほど長くなり，センサー１が３日間，センサー２が６日間，センサー３が８日間，センサー４が10日間であった（図9-13）．焚き口にもっとも近いセンサー１では点火３日目になって急速に温度が上昇し，500℃前後で安定したのち，木炭を取り出す前（６日目）に再度上昇して600℃近くに達した．その他のセンサーの温度が上がりだしたのは，センサー２が４日目から，センサー３が５日目から，センサー４が６日目からであった．最高到達温度は焚き口から遠ざかるほど低くなり，センサー４では短い時間だけ400℃近くになったが，その後はすぐに下がって鎮火した．

　木炭を取り出すときに伏せ焼き窯の断面を観察してみると，下層の木材は完全に燃焼して灰になっていて，そのいっぽう，中層は一部が木炭に，上層はすべて木炭になっていた（図9-10左下）．つまり，伏せ焼き窯の上層に積んだ木材は炭材であり，中層は炭材と燃材，下層は燃材だといえる．下層の木材が燃えることによって中層の木材が熱分解し，そのときに発生する分解熱で中層と上層の炭材が自発炭化していくのである．中層の太い木材は，下層の炎が上層に燃え移らないようにしていて，築窯製炭法で設ける「障壁」と同じ役割をしていることがわかった．そう考えると，伏せ焼き窯は，燃材，障壁，炭材が下から積みあがった「小さな窯」が連結した登り窯のような構造になっていたのである．

　各センサーの温度変化は一様ではなく，焚き口から排煙口に向かうにつれて最高温度は下がり，排煙口に近い場所では400℃にも達しなかった．伏せ焼きを用いる専業職人たちは，窯内における温度の違いを考慮しながら均質な木炭を焼いているのである．そして，排煙口に一番近いところでは温度が足りず，炭化しきれない炭材

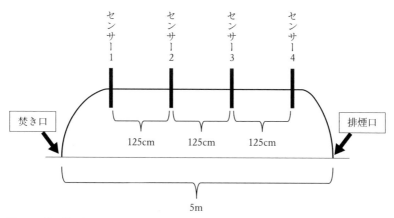

図9-12　伏せ焼き窯に取り付けた温度センサーの位置

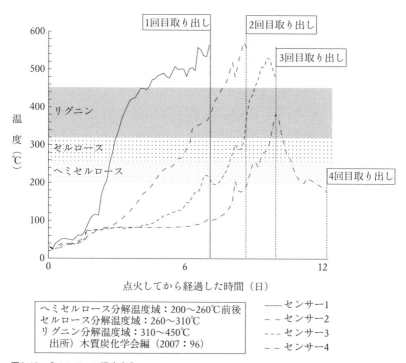

図9-13　各センサーの温度変化

が出てしまうが，それは次回の炭焼きで点火材として無駄なく使われていた．

3……伏せ焼き窯を作る場所の選定

専業職人のＡ氏は伏せ焼き窯を作る場所を慎重に選んでいた．伏せ焼きの最大の長所は，木材を運搬する労力が少ないことである．この長所を活かすためには，炭材に適した樹木が多く生えている林に窯を作ることになる．それ以外にも，専業職人たちは収炭率を高めるために地形や水環境，土壌条件にも配慮して窯を作る場所を選んでいる．Ａ氏は地面を斧の柄で軽く引っかき，土の色をみて水はけぐあいをチェックする．彼はわざわざ稜線の上に伏せ焼き窯を作るが，それも水はけのよさが関係している．Ａ氏によれば，水はけの悪い場所では窯の温度が十分に上がらないのだという．いっぽう，キロサ市街地から通う木炭の不在職人たちは，窯を稜線の上ではなく，斜面や谷底に作ることが多い．斜面や稜線上に生える樹木を伐採して谷底へ蹴落とすことで，木材の運搬に労力がかからないようにするためである．しかし，湿気が多い谷底では伏せ焼き窯の温度が上がりにくいため炭化がうまく進まない．不在職人の収穫量はＡ氏の窯の半分以下だった．

また，窯を大量の土や草で覆うために，土層が厚く，近くに草丈の高いイネ科の草がたくさん生えている場所を選ぶと効率がよい．タンザニアの伏せ焼きを調査した谷田貝（2012：110）は，窯の温度を高く保つには，窯内の熱が逃げないように多量の草や土で炭材を覆うことが重要であるとしている．Ａ氏も，イネ科の草が多く分布している場所を炭焼き場として選定し，大量の草と土でうまく覆うことで，伏せ焼き窯内の温度を築窯と遜色のない600℃にまで上げているのである．

5　　樹種と木炭の関係

1……「よい炭」とは

タンザニアの農村に暮らす女性は，さまざまな家事をこなしながら自給用の作物も育てるなど，多忙な毎日を送っている．仕事の多い主婦にとって，弱火で長く燃え続ける木炭は，副食の煮込み料理を放っておけるので大変使い都合のよい燃料な

のである．調理では，朝食に急いで紅茶を沸かしたいときや，主食の炊飯やウガリの調理に強火力が必要になることもよくある．すなわち，とろ火で燃えつつ木炭を加えるとすぐに火が強くなるような木炭が理想的である．緻密な木炭は火持ちがよい（谷田貝 2012：109）が，火付きのよさや強火力を求めるにはやや難がある．これとは対照的に，密度が低い木炭は亀裂や空隙が多く火付きこそよいものの，すぐに燃え尽きてしまう．外観や手に持ったときの感覚，さらに硬さである程度は判断できる燃焼特性は，木炭の焼き方によっても変わるが，樹木がもつ木材としての性質も色濃く反映される．材質が硬いクヌギやカシは硬い木炭になり，材質が軟らかいマツは軟らかい木炭になる（岸本・杉浦 1980：148）ように，樹種によって木炭の緻密さや燃焼特性が異なる．すなわち，「よい炭」を焼ける専業職人たちは，タンザニアの生活様式に適した木炭となる樹種を選別できる，共通した認識をもっていると考えられる．

　そこで，X集落在住の専業職人19人を対象に，樹種と木炭に関する意識調査をした（表9-1）．職人にはそれぞれ1人ずつ，木炭に「適する樹種」と「適さない樹種」を，回答数の制限なくあげてもらった．彼らの約半数以上が「適する」と答えた樹種は13種あり，それらはいずれもマメ科かシクンシ科に属する樹木であった．すべての職人が「適する」とした樹種は6種で，そうした樹木で作った木炭は「重量感があって火力が強い」のだという．しかし，彼らが備長炭を「よい炭」としなかったように，緻密すぎる木炭も彼らには使い勝手が悪いようだ．いっぽう，彼らの約半数以上が木炭に「適さない」と答えた樹種は8種で，コミカンソウ科，バンレイシ科，マメ科，キョウチクトウ科，ウルシ科の樹木であった．すべての専業職人が「適さない」とする樹種はなかった．「適さない」樹木で作った木炭は，もろい，重量感がない，灰が多い，樹皮が剥がれにくい，などの特徴をその理由にあげていたが，それらはいずれも「長く燃えない」という状態を連想させるものであった．

　「適する」樹木と「適さない」樹木の木炭について，いくつかの特性を比較してみた．A氏が木炭に「適する」とした樹種のなかから，現地でムゲレゲレ・ドゥメ（*Julbernardia globiflora*）とムウォンボ（*Brachystegia boehmii*）とよばれている2種を，「適さない」とした樹種のなかからムトゴ（*Diplorhynchus condylocarpon*）とムソロ（*Pseudolachnostylis maprouneifolia*）とよばれる2種をそれぞれ選び，木炭の構造，緻密さ，燃焼特性，灰分率を調べた．なお，ムトゴの木炭だけは樹皮がはがれにくく，付着したまま販売されているので，ここでもそれに準じて樹皮が付いたまま状態で実験に供した．

2 ········ 構造

　上記4種類の木炭の切断面を携帯型顕微鏡（ケント・トキナー社製Do・Nature STV-120M）を使って，接写したのが図9-14である．木炭に「適する」とされるムゲレゲレ・ドゥメとムウォンボでは大きな導管が疎らに点在しているのに対し，「適さない」ムソロとムトゴは小さな維管束組織が密に分布していた．この構造の違いが木炭の燃焼にどのような影響をおよぼすのかはまだ解明できていないが，木炭に「適する」樹木と「適さない」樹木のあいだで構造に明瞭な違いがあるようだ．

表9-1　専業職人たち（19人）が認識する木炭に適する樹種と適さない樹種（複数回答可）

区分	科名	学名	方名	回答数（人）	回答者の割合（%）
	マメ	*Brachystegia microphylla*	ムサニ*	19	100
	マメ	*Brachystegia spiciformis*	ムサニ*	19	100
	マメ	*Brachystegia microphylla?* × *B. boehmii*?	ムゲレゲレ・ジケ[1]	19	100
	マメ	*Julbernardia globiflora*	ムゲレゲレ・ドゥメ[2]	19	100
	シクンシ	*Combretum imberge*	ムワンガ**	19	100
木炭に適する樹種	マメ	*Pericopsis angolensis*	ムワンガ**	19	100
	マメ	*Acacia goetzei*	ムザサ	18	95
	シクンシ	*Combretum molle*	ムラマ	17	89
	マメ	*Lonchocarpus bussei*	ムフンビリ	16	84
	シクンシ	*Pteleopsis myrtifolia*	ムゴブ	15	79
	マメ	*Pterocarpus rotundifolius*	ムゼザ	14	74
	マメ	*Piliostigma thonningii*	ムセゲセ	14	74
	マメ	*Brachystegia boehmii*	ムウォンボ	9	47
	コミカンソウ	*Pseudolachnostylis maprouneifolia*	ムソロ	17	89
	バンレイシ	*Annona senegalensis*	ムトペトペ	17	89
	マメ	*Albizia lebbeck*	ムケンゲ	16	84
木炭に適さない樹種	マメ	*Acacia polyacantha*	ムタルラ	16	84
	キョウチクトウ	*Diplorhynchus condylocarpon*	ムトゴ	15	79
	マメ	*Albizia versicolor*	ムスングィ	13	68
	ウルシ	*Sclerocarya birrea*	ムゴンゴ	12	63
	マメ	*Faidherbia albida*	ムコロロ	9	47

*，**　同名異種
現地語でジケ[1]は「メス」，ドゥメ[2]は「オス」を意味する．タンザニアの民族分類では，生態や形態が類似している種を雌雄でよび分けることがある．

第Ⅲ部
つくる

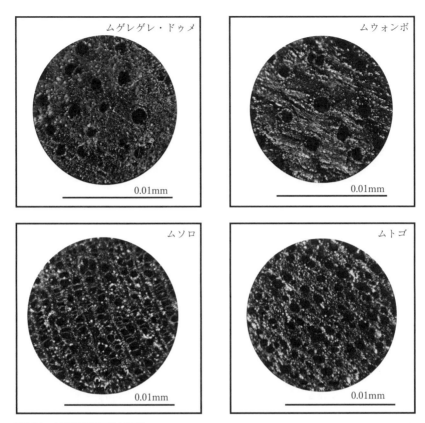

図9-14　木炭切断面の拡大写真

3 ⋯⋯ 緻密さ

　専業職人の多くが「よい炭は重い」と言うが，それは彼らのしぐさや説明から判断して「見かけの緻密さ」と言い換えてもよいだろう．ここでは，その指標にフィールドでも簡単に比較できる方法として「見かけの密度（木炭の表面や内部の空隙を含めた容積当たりの質量）」という値を用いることにした[2]．4種の木炭の「見かけの密

――――――――――

（2）　「見かけの密度」の測定と計算方法は，まず木炭片の風乾重を測り，そのあと切断面や木炭の外表面にシリコンを塗って，開いている亀裂や導管などの空隙をシリコンで埋めた．シリコンが固まってか

表9-2　木炭の見かけの密度（n=20）

樹種	(g/cm³)
ムトゴ	0.37
ムゲレゲレ・ドゥメ	0.29
ムウォンボ	0.28
ムソロ	0.28

Turkey HSD検定による多重比較

2種の比較	有意差
ムトゴ—ムゲレゲレ・ドゥメ	n.s.
ムトゴ—ムウォンボ	n.s.
ムトゴ—ムソロ	*
ムゲレゲレ・ドゥメ—ムウォンボ	n.s.
ムゲレゲレ・ドゥメ—ムソロ	n.s.
ムウォンボ—ムソロ	n.s.

*p＜0.05

度」の平均値は，ムトゴが 0.37 g /cm³ ともっとも高く，ムソロとのあいだに多重比較（Turkey HSD）検定で有意な差（p<0.05）が認められたものの，ほかの樹種とのあいだに差は認められなかった（表9-2）．ムトゴの試料には樹皮が付着しているため，この数値を単純には評価することはできないが，少なくとも木炭に適するとされるゲレゲレ・ドゥメやムウォンボの見かけの密度がとくに高いというわけではなかった．すなわち，彼らが表現する「重量感」とは，見かけ以上に軽い木炭をふりわけるための基準であると解釈できる．

4 ……… 樹種ごとの燃焼特性

上記4種の木炭の燃え方を比較するために，それぞれの木炭を七輪のなかで燃やして鍋に入った水を沸騰させる実験をおこなった．素焼きの七輪（内容積約1.8ℓ）に大きさのそろった木炭を充填して火を付けてから，1.5ℓの水を張ったアルミニウム製の鍋を火にかけた．水中のほぼ中央に熱電対温度センサー（FUSO 309）を鍋底に当たらないように設置し，データロガー式デジタル温度計（FUSO 399）で水温の変化を計測した．実験の手順は次のとおりである．1回に燃焼する木炭の総重量を測って七輪に充填し，そこにペットボトルのキャップ1杯分の灯油をふりかけて点火した．その5分後に，1.5ℓの水を張ったアルミ鍋を火にかけ，温度センサーを鍋の中央部に固定して水温を連続的に計測した．水温が98.7℃に達したら沸騰した鍋を火からおろし，同量の水が入った別の鍋にすばやく交換した．この操作を鍋が沸騰

ら，水で満たした容器に木炭片を細い針金で押し沈め，溢れ出た水の質量を測った．その質量を体積（見かけの体積）に換算し，木炭片の質量を除して「見かけの密度（g/cm³）」とした．

しなくなるまでくり返し，沸騰した回数を数えた．沸騰回数の平均値を多重比較（Turkey HSD）検定したところ，ムゲレゲレ・ドゥメとムウォンボの沸騰回数は平均3.0回で，ムトゴよりも有意（p<0.05）に多かった（表9-3）．

沸騰しなくなった状態で七輪のなかの木炭を観察してみると，ムゲレゲレ・ドゥメやムウォンボに比べてムトゴは明らかに大きな木炭が焼け残っていて，その表面は厚い灰に覆われていた．専業職人のA氏の妻をはじめX集落に暮らす多くの主婦たちは，ムトゴの木炭について「灰が多いから火力は弱くなるが，それを取り除けばまた燃える」と言っていた．すなわち，灰の多寡が火力や燃焼時間を左右するので，放置すると火が消えてしまうような木炭は煮込み料理が多いタンザニアでは好まれないと推察した．

表9-3　鍋の水の沸騰回数（n=4）

樹種	（回）
ムゲレゲレ・ドゥメ	3.0
ムウォンボ	3.0
ムソロ	2.3
ムトゴ	1.5

Turkey HSD検定による多重比較

2種の比較	有意差
ムゲレゲレ・ドゥメ—ムウォンボ	n.s.
ムゲレゲレ・ドゥメ—ムソロ	n.s.
ムゲレゲレ・ドゥメ—ムトゴ	*
ムウォンボ—ムソロ	n.s.
ムウォンボ—ムトゴ	*
ムソロ—ムトゴ	n.s.

*p < 0.05

5……樹種と灰

第3節で述べたように，樹皮が付着している木炭は灰が多くて火持ちが悪いと，専業職人や主婦は語る．実際に，樹皮には木質部にくらべて灰分が多く含まれていて（谷田貝 2012），灰が燃焼中に木炭の表面を覆うことで酸素の供給を妨げる（岸本 1998：316）．そこで，上記4種の木炭を日本に持ち帰り，山田ら（2015）の実験手法に従って実験室で各木炭に含まれる灰分率を測定した．実験手順は次のとおりである．実験に供試した木炭は市販されている木炭の状態に準じて，ムトゴだけは樹皮が付着したものを，ほかはすべて樹皮が付着していないものを用いた．輪切りの試料を105℃の通風乾燥機で24時間乾燥したあと，ハンマーを使って細かく粉砕し，乳鉢と乳棒でさらに細かくすり潰して100メッシュの篩にかけた．薬さじ1杯分の粉末を計量し，磁性るつぼに入れて815℃のマッフル炉に1時間入れて灰化した．そのあと灰の

表9-4　木炭の灰分率（n=20）

樹種	%
ムトゴ	4.59
ムソロ	3.67
ムウォンボ	3.47
ムゲレゲレ・ドゥメ	3.14

Steel-Dwass検定による多重比較

2種の比較	有意差
ムトゴ—ムソロ	**
ムトゴ—ムウォンボ	**
ムトゴ—ムゲレゲレ・ドゥメ	**
ムソロ—ムウォンボ	n.s.
ムソロ—ムゲレゲレ・ドゥメ	*
ムウォンボ—ムゲレゲレ・ドゥメ	n.s.

*p＜0.05　**p＜0.01

重量を木炭粉末の重量で除して灰分率を算出した.

4種の木炭の灰分率はムトゴがもっとも高く, 多重比較（Turkey HSD）で検定したところ, ムトゴはほかのどの樹種とのあいだにも有意な差（p<0.01）があった（表9-4）. 通説のように樹皮に灰分が多いとすれば, 樹皮が付着しているムトゴの灰分率が高いのは当然の結果と言ってよい. すなわち, ムトゴが木炭に適さないとされる理由は樹皮が剥がれにくいことにある. また, ムソロのように木質部に比較的多くの灰分を含んでいる樹種もあった.

ミオンボ林の主要な構成種であるムゲレゲレ・ドゥメやムウォンボなどのブラキステギア属の樹木は, 樹皮（内皮）が剥がれやすく, 人びとはその内皮をロープや建築資材として利用してきた. 樹皮が剥がれやすいという性質は木炭になっても同様で, 炭化した樹皮は内皮の部分から浮き上がり（図9-10右下）, 手で簡単に取り外すことができる. 専業職人たちは, ムソロのように木質部に灰分を多く含む樹種を避けつつ, 炭化したあとに樹皮が簡単に取り外せる樹種を択伐することで, 現地で好まれる「よい炭」を作り出していたのである.

6　炭焼きと生態環境

1 ⋯⋯⋯ 炭焼きに適さない樹木の重要性

腕のよい専業職人として知られるA氏も, 樹種と木炭の相性については他の職人と同じ認識をもっていた. ところが, A氏が2016年7月の炭焼きで伐採した樹木（樹種）を調べてみると, そこには木炭に「適する」と答えた樹種だけでなく, 「適さな

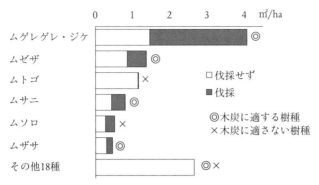

図9-15　A氏が1つの窯周辺で伐採した樹木の樹種別胸高断面積（m²/ha）の合計（2016年）

い」と答えた樹種（ムソロ，ムトゴ）もわずかに含まれていた（図9-15）．職人は樹種の特性を強く意識して択伐しているが，必ずしも木炭の質の良否だけをみて木を伐採しているわけでもなさそうである．そこでA氏の炭焼きを事例に，彼がどのような場所を選び，どのような木を伐採し，それは植生にどのような影響をおよぼしているのかを調べることにした．A氏が2016年5月から連続4回，同じ場所に伏せ焼き窯を作って木炭を焼いたのだが，その際に周囲から計50本の樹木（幹）を伐採していた．伏せ焼き窯は尾根上にあり，それを中心に伐採地がひろがっていた．2016年7月に，この4回の炭焼きで伐採された切り株がすべて含まれるように半径30mの円形のプロットを設け，その円内で毎木調査をおこなった．胸高に達したすべての樹木の樹種と胸高直径を測り，すでに伐採された切り株については樹種と切り口の直径を測って，それを伐採前の胸高直径とみなした．

　伐採前は，約3,000m²の土地に24種360本（1,273本／ha）の樹木が生えていた．ここでは，樹高が胸高に達している幹は株立ちしていても別の個体として数えた．胸高断面積の合計[3]は11.0m²/haであった．木炭に「適する」樹種は7種で胸高断面積の合計は6.9m²/ha（63.0%），木炭に「適さない」樹種は3種で胸高断面積が2.5m²/ha（22.4%），どちらでもない樹種は14種で胸高断面積が1.6m²/ha（14.6%）であり，A氏が伐採地に選んだのは木炭に「適する」樹木が多い林であったことがわかる．A氏

---

(3)　各立木の胸高断面積（胸の高さに当たる樹幹の断面積）を合計したもので，森林の大きさを調べる指数．

は，24種の中から6種だけを伐採し，そのうち4種が木炭に「適する」樹種，2種が「適さない」樹種であった．伐採された樹木50本の内訳は，「適する」樹木は46本で胸高断面積の合計は3.67m²/haであったのに対し，「適さない」樹木はムソロが3本（胸高直径22.2cm，16.9cm，11.3cm）で，その胸高断面積の合計は0.07m²/ha，ムトゴは胸高直径7.3cmの細い木が1本だけだった．これらの数値は，A氏が木炭に「適する」樹木をほぼ半分伐り，「適さない」樹種や「どちらでもない」樹種にはほとんど手を付けなかったことがわかる．そして，わずかに伐採した「適さない」樹種であるムソロも，太さからみて中層の「障壁」用として使われたと考えられる．

　中層に積んだ木材は下層からの炎によって多くが燃えてしまうので，そのような場所に良質な木材を置くのはもったいない．そこで，木炭には適さないが，太くて下層の炎を遮断できる木材を中層に置くことで，上層に置いた良質の炭材を無駄なく炭化させて，効率的に「よい炭」を作っているのである．A氏のように樹種と太さを基準に択伐していけば，伐採跡地には多くの樹木が切り残される．伐採前の胸高断面積の推定値は11.0m²/haであったが，伐採後は7.1m²/haで，4回も炭焼きをしたにもかかわらず，胸高断面積にして65％の樹木が伐採地に残されていたのである．2020年2月に，上と同じ場所で再び毎木調査をおこなってみると，胸高断面積は15.6m²/haと，わずか3年半で2倍以上に増加していた．2016年にもっとも多く伐採されていたムゲレゲレ・ジケは1.5m²/haだったが，3倍以上の5.0m²/haにまで増加していた．50個の切り株のうち38個から萌芽が認められ，1つの切り株から平均で4本の新梢が出ていた．複数の新梢が生長したことで，細くてまっすぐな幹が多数株立ちして，炭焼きに適した樹形になっていくのである．2016年当時は細すぎて切り残された樹木はたっぷり陽光を浴びて幹を肥大させていた．炭焼きによって間伐された山林では若木の生長が促されているのである．

2······資源の共有

　専業職人たちが伐り残すムトゴやムソロといった樹木は，岩混じりの尾根沿いによく生えている．樹高は10mを超え，枝も大きくひろがって，土壌を雨滴浸食から守る（Braam van Wyk et al. 2013: 242, 366）．土壌が維持されることで林の再生が促されるだけでなく，伏せ焼き窯に不可欠な草丈の高いイネ科の草を確保することもできる．木炭には「適さない」という理由で伐り残された樹木が，じつは炭焼きに必要

な山林の生態環境を維持するために重要な役割を担っているのである．

　A氏に頼んで，これまでに炭焼きをした場所を1つずつ案内してもらった．彼は集落から徒歩で70〜80分ほどの範囲内で木炭を焼いていた．同じように，ほかの専業職人たちにも彼らのこれまでの伐採地を案内してもらうと，違う職人と歩いているのにもかかわらず，何度も同じ場所に案内された．彼らは年をずらしながら同じ山林（場所）を共同で使っていた．個の所有物でもない村有林を，村人はみんなで炭焼きに適した山林に作り変えながら，30年以上にわたって使い続けてきたのである．

7　環境とエネルギー問題

　最後に，タンザニアの食生活と木炭利用，炭焼きの技術，樹種と木炭の関係，択伐と生態の関係についてまとめ，炭焼きをめぐる課題と展望について考えてみたい．

　タンザニアでは都市部の居住環境が狭隘化するのにともなって，調理燃料としての木炭の重要性が高まっている．各家庭では朝，木炭に火をつけると，用途に応じて木炭を足しながら夜まで上手にその火を使い続ける．タンザニアの食事では，ウガリや米飯の主食に煮込み料理などが副食として添えられる．仕事や多くの家事に追われるなかで，煮込み料理だけに手をかけていられない．途中で火力が弱まらず，ほったらかしておける木炭が生活リズムを支えているのである．

　山林から木材を搬出するための河川やインフラが整備されていないアフリカでは，重い丸太を遠くまで運搬する必要がない伏せ焼き法で木炭が焼かれている．木炭を焼くたびに伏せ焼き窯を作るのは手間がかかるが，よい炭材が少なくなれば別の場所へ移動するので，窯周辺の樹木を切り尽くしてしまうことはない．土と草で窯を作る伏せ焼きは一見すると原初的な方法に思えるかもしれない．しかし，この炭焼き方法には，窯の設置場所の選定，樹種の選択，木材の積み上げ方，窯の構造，火の管理，収穫方法など，日本の高度に洗練された築窯製炭法に引けを取らない，繊細で奥深い知識と技術が内包されているのである．

　木炭の火力が弱まる原因は，木炭に含まれる灰分にある．これは燃え残った灰が木炭の表面を覆うことで酸素の供給が妨げられるためである．灰は樹皮に多く含まれるため，専業職人たちは樹皮を簡単に剝がせる樹種を木炭に「適する」樹種とし

て択伐する．ミオンボ林には樹皮の剥がれやすい樹木が多く生えているいっぽうで，樹皮が剥がれにくいあるいは木質部に多くの灰分を含む樹種も存在する．そうした木炭には「適さない」樹種が伐り残されることで，山林の被覆は失われずに木々がスムーズに再生するのである．火持ちのよい木炭への強い嗜好性にもとづく択伐が山林の皆伐を回避し，調査地域の30年以上にわたる炭焼きを支えてきたのである．

　タンザニアをはじめとするアフリカ諸国では，炭焼きが重大な環境破壊の原因の1つとしてクローズアップされるようになっている．都市人口の増加にともなう木炭需要の増大と木炭価格の高騰によって木炭生産に参入する者が後を絶たない．こうしたにわかの木炭生産者による山林の乱伐が炭焼きの評判を落とす要因の1つとなっているのであろう．キロサの例でいえば，専業職人たちがあえて伐り残した樹木を，市街地から通ってくる不在職人が伐採しているのである．臨時収入が必要なときに炭焼きをする不在職人は，専業職人たちのように樹種に関する深い知識をもち合わせておらず，より多くの木炭を得ようとしてすべての樹木を伐採してしまう．彼らの効率の悪い炭焼きがより広範囲な伐採を招き，山林の劣化に拍車をかけているのである．

　木炭は都市部に住むだれもが必要としているが，炭焼きはだれもができるわけではない．伏せ焼きは初期投資もほとんど必要なく始められるいっぽうで，すべての作業を1から一人でこなさなければならない．「よい炭」を焼くためには，経験に裏付けられた技術と樹木に関する幅広い知識が不可欠である．確かな技術をもつ専業職人たちは，樹木を択伐して現地の食文化や慣習にあった木炭を作り出してきた．彼らが培ってきた技術や知識を広く実践に反映させることによって，タンザニアの木炭生産が抱える環境保全とエネルギー供給という矛盾した課題に解決の糸口を見いだせるかもしれない．

参 考・参 照 文 献

伊谷樹一（2016a）「生態と生業の新たな関係」重田眞義・伊谷樹一編『争わないための生業実践──生態資源と人びととの関わり』京都大学学術出版会，1-16頁．
伊谷樹一（2016b）「アフリカで木を育てる」『FIELD PLUS』15：14-15．
伊谷樹一・多良竜太郎（2020）「付録　ダルエスサラームにおける物価の動向（2002年6月〜2016年2月）」根本利通『スワヒリ世界をつくった「海の市民たち」』昭和堂，239-242頁．

＊小川了（2004）『世界の食文化11・アフリカ』農文協.

恩方一村逸品研究所編（1998）『炭やき教本　簡単窯から本格窯まで』創森社.

＊狩野幸之助（1922）「三保の松原に於ける伏焼製炭法」『大日本山林会報』474：22-39.

岸本定吉（1984）『木炭の博物誌』総合科学出版.

岸本定吉（1998）『炭』創森社.

岸本定吉・杉浦銀治（1980）『日曜炭やき師入門』総合科学出版.

黒崎龍悟・近藤史（2016）「タンザニアの農村との学び――国家の周縁地で森林保全とエネルギーの関
　　係を考える」https://synodos.jp/international/18763（2019年6月30日最終閲覧）.

近藤史（2016）「半乾燥地域の林業を支える火との付きあい方――タンザニア南部，ベナの農村の事例
　　から」重田眞義・伊谷樹一編『争わないための生業実践――生態資源と人びととの関わり』京都
　　大学学術出版会，181-214頁.

齊藤隆夫編（2013）『スーパー理科事典　四訂版』受験研究社.

＊栃木県内務部（1922）『伏焼製炭法』栃木県内務部.

＊長野利吉（1917）「木炭伏せ焼法」『大日本山林会報』413：45-50.

渕上ゆかり（2016）「インドネシア，バタム島における法規制と生業――自主規制によって成り立つ製
　　炭業」『CIAS Discussion Paper』59：39-46.

村井吉敬（2007）『エビと日本人II――暮らしのなかのグローバル化』岩波新書.

木質炭化学会編（2007）『炭・木竹酢液の用語辞典』創森社.

山田肇・澁谷栄・栗本康司・谷田貝光克（2015）「タンザニア式伏せ焼き窯とレンガ窯から得られる木
　　炭と木酢液の性状の比較」『木質炭化学会誌』11（2）：70-76.

谷田貝光克（2012）「タンザニアでの活動調査結果」『平成23年度途上国森づくり事業／貧困削減のた
　　めの森づくり支援報告書』87-111頁.

柳沼力夫（2003）『炭のすべてがよくわかる　炭のかがく』誠文堂新光社.

林野庁（2020）『令和元年度　森林・林業白書』.

＊Agyeman, KO, O Amponsah, I Braimah, and S Lurumuah. 2012. "Profit and Profit Distribution along
　　Ghana's Charcoal Commodity Chain." *Journal of Sustainable Development* 5（4）: 149-164.

＊Antal, MJ, E Croiset, X Dai, C DeAlmeida, WSN Norberg, J Richard, and MA Majthoub. 1996. "High-
　　Yield Biomass Charcoal." *Energy & fuels* 10（3）: 652-658.

＊Bertrand, P. 1977. "Les Problémes de Bois de Chauffage et du Charbon de Bois en Afrique Tropicale."
　　Bois et Forêts des Tropiques 173: 39-48.

＊Bisiaux, F, R Peltier, and JC Muliele. 2009. "Plantations Industrielles et Agroforesterie au Service des
　　populations des plateaux Bateke, Mampu, en Republique Démocratique du Congo." *Bois et Forêts des
　　Tropiques* 301（3）: 21-32.

Braam van Wyk and Wyk Piet van. 2013. "Field Guide to Trees of Southern Africa." Cape Town: Struik
　　Nature.

＊Brieland, Jones. 2015. *Social and Environmental Impacts of Charcoal Production in Liberia*. Master Thesis:
　　University of Michigan.

Brown, R. 2009. "Biochar Production Technology." In: J, Lehannes, and S Joseph.（eds.）*Biochar for*

Environmental Management Science and Technology. pp. 127-146. London: Earthscan.

＊Chidumayo, EN. 1987. "A Survey of Wood Stocks for Charcoal Production in the Miombo Woodlands of Zambia." *Forest Ecology and Management* 20 (1-2): 105-115.

＊Chidumayo, EN. 1991. "Woody Biomass Structure and Utilization for Charcoal Production in a Zambian Miombo Woodland." *Bioresoource Technology* 37: 43-52.

＊Cooms, OT, and GJ Burt. 2001. "Peasant Charcoal Production in the Peruvian Amazon: Rainforest Use and Economic Reliance." *Forest Ecology and Management* 140 (1): 39-50.

＊Doat, PJ, and G Petroff. 1975. "La Carbonisation des Bois Tropicaux." *Bois et Forêts des Tropiques* 159: 55-72.

＊Dubiez, RE, S Diowo, M Gigaud, JN Marien, B Marwuant, A Peroches, P Proces, and C Vermeulens. 2014. "Dynamiques de Changement de la Couverture Forestière et du Stock de Carbone en République Démocratique du Congo: Le Cas de L'approvision- Nement en Bois-Énergie du Bassin de Kinshasa." *Bois et Forêts des Tropiques* 321 (3): 67-79.

FAO (Food and Agriculture Organization). 2016. *Forestry for a Low-Carbon Future: Integrating Forests and Wood Products in Climate Change Strategies*. FAO Forestry Paper No.177. Rome: FAO.

＊Gerald, CM, A O'Kting'ai, and PM Kiwele. 1993. "Socio-economic Aspects of Charcoal Consumption and Environmental Consequences along the Dar es Salaam-Morogoro Highway, Tanzania." *Forest Ecology and Management* 58 (3-4): 249-258.

＊Hyman, EL. 1983. "Analysis of the Woodfuel Market; A survey of Fuelwood Sellers and Charcoal Makers in the Province of Ilocos Norte, Philippines." *Biomass* 3 (3): 188-197.

＊Kayhan, M. 2013. "Traditional Wood Charcoal Production Labour in Turkish Forestry." *Journal of Food, Agriculture & Environment* 11 (2): 1136-1142.

＊Khan, AA. 1922 "Charcoal Making in the Province." *The Indian Forester* 48 (2): 101-104.

＊Kimaro, DN. 2014. "Potential Land for Agriculture Use in Tanzania: the case of Kilosa District." *Forest Ecology and Management* 58: 249-258.

＊Kimaryo, BT, and KI Ingereza. 1989. *Charcoal Production in Tanzania Using Improved Traditional Earth Kiln*. Ottawa: International Development Research Center.

＊Luoga, EJ, ETF Witkowski, and K Balkwill. 2000. "Economics of Charcoal Production in Miombo Woodlands of Eastern Tanzania: Some Hidden Costs Associated with Commercialization of the resources." *Ecological Economics* 35 (2): 243-257.

＊Luoga, EJ, ETF Wikowski, and K Balkwill. 2000. "Subsistence Use of Wood Products and Shifting Cultivation within a Miombo Woodland of Eastern Tanzania, with Some Notes on Users." *South African Journal of Botany* 66 (1): 72-85.

＊Malimbwi, R, E Chidumayo, E Zahabu, S Kingazi, S Misana, E Luoga and J Nduwamungu. 2010. "Woodfuel." In: Chidumayo, EN, and DJ Gumbo. (eds.) *The Dry Forest and Woodlands of Africa: Managing for Products and Services*. pp. 155-177. London, Washington, DC.

＊Minten, B, K Sander, and D Stifel. 2013. "Forest Management and Economic Rents: Evidence from the Charcoal Trade in Madagascar." *Energy for Sustainable Development* 17: 106-115.

＊Moses, HD, G Sai, and EB Hagan. 2011. "A Comprehensive Review of Biomass Resources and Biofuels Potential in Ghana." *Renewable and Sustainable Energy Reviews* 15: 3539-3351.

Msuya, N, E Masanja and AK Temu. 2011. "Environmental Burden of Charcoal Production and Use in Dar es Salaam, Tanzania." *Journal of Environmental Protection* 2: 1364-1369.

＊Okello, BD, TG O'Connor, and TP Young. 2001. "Growth, Biomass Estimates, and Charcoal Production of Acacia drepanolobium in Laikipia, Kenya." *Forest Ecology and Management* 142（1-3）: 143-153.

＊Polthanee, A, N Suphanchaimat, and P Na-Lampang. 1991. *Urban-rural Wood Energy Interdependency in a District of Northeast Thailand.* pp. 167-201. Bangkok: FAO.

＊Rueda, CV, G Baldi, I Gasparri, and EG Jobbagy. 2015. "Charcoal Production in the Argentine Dry Chaco: Where, How and Who?" *Energy for sustainable Development* 27: 46-53.

Schenkel, Y, P Bertaux, S Vanwijinbsghe, and J Caree. 1998. "An Evaluation of the Mound Kiln Carbonization Technique." *Biomass and Bioenergy* 14（5-6）: 505-516.

＊Serenje, W, EN Chidumayo, JH Chipuwa, H Eguneus, and A Ellegard. 1994. *Environmental Impacts Assessment of the Charcoal Production and Utilization System in Central Zambia.* Stockholm: Environment Institute.

＊Tabuti, JRS, SS Dhillion, and KA Lye. 2003. "Firewood Use in Bulamogi Country, Uganda: Species Selection, Harvesting and Consumption Patterns." *Biomass and Bioenergy* 25: 581-596.

＊Tunde, AM, EA Adeleke, and EE Adeniyi. 2013. "Impact of Charcoal Production on the Sustainable Development of Asa Local Government Area, Kwara State, Nigeria." *An International Multidiciplinary Journal* 7（2）: 1-15.

＊．図9-5で用いた文献。

伊 谷 樹 一

資源をつかう, つくる

KEY WORDS

外来樹, 枯渇, 国立公園, 資源化, 食文化, 段畑, 燃料, 焼畑

1　移ろう自然と人の関係

　日本の農村では, 生活に必要な食料や物資を自給するための田畑, 牧草地, 薪取り林, ため池などを含んだ里山がつくりだされた. 雨が多い日本の環境のなかで地形にそった農地や水路が造成され, 自然の資源をあますところなく使う里山は, 人がこまやかに管理することで維持されてきた. この生態系には, 狭い空間のなかに多くの生き物が繁殖できる多彩な環境を包摂していて, 1960年代まではかろうじて身近にある小さな水路やクヌギ林でいろいろな生き物と触れ合うことができた. しかし, 高度経済成長期の農薬の乱用によってまず多くの水生昆虫が姿を消し, その後の離農や過疎化によって里山から人影も消えていった. 人が利用しなくなった田畑には野草が繁茂し雑木林も大きく生長したが, 人の攪乱によって保たれていた多様な環境は失われ, 里山を賑わしていたさまざまな生き物もまた見られなくなっていった.

　人の暮らしに寄り添った生き物の楽園が失われたことで, 生き物への興味や生態への関心も薄らいでいったように思う. 緑豊かになった今の日本の農村風景は, 人

口増加や開発によって環境が著しく破壊されている東南アジアやアフリカの農村とは対照的に映るかもしれない。しかしながら、人の社会から生物や生態系への関心や知識が希薄化してきているという内実は共通している。人類は生物資源を使いながら、資源が減ってくればそれを増やし、あるいは他のものに置き換えることで生存するための糧を得てきた。生業にとって生き物に関する情報は最大の関心事であったはずだが、今の暮らしではそれも必要なくなってしまった。現代社会における環境やエネルギーの根源的な課題は、こうした環境への無関心なのだろう。

自然と人の関係が失われたわけではない。生き物の生態を観察する機会やそれを利用する頻度が減ったことで、人は生き物を魅力的に捉える視座を見失ってしまっているのかもしれない。人が各地域で育んできた食文化や物質文化は現代の暮らしのなかに息づいているし、文化と自然をつなぐ知識や技術の体系は相変わらず私たちを魅了してくれる。世界には市場経済に翻弄されながらも、いろいろなかたちで自然の恵みに依存して生きる人たちがいる。豊富な資源を背景に営まれる豪快な生き方こそ少なくなっているが、世の中の動きに鋭敏に反応しながら、かぎられた資源を巧みに創造的に使いこなす知恵がそこにはある。外部の現代的な物資を大胆に取り入れて資源化していく事象は、これまでの生態人類学ではあまり取り上げてこなかったかもしれない。本書で紹介した事例は、図らずも、人は現代的な課題に直面しながら、自然界の資源を使っていかにそれを克服しようとしていくかを問う論文集になった。以下に各章の要約をまとめたので、そうした観点から本書を俯瞰し、現代風の自然と人の関わり方とその魅力を見つけてもらえればと思う。

2　資源をつかう

第1章の前半では、インドネシアのジャワ島において続けられてきたタケを用いた切替畑を取り上げて集約的な物質循環のかたちを詳述している。ただ、この短い循環系は作付け体系の一部に過ぎず、生態や経済の動きにも敏感に反応しながら、大局には常畑を含む多様な畑地をダイナミックに転換する長期的な循環系が存在することを指摘している。また章の後半部分では、日本各地の農村に残る段畑、生垣、境木、孤立木の分布や景観から、経済や産業の移り変わり、文化や習慣の広がり、気象災害と信仰の関係などを読み取っている。その景観からは、人がさまざまな時代

のなかで生態環境の資源を複合的かつ柔軟に使ってきた工夫と努力の累積を感じとることができるのだという．この研究は長いあいだ受け継がれてきた技術や風景の保全を目的としているのではない．今の風景が人と環境のどういう関わりのなかで生みだされ，そこに内在する技術，文化，価値観を総体的に理解することで，人―環境系に関する知を体系化できる，と著者らは指摘する．そして，人が使った生物資源が回復する時間的・空間的なゆとりなしに，利用と再生の均衡を保つことはできないのだと結論づけている．

　この洞察は，ある空間のなかに時間軸の異なる環境利用の循環系が併存し，そのために蓄積された多様な資源が1つの景観をつくりだし，環境利用の歴史的な複合性を示している．人が農地に植えた林や孤立木も時間が経てばその風景に溶け込んでいくが，それらは植えっぱなしではなく，人が管理してきたからこそ残ってきたのである．次章では，国立公園の設置によって人がつかわなくなった林が消滅していく様子を描きながら，人と野生動物の関係の変化について考えている．

　第2章は，タンザニアのザンジバル諸島に棲息する絶滅危惧種ザンジバルアカコロブスが，農村開発や保護政策に翻弄されながら人との関係のなかで生き続けようとする姿を描いている．コロブスザルは人がつくった屋敷林やその周辺の林を住処として，人に追い払われながら人里周辺で生きながらえてきたが，1980年代後半から森林開発が進められコロブスザルが棲息できる林は減少していった．2004年に海洋生態の保全を目的としてジョザニ・チュワカ湾を含む沿岸の森林が国立公園に指定されることになり，そこに暮らしていた農民は公園の外に追い出され，絶滅危惧種として注目され始めていたザンジバルアカコロブスはようやく安住の地を手に入れることができた．屋敷林に生える果樹の葉を食べても追い払う人間はもういない．コロブスザルは好きな果樹の葉を食べ続けた．新芽を食べ尽くされた果樹のほとんどが枯れてしまった．屋敷林の住人がコロブスザルを追い払うことで，サルは果樹の葉を長く食べることができていたのである．その後，コロブスザルは国立公園の高い木の上をねぐらとしながら，昼間は集落に現れて人前で食事をするようになった．長いあいだに培われた人と野生動物のきずなは，今では観光資源として両者の関係をつないでいる．

　第3章の舞台となったマダガスカルの南西部から南部にかけての沿岸地域は，この国で最も降雨の少ない半乾燥地域である．住民は定着農業に漁撈や畜産を組み合わせて不安定な天候に対処してきたが，しばしば厳しい干ばつに見舞われることも

あった．深刻な食料不足の状況下で漁撈や野生植物採集への依存を強めると，もともと乏しい自然資源はすぐに枯渇してしまう．家畜を売って急場をしのぐこともあるものの，その悪影響は何年も尾を引くことになる．出稼ぎは現金をすぐに得られる手段ではあるが，常畑の保有権などを維持するという意味からも，長く集落を離れることには不安がつきまとう．こうした事情から，干ばつ時には内陸の無人地帯に焼畑を開いて通い耕作する住民も少なくない．沿岸部と内陸部では雨の時期がずれているため沿岸地域での常畑と内陸部の焼畑は時間と労働が競合することはない．広い焼畑からはまとまった収入を得られるので，それを家畜に投資して財を蓄えることができる．ただし，焼畑の対象となる地域に自生している植物のほとんどが貴重な固有種であり，現存する林は古くから保護の対象とされてきた．生物多様性保全の観点からすれば，住民が自由に使える林はどこにもない．ただ，植生の回復を前提とする焼畑耕作はそもそも林を持続的，循環的に利用する農法であって，必ずしも環境保全とは相性が悪いとは思えない．第6章でも取り上げているが，森林保護区をめぐる住民と行政の相克は資源利用のあり方を問う大変重要な課題である．

3 資源を置き換える

第4章では資源の枯渇と新たな素材の資源化について論じている．現金の獲得機会がかぎられているガーナ北部の地方都市ボルガタンガで野草を使った土産用のバスケットが編まれるようになったのは1950年代のことである．当時，原料となったイネ科のベチバーグラスは河畔の湿地に自生していたが，1980年に農業灌漑用のダムが完成したことで群生地が失われ，バスケット産業も衰退していった．いっぽう，1970年代にオイル・ブームで活況を呈していたナイジェリアには多くのガーナ人が出稼ぎに行っていた．ところが，1980年代初めの原油価格の下落を機に景気が悪化し，外国人労働者のほとんどが母国に追い返された．ガーナ南部では人口が1割も急増し，その食料不足を補うためにキャッサバが広く栽培されるようになり，その結果，キャッサバの主要な雑草であるギニアグラスも急速に増えていった．北部の出稼ぎ労働者はベチバーグラスよりもひとまわり大きいギニアグラスの稈をボルガタンガに持ち帰ってバスケットを編み始めた．太くて長いギニアグラスの稈は，効率的な生産を可能にするだけでなく，バスケットの強度を高め，多彩なデザインが

生み出されて欧米や日本でファッション・バッグとして広く流通するようになった．材料と技術の更新と世界市場が同調しながら地域産業が発展する様子は，現代的な資源利用産業の手本といってもよい事例である．

　生物資源から作られている製品の多くが，こうした原材料の枯渇と置き換わりを経験しているのだろう．ただ，ボルガ・バスケットのようにタイミングよく代替品が見つかるとはかぎらないし，それを消費者が受け入れるかどうかもわからない．例えば，機能性が重視される「物や道具」などは従来よりも便利であれば意外と簡単に置き換わるかもしれないが，人の感性にうったえかける「味覚」などは簡単には変えられない．あらゆるものはつねに変化しているとはいえ，変化のスピードはまちまちである．

　第5章では，急速な経済成長をみせるラオスの生活様式の変化と在来野菜の利用の関係について論じている．ラオスでは，在来野菜を畑で育てるだけでなく，野山に自生するさまざまな野生植物を採集して日常的に利用してきた．1980年代末になって市場経済の影響を強く受けるようになると，身近な生態環境が破壊されて野草の採集地が失われていった．増え続ける都市住民は，味の薄い温帯野菜ではなく，馴染みのある野草を求めていた．在来野菜がもつ個性的な香り，酸味，辛味，苦味，渋味はラオス料理の根幹をなしていたために，生活様式は変わっても簡単には食材を置き換えることができなかったのである．野草の需要の高まりは，野山からの採集に加えて，ホームガーデンや農地での増産によって補完された．そして，野草のなかには市場に広く出回るようになったことで以前よりも身近になった野草・野菜もある．野草を採集するだけでなく育てる（つくる）ことで在来野菜や野草の供給が安定し，それをベースにしたラオスの食文化が無理なく継承されているのである．

　人が集中的に利用してきた生物資源を人為的に増殖することでその枯渇を回避している事例を紹介した．撹乱している対象が林であれば対策は複雑にならざるをえない．破壊され生態系をもとの状態に戻そうとする試みは世界各地で実施されているが，生物資源に依存する住民の生活水準を向上しながら林をつくり直すのは容易でない．また，残された生態系には絶滅が危惧される生物種が棲息しているかもしれないし，そうした生態環境を恒常的に維持するためにはバイオマスだけではなく，生態系の質を高めることもきわめて重要になってくる．

　第6章では，地域経済の低迷が直接的に生態環境の荒廃につながっているタンザニアを例にして環境利用の規制と外来樹の導入の問題について論じている．住民に

とって林は，水などの生態系サービスを提供すると同時に，食料や現金を生み出し，林産物やエネルギーなどの生活品を供給する場でもある．いっぽう政府にとって森林は治水とともに，水力発電・灌漑などの利水事業を支える水源であり，生物多様性を保全するための空間は多様な野生動物を育む観光資源ともなっている．また，植民地期に導入された林業は地域や国家の重要な財源であるとともに，一般家庭の住居に欠かせない安価な木材を提供する基幹産業の1つになっている．政府は，多様なニーズをあわせもつ森林を増やす目的で植林を促し，同時に自然林の利用を制限してきたが，人口増加にともなって林産資源や農地の需要が高まるなかで森林面積の減少に歯止めがかかっていない．そうしたなか，タンザニアの農村では，外来樹を生態系に取り込みながら地域経済を活性化させようとする新しい環境利用のかたちがみられるようになってきた．それは自然林から供給されていた木材の一部を外来樹に置き換えることで林の循環的な利用を実現しつつ，外来樹では代替できない遺伝資源を林のなかに温存することができる．こうした在来樹と外来樹の混交林は生態系の新しいかたちになろうとしている．

4　エネルギーをつくる

　この半世紀のあいだにアフリカの農村部にも工業製品が入り込み，家庭内で使う日用品の多くが石油製品に置き換わった．国や製品の種類によってプラスティック製品の普及した時期は異なるが，タンザニアでは1980年代にバケツ，長靴，ボールペン，サンダル，食器，ビニール袋などが急速に普及した．これらはもちろん輸入品である．かつては金属製品も町で車の板バネの廃材や鉄くずを調達してくれば，村の鍛冶屋がヒツジの皮の「ふいご」を使って鎌・鍬・斧などを起用に作ってくれたが，今では工場で大量生産された既製品を買うのがふつうになっている．農村で地産地消される生活用具は，農具の柄，かご，ざる，ござ，椅子，瓶（かめ），臼，杵，ほうき，丸木舟，漁具，ロープ，煉瓦くらいである．廃材などをうまく活用した地域固有のブリコラージュ品はよく見かけるが，新しい製品が生み出されることはほとんどなく，在来の道具は輸入した工業製品に置き換えられていった．消耗品には食料，薬，燃料がある．農村では食用油を除いて食料はほぼ自給している．薬は地域の民間薬・呪薬と西洋医薬が併用されている．灯りは灯油ランプが使われていた

が，最近では電灯やソーラー・ランプが普及している．

　調理に使う燃料は，農村と都会ではまったく異なっていて，農村では基本的に薪を使う．都会には多様な熱源があるなかでもっとも重要な燃料は木炭である．木炭が使われる理由については第９章で触れているのでここでは省くが，農村も都会も調理の熱源は木質燃料に強く依存している．穀物や根栽類の加熱は，デンプンを主食とする人間にとって不可避な調理工程である．ところが，アフリカの森林面積は急速に減少していて，それにともなう燃料価格の高騰は住民の生活を圧迫している．林が後退している農村ではトウモロコシの穂軸や乾いた牛糞も燃料にしているが，都会ではそれすらも手に入らない．都市人口が急増しているアフリカでは，木炭の不足を補う新しい燃料の開発は急務な課題となっている．そこで，「つくる」をテーマにした第Ⅲ部では，調理燃料に焦点をあて，第７章では木炭に代わる燃料の開発，第８章では食文化と熱源の関係，第９章では木炭生産と生態環境の関係について論じている．

　タンザニアでは都市人口の増加にともなってコメの消費量が増え，稲作が貴重な現金収入源として重要性を増すなかで，季節湿地や氾濫原に水田が開かれていった．水田の広がりは大量の籾殻を生み出し，それは新しい産業廃棄物となっている．イネの籾殻には大量のケイ酸が含まれていて，そのままではくすぶってうまく燃えない．第７章では，籾殻を調理燃料とするコンロの開発事例を紹介している．この章の著者は，タンザニアの町工場で地元の技術者とともにコンロを製作し，それを稲作地帯や都会の食堂街に持っていって実演販売した．コンロ使用者の意見を集めながら現場と工房を往復して製品に改良を加えるなかで，「使う側」と「作る側」のあいだにまったくコミュニケーションがないことに気がついた．使う側は価格だけでコンロや燃料を選んでいるわけではなく，使い勝手や汎用性など，さまざまな機能を吟味している．改良していくためには，試作品の問題点を聞き取って製作者に伝える仲介者の存在か欠かせないのだが，タンザニアにはそれを担う役回りがなかった．こうしたものづくりの課題を補えば，生物資源の利用がさらに多様化することが期待できる．

　料理によってあるいは調理中でも火力調節を誤れば料理は台無しになってしまう．各地域の食文化は地域の熱源とともに作り上げられてきたといっても過言ではない．第８章では，ウガンダの首都カンパラで主食とされてきたバナナ料理マトケと熱源の関係について論じている．マトケは日常的な主食料理であると同時に，冠婚葬祭

や宗教行事などには欠かせない社会・文化的な価値の高い食事であり，その調理にはかならず木炭が使われてきた．マトケの調理は，強火で蒸して軟らかくなったバナナを手で潰し，再び弱火でじっくりと蒸しなおすという工程を経る．この調理によって，甘いバナナの風味を残しながら，なめらかな舌触りと粘りと弾力のある独特の食感が生まれる．料理の良否は微妙な火加減によるとされ，とくに蒸しなおすときは長時間にわたって弱火を保たなければならない．長く弱火で燃え続けるには木炭が適しているが，ウガンダも森林の荒廃が激しく，木炭の価格が高騰していた．そこでカンパラでは，バナナの果皮などの作物残渣で炭化ブリケットを作り，それに木炭を少し混ぜることで着火と火持ちがよい燃料を作り出した．食料と一緒に都会へ運ばれてくる有機物を利用して，その地域の食文化に適した燃料が作り出されたのである．

　タンザニアの都市でも木炭はもっとも重要な燃料であるが炭焼きの実態はほとんど知られていなかった．しかし，政府はそれを森林破壊の元凶とみなして炭焼きを規制してきた．第9章では，炭焼きを専業としてきた職人と木炭を毎日使っている家庭にそれぞれ密着して，都市近郊における木炭の生産と消費のつながりを示しながら，炭焼きが生態環境におよぼす影響について考察している．タンザニアでは「伏せ焼き」という方法で炭が焼かれている．伏せ焼きは，日本のような固定式の窯を作らず，丸太に草と土を被せた一回きりの窯で木材を蒸し焼きにする．木炭を焼くたびに窯をつくる手間はかかるが，重い丸太を遠くに運ぶ必要がないため，運搬手段が整っていないアフリカでの炭焼きには向いている．現場の材料にあわせて窯から作るため，均質な木炭を焼くには熟練した技術が必要である．いっぽう，タンザニアの家庭ではマメや肉の煮込み料理が副食の定番メニューで，その調理には火持ちのよい木炭を使う．木炭から出る灰は酸素の供給を遮断しそれが多いと火が消えてしまうので，消費者は灰の多い樹皮付きの木炭を嫌い，炭焼きでは樹皮が剥がれやすい樹種だけが選択的に使われていた．現地で「ミオンボ」と総称されるマメ科ジャケツイバラ亜科の樹種は樹皮が剥がれやすいうえ，地上部を失うと根からすぐに新梢が萌芽してくるので炭焼き施業に向いている．逆に，樹皮が剥がれにくい樹種は伐り残されるが，その枝葉は伐採地を覆って土壌を浸食から守ってきた．すなわち，タンザニアの炭焼きは，木炭に向いている樹種と向いていない樹種が混交してはじめて持続的な生業となるのである．

5 生態人類学は挑む

生態環境を巧みにつかいこなすための知識や技術はいつも私たちを魅了してきた．地域のなかで静かに受け継がれてきた知恵の累積を詳らかにすることが生態人類学の目的の1つであった．農村に行けばその地域の歴史をよく知る古老がいて，自然や古い生活の話を聞かせてくれる．こういう経験が生態と人との関係に興味を抱くきっかけになったのだが，そういう機会もめっきり少なくなってしまった．

古老の話には生物資源をつかう話はよく出てくるが，保全についてはあまり語られない．かつては自然を保全するという概念自体が一般的ではなかったように思う．ところが，今回のように「つくる，つかう」という課題で原稿を集めてみると，すべての論攷に「資源の枯渇」にまつわる表現が至る所に出てくる．人口が増え，通信や流通が発達したことで，「よい」と噂された物はすぐに取り尽くされ枯渇してしまうのだろう．「枯渇」と聞くと，行政はすぐに自然保護区や国立公園の設置を検討して人間の締め出しを計画する．しかし，自然をつかう立場からすると，環境政策は新たな脅威となっている．

いくつかの論攷のなかで，無駄に見えてもじつは重要な意味をもつものに触れられている．インドネシアやマダガスカルでは，干ばつや市場の大きな変化によって耕作システムをダイナミックに転換してしまう事例が紹介されていた．普段はつかわない，あるいは別の用途でつかっている資源の存在がこの転換を可能にしているのである．また，地力を維持するための休閑地や放牧地に生える草の利用，木炭に不向きな樹木こそが炭焼きの環境を守っているという捉え方，境界木などの現代的意味づけ，コロブスの炭食い行動などは，一見すると無駄に見える景観や行動がじつは生業の存続にも関わる重要な意味をもっていることを示している．

また，資源を無駄なく活用する取り組みもいくつも紹介されていた．都会に運ばれてくるまでは包装紙のように果肉を保護する役割を果していたバナナの果皮は，台所ではその役目を終えて生ゴミとして捨てられるのであるが，燃料の少ないウガンダの都会では優良な燃料に変えられて，その独特な燃え方がおいしいバナナ料理をつくっている．多くのタンザニア住民は山積みされている籾殻を見上げて，これが燃料になったらと思っていたのだが，ちょっとした器用仕事でそれが実現に向かっている．ガーナのキャッサバの収穫跡地に繁茂するギニアグラスは雑草として燃やされていたのだが，それでバスケットを編むことで商品化され，今では欧米や日本

で販売される高級かごバッグに大変身を遂げた.

　都市化という世界的な傾向は,食文化や物質文化にも大きな影響をもたらしていて,ラオスもその例外ではない.ラオス料理は多様で個性豊かな在来野菜・野草の濃厚な味がその根幹をなしていた.都市に暮らす多くの住民もこの在来の食物を求め,都市近郊の農村はそれをホームガーデンで育てて都市の需要に応えたことで,ラオスの食文化はさらに充実していった.タンザニアでは,都市化にともなう建設ラッシュで,木材の国内需要が高まった.それを受けて,家の周囲や畑の隅に建材用の木材を植える農家が増えてきた.砂漠化が深刻化するなかで,こうした混交林の形成は森林利用の新しい動きとして注目している.

　どの論攷も,地域内部の何気ない自然の利用や変化に着目している.すでに国際的な産業に発展したものも含め,どれも資源の枯渇,知識の劣化,技術の継承という問題を抱えているものの,いずれの事例も非常に興味深い.第1節でも触れたが,生態環境やその利用についての関心を高めることが,現代社会における環境やエネルギーの根源的な課題解決の端緒になると考えている.豊富な生物資源を巧妙かつ大胆につかいこなす生き方もさることながら,生物の保全や経済性なども意識しつつ,かぎられた資源を,ときには増やしながら,ときには多様化しながら,巧みにつかいこなしていく現代的な環境利用のあり方の探求を新しい生態人類学の魅力として広く発信していきたい.

索　引

執筆者紹介（掲載順）

伊谷樹一 （いたに じゅいち）

京都大学アフリカ地域研究資料センター教授. 京都大学大学院農学研究科博士後期課程単位取得退学, 博士（農学）. 主な著作に,『アフリカ地域研究と農村開発』（共編著, 京都大学学術出版会, 2011年）,『地域水力を考える——日本とアフリカの農村から』（共編著, 昭和堂, 2021年）などがある.

大久保悟 （おおくぼ さとる）

国立研究開発機構農業・食品産業技術総合研究機構（農研機構）農業環境研究部門グループ長補佐. 東京大学大学院農学生命科学研究科博士課程修了, 博士（農学）. 主な著作に,「なぜ里山の生物多様性を守るのか?——地域生態学から捉える」（古田元夫監・卯田宗平編『アジアの環境研究入門——東京大学で学ぶ15講』東京大学出版会, 2014年）, Muhamad D, Okubo S, Harashina K, Parikesit, Gunawan B, Takeuchi K. 2014. "Living close to forests enhances people's perception of ecosystem services in a forest-agricultural landscape of West Java, Indonesia." *Ecosyst Serv* 8: 197-206. などがある.

徳岡良則 （とくおか よしのり）

国立研究開発機構農業・食品産業技術総合研究機構（農研機構）農業環境研究部門上級研究員. 広島大学大学院国際協力研究科博士課程修了, 博士（学術）. 主な著作に, Tokuoka Y, Kimura K, Oka M. 2022. "Anthropogenic legacies shaping the present composition of demarcation trees in a temperate upland field landscape in Japan." *J Ethnobiol Ethnomed* 18: 45. Tokuoka Y, Ohigashi K, Nakagoshi N. 2011. "Limitations on tree seedling establishment across ecotones between abandoned fields and adjacent broad-leaved forests in eastern Japan." *Plant Ecol* 212: 923-944. などがある.

野田健太郎 （のだ けんたろう）

京都大学アフリカ地域研究資料センター特任研究員. 京都大学アジア・アフリカ地域研究研究科博士課程研究指導認定退学. 主な著作に,「炭を食べるサル——ザンジバルアカコロブスの採食行動」（『アジア・アフリカ地域研究』19（2）, 2020年）,「『毒ザル』と呼ばれたサル——タンザニアのザンジバルアカコロブス」（『ビオストーリー』37, 2022年）などがある.

安高雄治 （あたか ゆうじ）

関西学院大学総合政策学部教授. 東京大学大学院医学系研究科博士課程修了, 博士（保健学）. 主な著作に, Ataka, Y. and Ohtsuka, R. 2006. "Migration and fertility of a small island population in

Manus: a long-term analysis of its sedentes and migrants." In: Stanley J. Ulijaszek (ed.) *Population, Reproduction and Fertility in Melanesia*, pp. 90-109. Oxford: Berghahn Books. Ataka, Y. and Ohtsuka, R. 2000. "Resource use of a fishing community on Baluan Island, Papua New Guinea: Comparison with a neighboring horticultural-fishing community." *People and Culture in Oceania* 16: 123-134. などがある.

牛久晴香 （うしく はるか）

北海学園大学経済学部准教授. 京都大学大学院アジア・アフリカ地域研究研究科博士課程研究指導認定退学, 博士（地域研究）. 主な著作に,『かごバッグの村──ガーナの地場産業と世界とのつながり』（昭和堂. 2020年）,「ガーナ北東部の輸出向け手工芸品取引における契約履行──仲介業者と生産者の契約的関係に着目して」（『アジア・アフリカ地域研究』16（1）, 2016年）などがある.

小坂康之 （こさか やすゆき）

京都大学大学院アジア・アフリカ地域研究研究科准教授. 京都大学大学院アジア・アフリカ地域研究研究科博士課程修了, 博士（地域研究）. 主な著作に,「東ヒマラヤの植生に刻まれた歴史」（安藤和雄編『東ヒマラヤ──都市なき豊かさの文明』京都大学学術出版会, 2020年）,「ドメスティケーションの実験場としての水田──水田植物の採集と栽培の事例から」（卯田宗平編『野生性と人類の論理──ポスト・ドメスティケーションを捉える4つの思考』東京大学出版会, 2021年）などがある.

平野 亮 （ひらの りょう）

株式会社キャピタリアン代表取締役. 京都大学大学院アジア・アフリカ地域研究研究科博士課程修士号取得退学.

浅田静香 （あさだ しずか）

京都大学アフリカ地域研究資料センター特任研究員. 京都大学大学院アジア・アフリカ地域研究研究科博士課程修了, 博士（地域研究）. 主な著作に,「調理用エネルギー源の選択における食文化の影響──ウガンダ・カンパラ首都圏における調理方法と木炭の需要」（『生活学論叢』31, 2017年）,「ウガンダ・カンパラにおける食文化の維持と新しい調理用燃料の導入──料理用バナナの調理方法に着目して」（『農耕の技術と文化』30, 2021年）などがある.

多良竜太郎 （たら りゅうたろう）

京都大学アフリカ地域研究資料センター特任研究員. 京都大学アジア・アフリカ地域研究研究科博士課程研究指導認定退学. 主な著作に,「都市近郊の炭焼きが山林の生態環境に及ぼす影響──タンザニア半乾燥地の事例」（修士論文, 2017年）などがある.

生態人類学は挑む　SESSION 4
つくる・つかう

© Juichi ITANI 2023

2023 年 4 月 5 日　初版第一刷発行

編　者　　伊　谷　樹　一

発行人　　足　立　芳　宏

京都大学学術出版会
京都市左京区吉田近衛町 69 番地
京都大学吉田南構内（〒606-8315）
電　話（075）761-6182
FAX（075）761-6190
Home page https://www.kyoto-up.or.jp
振　替 01000-8-64677

ISBN978-4-8140-0441-6
Printed in Japan

ブックデザイン　森　華
印刷・製本　亜細亜印刷株式会社
定価はカバーに表示してあります

混迷する21世紀に
人類文化の深淵を辿りなおす

生態人類学は
挑む

全16巻

◆は既刊、タイトルや刊行順は
変更の可能性があります